京津冀人才一体化发展研究报告

RESEARCH REPORT ON
THE TALENTS' INTEGRATED DEVELOPMENT
IN BEIJING-TIANJIN-HEBEI REGION

陈 亮 石晓飞 等 著

社会科学文献出版社
SOCIAL SCIENCES ACADEMIC PRESS (CHINA)

前　言

人才是创新驱动的核心要素，是推动发展的第一资源，人才一体化发展是区域协同发展的重要内容和战略支撑。京津冀三地人缘相亲、地缘相近、文化一脉、同气连枝，人才合作可谓由来已久。早在20世纪80年代，京津冀三地科研院所牵头的事业单位之间就自发开展了零星的人才合作。之后，京津冀三地在人才信息交流、人才联合培养、专业技术人才职称资格互通互认等方面签署了多项合作协议，逐步建立起多边、多元、多层次的京津冀区域人才合作模式。2014年京津冀协同发展上升为国家战略，京津冀人才合作正式进入全面提速阶段，京津冀人才一体化发展被提上重要议事日程。

2017年，京津冀三地人才工作领导小组联合发布的《京津冀人才一体化发展规划（2017—2030年）》（以下简称《规划》）是我国首个跨区域人才规划，也是首个服务国家重大发展战略的人才专项规划。

《规划》深入贯彻习近平总书记系列重要讲话精神和治国理政新理念新思想新战略，遵循社会主义市场经济规律和人才成长规律，贯彻落实创新、协调、绿色、开放、共享的发展理念，按照服务协同发展、加强对接互补、实现联动融合、推进链接共享、坚持重点突破的基本原则，明确了以支撑京津冀协同发展战略实施为出发点，以人才一体化发展体制机制改革及政策联合创新为主线，以京津冀人才一体化发展重大任务、重点工程为抓手，大力推进人才一体化发展，打造京津冀协同发展新引擎，以人才一体化发展的“先手棋”推动京津冀协同发展的“整盘棋”的总体思路。

与《京津冀协同发展规划纲要》中的“一核、双城、三轴、四区、多节点”空间格局相呼应，《规划》提出“一体、三极、六区、多城”的总体布局。“一体”即打造区域人才一体化发展共同体。“三极”即围绕全国科技创新中心建设，把北京打造成创新型人才聚集中心，形成京津冀原始创新人才发展极；围绕全国先进制造研发基地建设，把天津打造成产业创新人才聚集中心，形成京津冀高端制造人才发展极；围绕河北省转型发展需要，发挥雄安新区创新发展示范作用和石家庄承接转化带动作用，形成京津冀创新转化人才发展极。“六区”即以东部滨海发展区为载体，建设产业人才发展示范区；以西北部生态涵养区为载体，建设生态环保人才发展示范区；以中部核心功能区为载体，建设临空经济高端人才发展示范区；以雄安新区为载体，建设高端创新创业人才发展示范区；以南部功能拓展区为载体，建设科技成果转移转化人才发展示范区；以“通武廊”（通州、武清、廊坊）毗邻区域为载体，建设京津冀人才一体化发展综合示范区。“多城”，即以京津“双城”人才联动带动石家庄、唐山等区域性中心城市和张家口、承德等节点城市人才联动。

推进京津冀人才一体化发展是实现京津冀协同发展的重要保障。在三地人才一体化进程中存在区域人才结构与协同发展功能定位不适应、区域人才国际化发展水平与打造世界级城市群目标不适应、人才一体化发展体制机制与提升区域人才竞争力的要求不适应、人才公共服务水平与区域人才一体化发展要求不适应“四个不适应”问题。为此，《规划》提出构建区域人才发展新格局、抢占世界高端人才发展制高点、创新区域人才发展体制机制、构筑区域协同创新人才共同体、打造区域人才政策新优势 5 项重点任务，并细化为 16 项具体任务。着眼于解决区域人才结构不合理问题，提出了实施“北京中关村—天津自贸区—河北雄安新区—石保廊全面创新改革试验区域”人才联动计划、实施“人才帮扶”项目、打造京津冀人才发展新引擎等措施；着眼于解决人才国际化程度不高问题，提出了共建国际高端人才发展平台、实施海外高端人才特聘岗位制度、绘制海外高端人才地图、提升人才国际化区域品质等措施；着眼于解决人才一体化发展体制机制不健全的问题，提出建立一体化的人才评价机制、跨区域合作利益分配机制和激励机制、人才社会组织联动机制等措施；着眼于解决公共服务资源配置不均衡的问题，提出推动社会保险互通、教育医疗资源共享，建立人才公共服务跟随机制、区域创新人才公共服务平台等措施。

《规划》围绕2030年基本建成“世界高端人才聚集区”的发展目标，提出了13项重点工程，包括：全球高端人才延揽计划、京津冀人才创新创业支持工程、“圆梦京津冀”菁英计划、高技能人才联合体工程、雄安新区人才集聚工程、冬奥人才发展工程、沿海临港产业人才集聚工程、临空经济产业人才集聚工程、人力资源服务产业园建设工程、国际人才社区建设计划、京津冀人才互联工程、京津冀人才服务定制工程、京津冀人才安居工程。

为保障重大任务、重点工程顺利实施，《规划》提出健全京津冀人才一体化发展工作体制机制，将京津冀人才一体化发展列入相关职能部门考核内容，共同商议制定区域人才政策，形成京津冀人才一体化发展政策体系，共同推动重大任务、重点工程落地。

京津冀人才一体化发展必须打破区域人才发展制度性障碍，通过跨区域人才政策创新、项目合作等方式，形成区域共同人才市场、共同人才发展平台，促进互为所用、融合提升、实现多赢。人才一体化基本原则是服务协同发展大局，基于北京的科技和人才优势、天津的区位和产业优势、河北的资源和空间优势的差异性，加强对接互补；基于人才资源随产业升级而转移、人才结构优势调整、人才产业互促互融的规律性，实现联动融合；基于平台共建、政策互通、智力共享的目标性，推进链接共享；基于先行先试、以点带面、梯次推进的过程性，坚持重点突破。

推进京津冀人才一体化，有利于实现区域人才结构动态平衡，形成人才与功能定位相适应的新格局，提升三省市人才整体竞争力；有利于提升人才对外开放度，形成引进海外高端人才整体优势，在更广空间、更高层次、更深领域利用和共享国内国际两种人才资源；有利于推进人才发展体制机制改革和政策联合创新，促流动，形成统一市场；有利于发挥人才比较优势，探新路，形成经验示范和改革引领。

人才一体化是区域协同发展中至为关键的一环，京津冀地区要实现高效协同发展就必须注重人才一体化发展。《规划》为京津冀人才一体化提供了新的指导意见和发展模式，能极大地促进人才在三地的自由流动，实现区域范围内的人力资源高效合理配置，充分挖掘京津冀三地的人力资源优势，为京津冀区域经济协同发展提供强有力的支撑。《规划》的实施必将突破地域限制，打破人才制度面临的行政壁垒，以共同的目标和举措引领京津冀人才发展模式，推动三地人才政策与制度的互通互容，有效解决三地面临的人才供给与分配失衡、高层次人才区域性短缺、人才市场体系不健全等问题。

本书以支撑京津冀协同发展战略实施为出发点，以人才一体化发展体制机制为主线，以《规划》中提出的五大任务、十三项重点工程为切入点，着重分析自2015年以来京津冀人才一体化发展现状，厘清京津冀人才一体化发展各阶段面临的困难并提出对策建议，以期梳理京津冀人才一体化发展的进程、取得的成就、存在的问题，为京津冀人才一体化发展向纵深推进提供经验借鉴。

本书共分为十一章，各章内容如下。

第一章为“京津冀人才资源配置结构状况”。主要针对京津冀区域人才结构与京津冀三省市功能定位不匹配及京津与河北部分产业同构现象较为突出、难以形成优势互补等问题，从进一步优化人才资源配置结构、促进人才差异化配置、形成区域人才优势互补的视角，在分析现状的基础上，提出对策建议。

第二章为“京津冀人才国际化发展状况”。主要针对京津冀区域人才国际化发展水平与发达国家相比存在的差距，如国际化人才总量不足，特别是海外高端人才集聚度不够高；国际人才合作缺乏形式多样的有效载体；面向全球集聚人才的能力有待进一步提高等问题，从打造世界级城市群的视角，围绕国际化人才的吸引、培养、合作及体制机制创新等，在分析现状的基础上，提出对策建议。

第三章为“京津冀人才公共服务水平状况”。主要针对京津冀三省市人才公共服务水平差异较大，如三地教育资源悬殊、医疗资源差距明显、社会保障和文化服务水平落差显著等问题，从发展变化的角度，聚焦公共服务资源优化配置，进一步促进京津冀人才公共服务均等化，在分析现状的基础上，提出对策建议。

第四章为“京津冀东部滨海发展区产业人才发展状况”。主要按照《规划》中“以东部滨海发展区为载体，建设产业人才发展示范区”的布局，以东部滨海产业人才发展为核心，着重就该区域人才集聚、人才政策及体制机制展开研究，分析存在的问题，并提出对策建议。

第五章为“西北部生态涵养区人才发展状况”。主要按照《规划》中“以西北部生态涵养区为载体，建设生态环保人才发展示范区”的布局，以西北部生态环保人才发展为核心，着重就该区域人才集聚、人才政策及体制机制展开研究，分析存在的问题，并提出对策建议。

第六章为“中部临空经济高端人才发展状况”。主要按照《规划》中“以中部核心功能区为载体，建设临空经济高端人才发展示范区”的布局，以中部临空经济高端人才发展为核心，着重就该区域人才集聚、人才政策及体制机制展开研究，分析存在的问题，并提出对策建议。

第七章为“河北雄安新区高端创新创业人才发展状况”。主要按照《规划》中“以雄安新区为载体，建设高端创新创业人才发展示范区”的布局，以雄安高端创新创业人才发展为核心，着重就该区域人才集聚、人才政策及体制机制展开研究，分析存在的问题，并提出对策建议。

第八章为“南部科技成果转移转化人才发展状况”。主要按照《规划》中“以南部功能拓展区为载体，建设科技成果转移转化人才发展示范区”的布局，以南部科技成果转移转化和人才发展为核心，着重就该区域人才集聚、人才政策及体制机制展开研究，分析存在的问题，并提出对策建议。

第九章为“通武廊人才一体化发展状况”。主要按照《规划》中“以‘通武廊’（通州、武清、廊坊）毗邻区域为载体，建设京津冀人才一体化发展综合示范区”的布局，以通武廊人才一体化发展为核心，着重就该区域人才集聚、人才政策及体制机制展开研究，分析存在的问题，并提出对策建议。

第十章为“京津冀高技能人才发展状况”。主要针对京津冀区域高技能人才在总量、结构和素质上还不能适应京津冀协同发展需要，如高技能人才工作基础较为薄弱，培养体系不完善，评价、激励、保障机制不够健全，仍然存在轻视技能劳动和技能劳动者的传统观念等问题，从进一步加强京津冀高技能人才联合培养的视角，在分析现状的基础上，提出对策建议。

第十一章为“京津冀人才一体化发展体制机制障碍”。主要针对京津冀人才一体化发展体制机制不够健全，如人才一体化发展分散决策现象凸显，人才政策差异大、碎片化现象突出，无法形成政策合力；区域人才一体化在市场配置、相关标准制度方面还有待进一步改进，包括市场配置程度较低，在配置人才时市场的决定性作用发挥得不够充分，尚未建立一体化的人才市场、人才评价标准和人才信息平台等问题，在分析现状的基础上，提出对策建议。

本书主要围绕《规划》中“一体、三极、六区、多城”京津冀人才一体化总体布局，尝试构建系统性研究框架。研究样本的数据时间一般截至2020年。之后课题组还将就《规划》实施效果，特别是遇到的问题、困惑及其有效解决路径，通过全面调研、深入思考，分阶段持续开展有针对性的追踪研究。

目　录

第一章　京津冀人才资源配置结构状况

《京津冀人才一体化发展规划（2017—2030年）》提出，实现京津冀三省市功能定位，迫切需要优化人才资源配置。长期以来，京津冀区域人才结构与京津冀三省市功能定位并不匹配。比如，北京市人才资源较为丰富，但尚缺乏世界级顶尖战略科学家和科技领军人才，与《京津冀协同发展规划纲要》确定的建设全国科技创新中心要求不相适应；天津市企业经营管理人才、高技能人才相对短缺，与建设全国先进制造研发基地要求不相适应；河北省人才资源严重不足，特别是缺乏支撑配套产业转型升级的创新及技术技能人才，与建设全国产业升级试验区要求不相适应。[①] 另外，京津与河北人才发展的落差也呈现增大趋势，部分产业同构现象较为突出，难以形成人才优势互补。

本章针对这些问题，着重从进一步优化人才资源配置、促进人才差异化配置、形成区域人才优势互补视角，有针对性地展开研究，并提出相应的对策建议。

一　人才资源配置及结构优化

（一）京津冀区域功能定位

2014年，京津冀协同发展正式上升为国家战略。《京津冀协同发展规划

① 赵砚文、白志利、王烁乾：《京津冀协同开发人力资源对策研究》，《经济论坛》2020年第1期，第136~143页。

纲要》针对京津冀整个区域明确了城市功能定位，指出产业转移由原先的“梯度转移”向“以城市功能定位牵引产业转移”转变，并在此基础上进行产业分工和创新。

北京的城市功能定位是全国政治中心、文化中心、国际交流中心和科技创新中心，其科技创新能力和人才资源在全国具有绝对优势。为此，北京将打造成全国科技创新高地，集聚和利用高端创新资源，提升自主创新能力，突破一批核心、共性和基础性技术，成为我国的技术创新总部聚集地、科技成果交易核心区和全球高端创新中心及创新型人才聚集中心，发挥知识辐射和带动作用。

天津的城市功能定位为全国先进制造研发基地、北方国际航运核心区、金融创新运营示范区和改革先行示范区，简称“一基地三区”。作为环渤海地区的经济中心，天津着力打造以战略性新兴产业为引领、以先进制造业为支撑的全国先进制造研发基地，建设具有全球影响力的产业创新中心，发挥港口优势，进一步加强京津联动，共同发挥高端引领和辐射带动作用。

河北的城市功能定位为全国现代商贸物流重要基地、产业转型升级试验区、新型城镇化与城乡统筹示范区、京津冀生态环境支撑区。在承接京津产业转移和提供原料与各类资源的同时，河北应加强顶层设计，结合自身实际情况，形成独有的产业生态系统。①

（二）产业结构与人才结构的关系

人才是科技创新发展的核心要素，产业转型升级是科技创新发展的最终目标，人才和行业间的良性互动与深度融合是重塑京津冀三地产业链人才链、推动区域经济高质量发展的必由路径。产业结构和人才结构的匹配与区域整体经济结构的优化升级密切相关，深刻影响着区域的经济发展。在京津冀人才一体化发展进程中，产业结构与人才结构之间的关系至关重要。京津

① 沈映春、贾雨洁：《京津冀一体化过程中区域产业与人才结构协调适配度研究》，《税务与经济》2019年第4期，第41~49页。

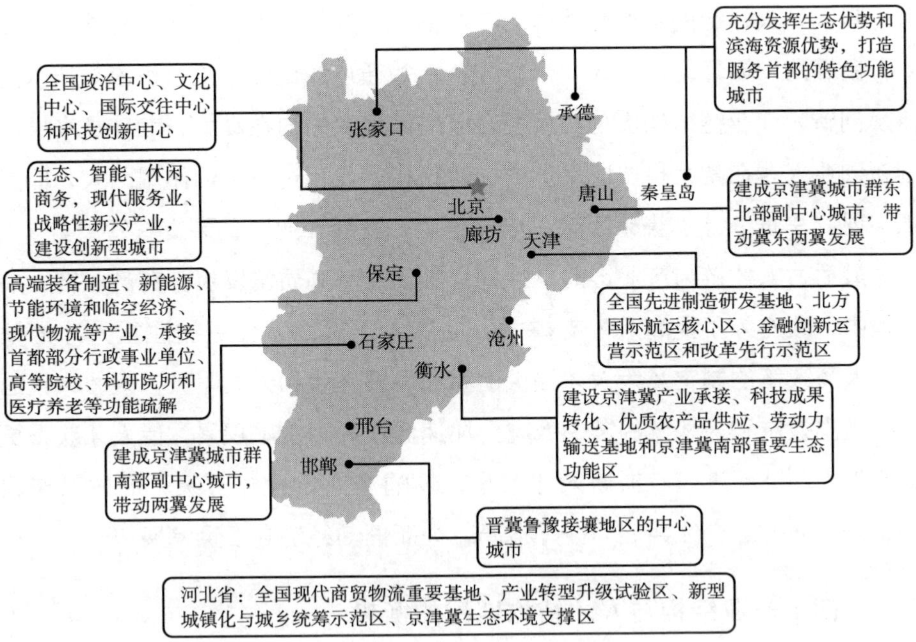

图 1-1　京津冀三地城市功能定位示意

冀协同发展作为重大国家战略，其核心是疏解北京非首都功能，调整优化城市布局和空间结构，推动产业转型升级，加快市场一体化进程，打造现代化新型都市圈，形成新的经济增长极。作为区域经济发展的重要因素，产业结构和人才结构分布是否合理，将直接影响区域经济发展。京津冀协同发展战略的关键是产业转型升级，其对人才流动具有带动、牵引作用，人才结构是否合理也将影响产业转型升级，二者互相促进、互相制约。

（三）产业结构与人才结构匹配特征

首先，产业链的建链、补链、强链、延链带动了对人才链的需求。产业链建设，无论是“补链”——提升创新能力、解决“卡脖子”问题，“强链”——增强核心竞争力、加快信息化转型，还是“延链”——拓展产业上下游范围，都需要完整、高水平的人才链支撑。因此，围绕产业链打造人才链，引导人才向产业集聚就成为一种重要的战略选择。

其次，人才链的发展必然推动产业链优化升级。人才是知识和技能的载体，良好的发展环境促进人才聚集成链，并通过知识的传承、积累与技术的持续创新为产业链结构优化和转型升级提供强大的内在动力，尤其是高层次创新创业人才在重大科技成果形成、转化和产业化过程中的作用巨大，能真正实现“引进人才、集聚团队、培育企业、发展产业”的裂变式发展。

最后，人才链与产业链的良性耦合推动经济高质量发展。在产业链发展过程中，政府为了提高人才支撑力、加快人才聚集，会更加注重人才的培养、人才政策的制定及为人才提供优质的发展环境和公共服务，人才聚集的知识溢出效应和人才链的链式效应会加速促进人力资本积累，使人才获得更高的收入，从而进一步加速人才聚集，反哺产业链优化升级，形成以产聚才、以才兴产、产才共促的良好格局，进而推动经济高质量发展。①

（四）产业结构与人才结构匹配的衡量

1. 产业结构的衡量

（1）产业结构和产业结构高度化

产业结构是指一个国家的农业、工业和服务业的构成比例。产业结构的变化，在一定程度上给一些行业提供了很好的发展机遇，但同时也给其他行业造成巨大的威胁。一般来说，随着经济增长，服务业将越来越重要，服务业占比会越来越大。产业结构高度化，又称产业结构高级化，是指一个国家的经济发展重心从第一产业向第二、三产业逐次转移，反映了一个国家的发展程度和发展阶段。产业结构高度化一般通过三次产业产值、就业人口和国民收入比重的变化来体现。

（2）区位熵

区位熵（Location Quotient，LQ）由哈盖特（Haggett）提出并运用于区位分析。一般而言，区位熵是指某地区某一产业产值占该地区总产值的比重

---

① 姜兴、张贵：《京津冀人才链与产业链耦合发展研究》，《河北学刊》2022 年第 2 期，第 170~176 页。

与全国该产业产值占全国总产值的比重的比，可以衡量某地区某一产业的专业化程度，计算公式如下：

$$Q = \frac{A_i/A}{B_i/B}$$

式中，Q 表示某地区的区位熵值，A_i 表示某地区的某一产业产值，A 表示该地区总产值，B_i 表示全国该产业产值，B 表示全国总产值。根据区位熵的计算公式，如果 Q 大于 1，说明该地区该产业专业化程度高于全国平均水平；若 Q 大于 1.5，表明该产业在该地区有明显的比较优势。

（3）产业同构化

产业同构化是在不同地区的产业结构变化过程中，区域间结构具有高度的相似性。产业同构化现象越严重，各地区资源配置效率越低，致使产品的高附加值产量分散化，不利于经济高质量发展。产业同构化的具体表现为：地区或区域工业产品结构趋同；地区或区域工业部门结构相似性增大；各地区优势产业相似甚至雷同；各地区产业结构尚处在发展初期（主要集中于劳动密集型产业）；地区或区域间分工逐渐淡化。①

采用由联合国工业发展组织国际工业研究中心提出的结构相似系数，对产业同构化程度进行衡量，计算公式如下：

$$S_{ij} = \frac{\sum_{k=1}^{n}(x_{ik}x_{jk})}{\sqrt{\sum_{k=1}^{n}x_{ik}^2 \sum_{k=1}^{n}x_{jk}^2}}$$

式中，S_{ij}是 i 区域和 j 区域的产业结构相似系数，i 和 j 是两个相比较的区域；X_{ik}是 i 区域 k 产业占整个产业的比重，X_{jk}是 j 区域 k 产业占整个产业的比重。根据产业结构相似系数的计算公式，S_{ij}的值域范围为 0~1。若 $S_{ij}=0$，表明两个相比较地区的产业结构完全不同；若 $S_{ij}=1$，表明两个相比较地区的产业结构完全相同；S_{ij}值越大，两个相比较地区产业同构化程度越高；

① 张立辉、王玲恩、潘海阔：《京津冀地区产业同构现象研究》，《中国证券期货》2009 年第 11 期，第 64~66 页。

反之，越低。

2. 人才结构的衡量

人才结构包含三层含义：人才要素数量、人才要素配置、各要素所处地位及其作用。任何一个要素的变化都会牵动人才整体变动。宏观人才结构是指一个地区整体人才的素质、数量及其空间分布和构成等，具体分为人才的自然结构、社会结构、经济结构三个方面。人才的自然结构主要指人才在年龄、性别、种族等方面的分布与构成；人才的社会结构主要指人才在教育水平、文化类别、宗教、职业和社会地位阶层等方面的分布与构成；人才的经济结构主要指人才在不同产业部门、不同地区、城乡的分布与构成。人才的自然结构是人才结构的基础，人才的自然结构和人才的社会结构分别体现人才结构的数量和质量，人才的经济结构体现为人才结构的优化配置。

3. 产业人才结构偏离度

产业人才结构偏离度作为计算人才结构与产业结构适配度的重要指标，可以反映某地区人才结构与产业结构的协调情况。[①] 本书从产业人才结构偏离度单一指标出发，对京津冀三地人才结构与产业结构的适配现状予以分析，相关计算公式如下：

$$\text{产业人才结构偏离度} = (\text{产业产值构成比} / \text{产业从业人员构成比}) - 1$$

$$\text{产业人才结构总偏离度} = |\text{第一产业偏离度}| + |\text{第二产业偏离度}| + |\text{第三产业偏离度}|$$

根据公式计算，若偏离度=0，表明该地区的产业结构和人才结构完全匹配，是最理想的状态。从数值大小来看，若偏离度趋近于0，表明产业结构和人才结构越协调，经济效益越好；若偏离度>0，表明人才供不应求，人才数量难以保障产业的可持续发展；若偏离度<0，表明人才供过于求，大量剩余劳动力难以被行业所吸纳，存在人才浪费现象。从动态变化来看，若偏离度的绝对值趋近于0，表明产业结构和人才结构相匹配；若偏离度的绝对值趋于变大，表明产业结构和人才结构匹配度越差。

① 梁涛、刘会贞、李乃文：《产业结构与人才结构匹配度实证分析——以辽宁省为例》，《工业技术经济》2011年第12期，第80~84页。

4. 行业等级位差

在三次产业中，由于各行业所占比重不同，对人才的需求也会有较大的差异。为此，引入行业人才等级位差对各产业的人才供求进行简要阐述。结合斯皮尔曼等级相关系数，[①] 利用等级差异指标对各行业等级位差进行分析，[②] 计算公式如下：

行业等级位差 = 行业产值在 *GDP* 中的贡献排名 − 行业人才结构中人才数量的排名

根据行业等级位差的计算公式，若行业等级位差=0，说明该行业人才供需平衡；若行业等级位差>0，说明该行业人才供过于求；若行业等级位差<0，说明该行业人才供不应求。

二　京津冀人才资源配置结构变化情况

（一）产业结构分析

1. 产业分布

从产业结构可以看出，2015~2020 年京津冀三地产业梯度均呈现“三二一”的特征，且京津冀三地第一产业比重均相对稳定，第二产业比重均逐年降低，第三产业比重均逐年上升。但三地之间又有所差别，北京市第三产业占比 83%左右，远超津冀两地，说明北京市已处于工业化后期，服务业较发达。天津市第一产业所占比重维持在 1.4%左右，第二产业所占比重由 2015 年的 41.3%下降到 2020 年的 34.1%，第三产业所占比重由 2015 年的 57.2%上升到 2020 年的 64.4%，说明天津市即将步入后工业化时期。河

① 斯皮尔曼等级相关系数：若某行业|等级位差|≤2，说明该行业人才供给与需求协调；若 2<|等级位差|≤4 说明该行业人才供给与需求基本协调；若 4<|等级位差|≤6 说明该行业人才供给与需求较不协调；若|等级位差|>6 说明该行业人才供给与需求严重不协调；若|等级位差|>0 说明该行业人才供给大于需求；若|等级位差|<0 说明该行业人才供给小于需求。

② 吴凡、苏佳琳：《高质量发展视角下广西人才结构与产业结构匹配性研究》，《广西社会科学》2020 年第 7 期，第 74~79 页。

北省第一产业所占比重在10.5%左右，第三产业所占比重较京津两地有一定差距（见表1-1）。

表1-1　2015~2020年京津冀三地产业结构

单位：%

年份	北京			天津			河北		
	一产	二产	三产	一产	二产	三产	一产	二产	三产
2015	0.6	17.8	81.6	1.5	41.3	57.2	11.7	43.7	44.6
2016	0.5	17.3	82.3	1.5	38.0	60.5	10.8	43.3	45.9
2017	0.4	16.9	82.7	1.3	36.7	62.0	10.2	41.7	48.1
2018	0.4	16.5	83.1	1.3	36.2	62.5	10.3	39.7	50.0
2019	0.3	16.0	83.7	1.3	35.2	63.5	10.1	38.3	51.6
2020	0.4	15.8	83.8	1.5	34.1	64.4	10.7	37.6	51.7

数据来源：根据京津冀三地2021年统计年鉴整理所得。

2. 区位熵

通过对区位熵的分析可以发现各地的优势产业及其状况。2015~2020年北京市一产、二产的区位熵值都小于1，三产区位熵值超过1.5，说明第三产业是北京市经济发展中的支柱产业。2015~2020年天津市一产区位熵值小于1，二产和三产的区位熵值相差不大，说明天津市二、三产业并重，都属于支柱产业，两者共同拉动天津市经济增长。河北省第一产业区位熵值大于1，产业专业化程度最高，第二产业次之（产值最高），第三产业最低，表明其发展尚处于起步阶段。从横向对比来看，一产、二产区位熵值河北最高，天津次之，北京最低；三产区位熵值北京最高，天津次之，河北最低（见表1-2）。

3. 产业结构同构化

根据2021年京津冀三地统计年鉴计算所得的京津冀地区产业结构相似系数可以看出，2015~2020年京津冀产业结构相似系数值均在0.8以上，结果表明，三地产业结构均存在不同程度的同构化问题。从变化趋势来看，产业结构相似系数值最高的是天津和河北间，大于或等于0.97，趋近于1，

表 1-2　2015~2020 年京津冀三地区位熵对比

年份	北京			天津			河北		
	一产	二产	三产	一产	二产	三产	一产	二产	三产
2015	0.071	0.436	1.606	0.179	1.012	1.126	1.393	1.071	0.878
2016	0.062	0.437	1.571	0.185	0.960	1.155	1.333	1.093	0.876
2017	0.053	0.424	1.569	0.173	0.920	1.176	1.360	1.045	0.913
2018	0.057	0.416	1.559	0.186	0.912	1.173	1.471	1.000	0.938
2019	0.042	0.415	1.541	0.183	0.912	1.169	1.423	0.992	0.950
2020	0.052	0.418	1.538	0.195	0.902	1.182	1.390	0.995	0.949

资料来源：根据全国及京津冀三地 2021 年统计年鉴计算所得。

说明两地之间的产业同构化现象最严重。北京和天津间的相似系数值次之，超过了 0.9，保持在 0.91~0.96。北京和河北间的相似系数值最低，为 0.83~0.90，同构化现象在京津冀三地之间属最不明显（见表 1-3）。目前，不少学者认为适度的产业趋同可促进区域内良性竞争和经济高质量发展。京津冀区域间产业同构化现象严重，造成区域内基础设施重复建设、资源配置效率低、产业分工不合理、行业竞争激烈、协同程度低，三地缺少一条完整的"产业链"，不利于区域内经济高质量发展。

表 1-3　2015~2020 年京津冀地区产业结构相似系数

年份	北京×天津	北京×河北	天津×河北
2015	0.917	0.834	0.975
2016	0.938	0.842	0.970
2017	0.945	0.861	0.974
2018	0.946	0.879	0.979
2019	0.950	0.890	0.982
2020	0.955	0.892	0.980

数据来源：根据 2021 年京津冀三地统计年鉴计算所得。

（二）人才结构分析

1. 京津冀常住人口学历水平

京津冀三地在常住人口学历水平上存在较大的差距，2015～2020 年北京市大专及以上学历人数占比均高于 40%，2019 年更是超过了 50%；天津市大专及以上学历人数占比 23%～29%；而河北省占比 10%～14%，远低于京津（见图 1-2、表 1-4）。

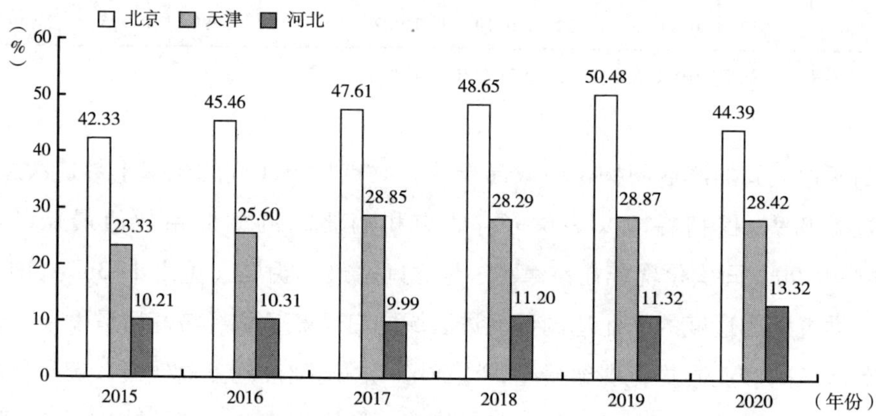

图 1-2　2015～2020 年京津冀三地大专及以上学历人数占比

表 1-4　2015～2020 年京津冀三地大专及以上学历人数占比

单位：%

年份	北京			天津			河北		
	大专	本科	研究生	大专	本科	研究生	大专	本科	研究生
2015	13.49	22.15	6.69	10.41	11.72	1.20	6.21	3.71	0.29
2016	13.65	24.42	7.39	12.10	12.23	1.27	6.21	3.84	0.26
2017	13.89	23.67	10.05	12.65	14.82	1.38	6.04	3.71	0.24
2018	15.07	24.55	9.03	12.17	14.85	1.27	6.35	4.57	0.28
2019	15.18	26.88	8.42	13.00	14.35	1.52	6.97	4.09	0.26
2020	14.14	23.05	7.20	11.58	14.83	2.01	7.58	5.33	0.41

数据来源：根据 2016～2021 年京津冀三地统计年鉴计算所得。

2. 京津冀人力资本水平

根据《中国人力资本报告 2021》，2015~2019 年京津冀三地的实际人力资本水平呈增长趋势，河北增长速度最快，北京次之，天津最缓慢（见图1-3）。从具体数值来看，河北的实际人力资本水平高于京津两地，北京位居第二，天津位居第三，充分说明了河北在人力资本水平上拥有绝对的优势。从人均数值来看，三地的实际人均人力资本水平同样呈上升趋势，河北由于人口基数大，实际人均人力资本水平最低，天津居中，北京最高（见图 1-4）。

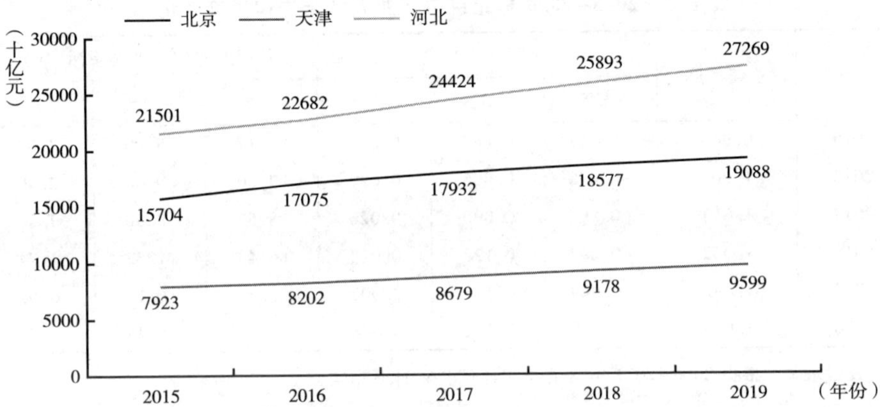

图 1-3　2015~2019 年京津冀实际人力资本水平变化

资料来源：根据《中国人力资本报告 2021》整理所得。

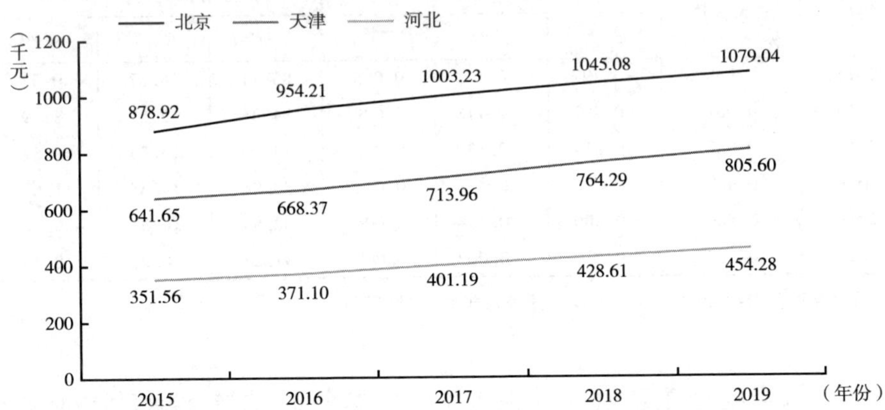

图 1-4　2015~2019 年京津冀实际人均人力资本变化

资料来源：根据《中国人力资本报告 2021》整理所得。

（三）产业人才结构偏离度

产业人才结构偏离度是测度人才结构与产业结构之间偏离程度的重要指标。根据 2015～2020 年京津冀三地产业人才结构偏离度情况（见表 1-5 至表1-7、图 1-5 至图 1-8），可深入了解京津冀三地产业结构和人才结构现状及其偏离程度。

表 1-5　2015～2020 年北京市产业人才结构偏离度变化

年份	总偏离度	各产业偏离度			各产业对偏离度的贡献（%）		
		一产	二产	三产	一产	二产	三产
2015	0.940	-0.857	0.047	0.036	91.17	5.00	3.83
2016	1.000	-0.878	0.095	0.027	87.80	9.50	2.70
2017	1.013	-0.897	0.090	0.026	88.55	8.88	2.57
2018	1.032	-0.892	0.122	0.018	86.43	11.82	1.74
2019	1.092	-0.909	0.176	0.007	83.24	16.12	0.64
2020	1.049	-0.879	0.162	0.008	83.79	15.44	0.76

数据来源：根据 2016～2021 年《北京统计年鉴》计算所得。

表 1-6　2015～2020 年天津市产业人才结构偏离度变化

年份	总偏离度	各产业偏离度			各产业对偏离度的贡献（%）		
		一产	二产	三产	一产	二产	三产
2015	0.959	-0.797	0.157	0.005	83.11	16.37	0.52
2016	0.939	-0.792	0.118	0.029	84.35	12.57	3.09
2017	0.968	-0.814	0.129	0.025	84.09	13.33	2.58
2018	0.960	-0.806	0.138	0.016	83.96	14.38	1.67
2019	0.964	-0.800	0.158	0.006	82.99	16.39	0.62
2020	0.800	-0.730	-0.002	0.068	91.25	0.25	8.50

数据来源：根据 2016～2021 年《天津统计年鉴》计算所得。

从总偏离度的角度考察，产业人才结构协调程度的结论与整体适配度的结论基本吻合。表 1-5、表 1-6、表 1-7 的结果显示，2015～2020 年北京的产业人才结构总偏离度为 0.940～1.092，天津为 0.800～0.968，河北为

表 1-7　2015~2020 年河北省产业人才结构偏离度变化

年份	总偏离度	各产业偏离度			各产业对偏离度的贡献(%)		
		一产	二产	三产	一产	二产	三产
2015	1.276	-0.644	0.290	0.342	50.47	22.73	26.80
2016	1.230	-0.648	0.355	0.227	52.68	28.86	18.46
2017	1.210	-0.644	0.422	0.144	53.22	34.88	11.90
2018	1.148	-0.608	0.470	0.070	52.96	40.94	6.10
2019	1.125	-0.601	0.457	0.067	53.42	40.62	5.96
2020	0.824	-0.518	0.180	0.126	62.86	21.84	15.29

数据来源：根据 2016~2021 年《河北统计年鉴》计算所得。

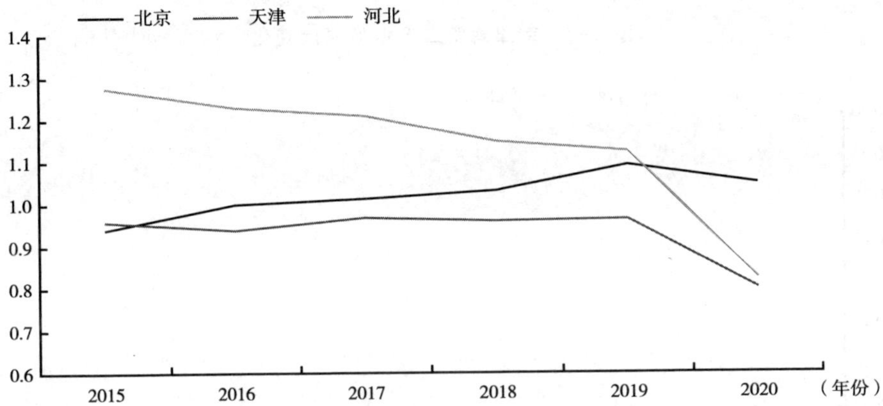

图 1-5　京津冀总偏离度变化

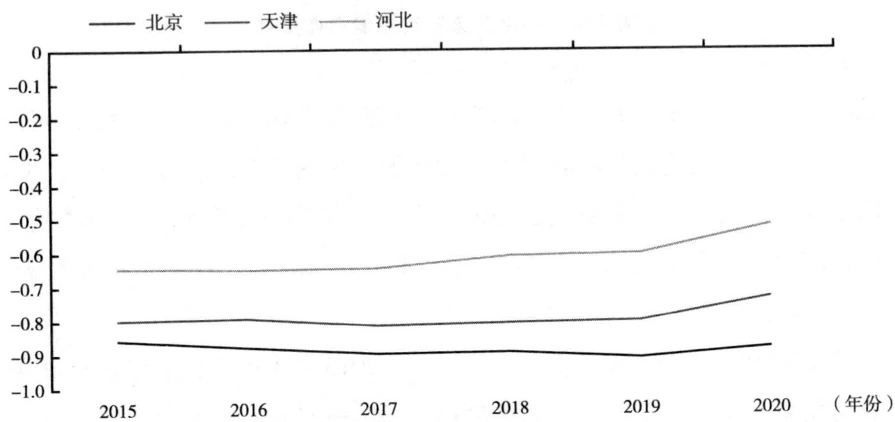

图 1-6　京津冀第一产业偏离度变化

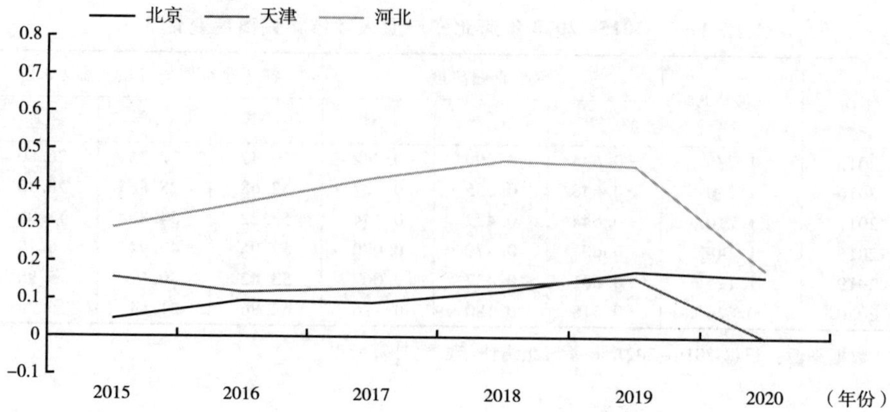

图 1-7　京津冀第二产业偏离度变化

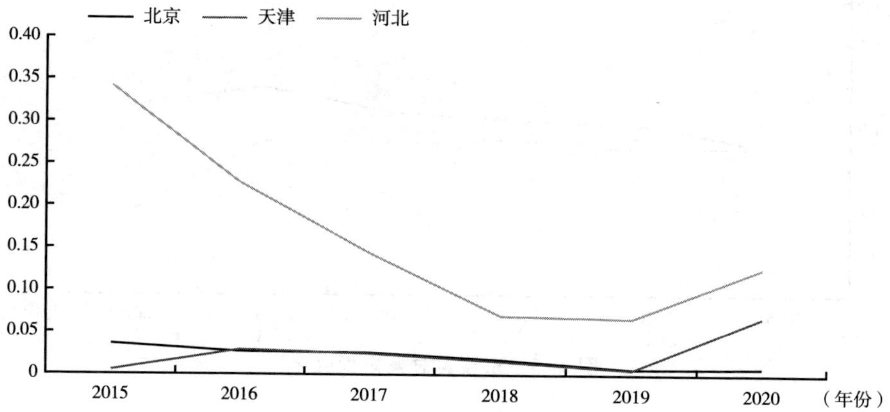

图 1-8　京津冀第三产业偏离度变化

0.824~1.276。2015~2019 年河北产业人才结构总偏离度整体上呈现下降趋势。受新冠疫情影响，京津冀三地产业产值，尤其是第二产业和第三产业的偏离度变化很大，致使京津冀三地的产业人才结构总偏离度呈现下降趋势。其中，河北产业人才结构总偏离度呈滑坡式下降趋势，致使其可能被天津反超。

从偏离度的正负性看，第一产业方面，2015~2020 年京津冀三地的第一产业结构偏离度均为负数，说明京津冀三地第一产业人才供大于求。三地结构偏离度近几年呈小幅稳步上升态势，表明短时间内人才供大于求的状态会保持。从绝对值来看，京津冀三地第一产业结构偏离度绝对值趋向于 0，说明产才结构较为协调，两者是相互促进的。从数值大小来看，北京的第一产业结构偏离度在－0.885 上下波动，天津则在－0.790 上下波动，河北在－0.611上下波动，京津两地相较河北而言，第一产业人才供过于求的状况不容乐观。京津两地第一产业比重持续下降，其从业人员短时间内无法实现转移。河北第一产业比重大，农林牧渔业发展良好，对人才需求大。第二产业方面，2015～2020 年京冀两地的第二产业结构偏离度均为正数，说明人才供小于求。北京第二产业结构偏离度基本上在 0.12 上下波动，产才结构协调度较高，河北第二产业结构偏离度高于京津两地，呈先升后降趋势，其主要原因是京津两地的虹吸效应，造成河北第二产业人才供给不足，产才结构失衡问题没有得到改善。天津第二产业偏离度在 2015～2020 年先降后升再降，2015～2019 年均为正值，2020 年转为负值，说明天津的第二产业从业人才数量由 2015～2019 年的供不应求转变为 2020 年的供过于求。第三产业方面，2015～2020 年京津冀三地产业偏离度均为正，人才供过于求。京津两地第三产业偏离度绝对值在 0 附近波动，第三产业人才处于供需平衡状态。河北第三产业结构偏离度绝对值趋近于 0，说明产业结构与人才结构逐渐协调，这得益于河北近年来大力发展第三产业，积极吸纳人才，推动产业结构优化升级。河北第三产业结构偏离度高于京津，但差距不断缩小，体现了京津冀人才一体化进程中产业转移的人才拉动作用，产才结构失衡问题逐步得到改善。①

从各产业对总偏离度的贡献率来看，2015～2020 年京津冀三地对总偏离度贡献最大的都是第一产业。北京的第二产业对总偏离度贡献排第二，而第三产业的贡献最低。2015～2019 年天津第二产业对总偏离度的贡献始终高于第三产业，受新冠疫情影响，2020 年第二产业偏离度出现负值，其对总偏离度的贡献低于第三产业。2015～2020 年河北各产业对总偏离度的贡献排名基本上同

---

① 沈映春、贾雨洁：《京津冀一体化过程中区域产业与人才结构协调适配度研究》，《税务与经济》2019 年第 4 期，第 41～49 页。

北京一样。其中，2015~2019 年第一产业和第二产业对总偏离度的贡献差距逐渐缩小，受新冠疫情影响，2020 年第二产业偏离度呈断崖式下降，对总偏离度的贡献下滑到近六年来最低水平。河北第一产业对总偏离度的贡献始终低于京津两地，第二、三产业对总偏离度的贡献始终高于京津两地，说明河北第一产业较京津处于相对协调水平，但第二产业和第三产业的人才供需与京津有一定差距，人才结构与产业结构不协调，产才结构效益较低。

通过上述分析可见，京津冀三地都存在产业结构与人才结构失衡问题，一体化进程有待深化，需要加强顶层设计，推动产业结构和人才结构的二次转型。

（四）产业人才等级位差

产业人才结构偏离度反映了产才结构失调、人才供需矛盾等。但是，这仅仅是从整体角度对产业结构和人才结构之间关系的分析，没有从行业内部剖析其相互作用的过程。由于产业结构划分不细致，各行业在产业结构内部的贡献不同，相应地，对人才的要求也不同。产值等级排位和人才数量等级排位的等级位差越大，说明产才结构越不协调。京津冀三地各行业产值与人才数量的等级位差如表 1-8 至表 1-10 所示。

表 1-8　2020 年北京市行业等级位差预测

行业	2020 年产值（亿元）	2020 年人才（万人）	产值等级排位	人才数量等级排位	等级位差
农林牧渔业	110.0	1.8	8	8	0
工业	4216.5	91.9	2	2	0
建筑业	1539.8	73.1	5	3	2
批发和零售业	2758.9	102.5	3	1	2
交通运输、仓储和邮政业	836.5	61.9	6	5	1
住宿和餐饮业	391.1	41.0	7	7	0
金融业	7188.0	66.1	1	4	-3
房地产业	2644.2	61.3	4	6	-2

注：其中工业是由采矿业，制造业，电力、热力、燃气及水生产和供应业三门类构成。

数据来源：《北京统计年鉴 2021》。

表 1-9　2020 年天津市行业等级位差预测

行业	2020 年产值（亿元）	2020 年人才（万人）	产值等级排位	人才数量等级排位	等级位差
农林牧渔业	191.79	0.25	7	8	-1
工业	4372.27	74.86	1	1	0
建筑业	693.76	22.96	5	2	3
批发和零售业	1357.27	18.18	3	3	0
交通运输、仓储和邮政业	787.73	14.72	6	5	1
住宿和餐饮业	169.14	5.56	8	7	1
金融业	1907.86	17.96	2	4	-2
房地产业	1238.45	9.22	4	6	-2

注：其中工业是由采矿业，制造业，电力、热力、燃气及水生产和供应业三门类构成。
数据来源：《天津统计年鉴 2021》。

表 1-10　2020 年河北省行业等级位差预测

行业	2020 年产值（亿元）	2020 年人才（万人）	产值等级排位	人才数量等级排位	等级位差
农林牧渔业	4113.0	2.54	2	8	-6
工业	11545.9	133.22	1	1	0
建筑业	2087.4	41.19	7	2	5
批发和零售业	2887.9	20.43	4	5	-1
交通运输、仓储和邮政业	2890.7	27.27	3	4	-1
住宿和餐饮业	341.8	4.30	8	7	1
金融业	2599.6	36.39	6	3	3
房地产业	2643.0	11.82	5	6	-1

注：其中工业是由采矿业，制造业，电力、热力、燃气及水生产和供应业三门类构成。
数据来源：《河北统计年鉴 2021》。

从等级位差的正负来看，2020 年北京市金融业和房地产业的产值等级排位较人才数量等级排位靠前，等级位差为负，表明这两个行业存在一定的人才缺口。其中，金融业和房地产业为第三产业，这与前文的偏离度分析结论是一致的。建筑业，批发和零售业，交通运输、仓储和邮政业这三个行业的等级位差为正，表明人才数量超过了行业需要，出现了人才过剩现象。2020 年天津市农林牧渔业、金融业、房地产业的等级位差为负，说明这些行业存在一定的人才缺口。建筑业，交通运输、仓储和邮政业，住宿和餐饮业这三个行业的等级位差为正，说明这三个行业人才供大于求，其原因是这些产业的人才都是高学历，但人才价值并未充分发挥出来。2020 年河北省农林牧渔业，批发和零售业，交通运输、仓储和邮政业，房地产业的等级位差为负，人才供不应求。作为第一产业，农林牧渔业与之前的偏离度分析结论相吻合。第三产业涉及行业很多，不同行业之间有着巨大的差异，因此，对批发和零售业，交通运输、仓储和邮政业，房地产业的分析结论与之前的偏离度分析结论有较大的差异。建筑业、住宿和餐饮业、金融业的等级位差为正，人才供过于求。

从等级位差的绝对值来看，2020 年北京和天津各行业人才供需均处于基本协调以上水平。其中，北京市农林牧渔业、工业、住宿和餐饮业的等级位差为 0，行业人才达到供需平衡状态；建筑业，批发和零售业，交通运输、仓储和邮政业，房地产业的等级位差绝对值小于或等于 2，表明这些行业人才供需亟待协调；金融业的等级位差绝对值为 3，表明该行业人才供需是基本协调的。天津市工业、批发和零售业的人才供需为平衡状态，农林牧渔业，交通运输、仓储和邮政业，住宿和餐饮业，金融业，房地产业的人才供需是协调的，建筑业的人才供需是基本协调的。2020 年河北省工业的人才供需达到平衡状态，批发和零售业，交通运输、仓储和邮政业，住宿和餐饮业，房地产业的人才供需是协调的。农林牧渔业和建筑业的等级位差绝对值分别为 6 和 5，表明这两个行业人才供需较不协调，农林牧渔业产值达一定量但人才匮乏，建筑业产值虽小但人才很充裕，说明其人才价值并未充分发挥出来。

三　存在的突出问题

（一）三地人才分布极不平衡

京津冀三地在经济基础、基本公共服务水平、区位功能定位等方面存在差异，三地人才发展呈现明显的不均衡。北京、天津、河北三地的两院院士数量比例为 88.5：8.0：3.5，北京 R&D（研究与试验发展）人员占京津冀区域 R&D 人员总量的近六成，研究生数量占京津冀区域研究生总量的近 3/4。京津冀三地高层次人才数量、结构差异明显，“马太效应”使三地间人才差距不断拉大，显著阻碍了京津冀地区的协同发展。

（二）产业结构梯度落差巨大

京津冀地区的产业结构存在明显的错位和梯度差异。2020 年，北京市产业结构为 0.4：15.8：83.8，已步入后工业化期，其中现代服务业和知识经济为支柱产业。同年，天津市产业结构为 1.5：34.1：64.4，正逐步从工业化后期迈向后工业化期，基本实现技术集约化、工业高端化。2018 年，河北省的服务业占比超过第二产业，2020 年产业结构为 10.7：37.6：51.7，高端产业占比低，高耗能产业占比长期为高阈值，河北省仍然处于工业化中期。从整体上看，河北制造业和服务业与京津两地相比差距较大，导致三地整体产业梯度落差相对较大，上下游产业联系不强，地域内产业相互对接存在困难。

（三）地区制度瓶颈仍需突破

一是深层次体制和机制矛盾依然存在。由于京津冀未形成区域大流通市场，三地在人才流动、科研成果转移（转化）、资本组合等方面，各行业准入、资质互认、财政补贴、医疗保障等制度和标准不尽相同，这在某种程度上限制了资源要素的跨地区流动。二是产才融合发展待强化。京津冀围绕人才一体化与产业协同发展制定了顶层设计与规划，但产才融合发展的战略规划仍然缺失，产才两链融合发展的重要性对京津冀协同发展的顶层设计提出了更高的要求，必须强化政策引导作用，有效促进人才链与产业链融合发展。①

① 姜兴、张贵：《京津冀人才链与产业链耦合发展研究》，《河北学刊》2022 年第 2 期，第 170~176 页。

（四）承接产业转移能力不足

天津和河北正处在新旧动能转换的关键阶段，传统产业结构加速转型，培育新发展动能仍需努力，这导致津冀两地在承接北京产业转移方面存在“不会接”“接不住”“留不住”等一系列问题。另外，津冀两地在上下游配套能力和创新成果转移转化方面存在不足，与北京的产才融合程度较低，致使两地承接北京产业转移的企业能力不足，处于产业链中低端，高层次产业转移速度明显放缓，北京企业“蛙跳现象”凸显，人才“东南飞”。

（五）协同创新合力尚未形成

一是津冀两地创新能力较弱。2020 年，北京技术合同成交总额为 6316.2 亿元，流向外省市为 3718.5 亿元，其中流向天津和河北的为 347.0 亿元，占成交总额的 5.49%，占流向外省市成交额的 9.33%。近几年，中关村的科技成果除了本地转化外，还有超 50%在长江三角洲和珠江三角洲地区落地转化，而在天津和河北落地转化的比例不足 10%。二是政府的创新投入不足。根据表 1-11 可知，2020 年京津冀 R&D 经费内部支出来源中，京津冀三地的企业资金占比分别为 46.17%、78.99%、87.25%，天津和河北的政府资金占比分别只有 16.58%、11.28%。三是基础研究投入小。北京作为我国的科技创新中心，政府资金占比近 1/4，但用于基础研究的只占 16.04%（见表 1-12），致使产业发展中“卡脖子”问题凸显。

表 1-11　2020 年京津冀 R&D 经费内部支出来源

单位：万元

地区	R&D 经费内部支出	政府资金	企业资金
北京	23265793	10843276	10742209
天津	4850116	804267	3830905
河北	6343724	715744	5534887

数据来源：根据京津冀三地 2021 年统计年鉴整理所得。

表 1-12　2020 年京津冀 R&D 经费内部支出分类

单位：万元

地区	基础研究	应用研究	实验发展
北京	3730986	5710635	13824172
天津	343645	525081	3981390
河北	155513	561944	5626267

数据来源：根据京津冀三地 2021 年统计年鉴整理所得。

四　对策建议

为优化京津冀人才资源配置，促进区域人才高效配置，结合京津冀人才资源配置现状及其存在的问题，从顶层设计、企业主体作用、创新驱动、教育培训等方面提出有针对性的对策建议。

（一）加强顶层设计，完善人才发展环境

近几年，在激烈的人才竞争中，各地越来越意识到产业与人才协调发展在资源高效配置、经济高质量发展等方面的巨大作用，特别是在经过从人才服务理念到人才支撑理念再到人才引领理念的变化后，更加注重人才链产业链的靶向定位、互相反哺和精细协作。

一是发挥政府功能，优化人才战略布局。通过政府“有形之手”，为各地经济发展指明方向，完善产才政策互联机制，推动人才合理流动。创设有约束力的制度执行机制，敦促人才政策的落地与后续反馈。加强顶层设计，加强产才融合发展战略部署，优先考量、支持、保证人才链与产业链的深度融合。建议制定区域产业人才协同规划，分析京津冀三地产业链优势，寻求可协作发展的连接点，推动区域内产业转移与对接。以京津冀人才一体化战略为背景，以产业链反哺人才链为支撑点，推进人才各项工作，做好“加减法”，发挥乘数效应，促进良性互动，推动京津冀区域经济高质量发展。

二是实现人才共享，构建产才合作联动机制。建立京津冀三地人才资源

数据库，搭建人才信息共享、共用、共建服务平台，扩大区域人才资质互认范围，重构人才政策互通、人才信息互联、人才市场共营、人才中介共融、人才项目共建等多重路径，突破限制人才自由流动的制度障碍，实现区域内人才柔性共享。建立产才工作联动机制，以产才融合发展为关键点，重建以“优势产业链”为核心的人才柔性引进机制。构建产才融合发展评估机制，建立定性定量互补、自我评估与第三方评估相结合的评估体系，对京津冀三地两链现状进行分析，有针对性地提出对策建议，推动京津冀三地人才与产业耦合发展。

三是改善人才环境，实现资源均等化配置。整体社会文化环境是人才市场配置的重要影响因素。人才质量和数量的加速提升依赖于人才统一大市场的建立与规范。为统筹协调人才相关公共资源，推进社会资源整合，在社会保障、公共服务、医疗卫生等方面实现均等化配置，以营造公正合理的公共环境。同时，营造尊重知识及人才的社会和文化环境，最大限度地发挥人才潜力，在促进地区经济社会发展的过程中，提升自身价值。

（二）发挥企业主体作用，推动经济良性发展

一是提高企业在人才发展中的主体性。依托京津冀三地工信部，定期开展公司高层管理人才培训，提高公司的“人才强企”意识，树立正确的人才发展理念。构建以企业为核心的人才发展投入机制，以企业发展战略为指导，构建适合不同类型人才的自我发展体制，在企业中甄选人才，拓展各类人才发展空间，使企业在人才链条的构建中发挥积极作用。

二是扶持壮大“链主”企业。有效承接北京非首都功能疏解产业，以北京重点和优势产业为准，重点引进具有较强产业关联性和较高的经济效益的企业，实现优势互补，防止同质化竞争，构建京津冀产业链生态圈。大力发展本土企业，引导其注重技术创新，鼓励企业建立科研院所，提高自主创新能力。持续改善企业发展环境，营造公平公正的市场环境，激发企业创新活力。延伸产业链，提升产品及技术附加值，充分利用“链主”企业优势，实现强强联合、优势互补、协同共进。

三是推动区域经济良性互动发展。优化产业结构是推动京津冀人才资源有效配置的突破口。要实现京津冀地区可持续发展，必须合理配置人才资源，使其与经济发展相适应，充分考虑三地产业发展的现实条件，以及各自的功能定位与发展规划。京津冀三地要明确自身的优势与劣势，合理分工，采取不同的人才链引进和培养模式，反哺产业链，优化人才资源配置。

（三）增强创新驱动，构建协同创新体系

创新是引领发展的第一动力。京津冀三地应充分利用好人才“第一资源”，在加大教育投资的同时，增加科技投入，发挥科技创新的引擎作用，充分提升科创能力，为人才培养和发展提供有利条件。

一是扩大北京科技向外辐射带动范围。以京津冀产才融合发展为重点，加强北京在津冀地区的创新协同效应。建立以北京为中心的京津冀工业技术创新联盟，促进三地在关键技术研究和转化应用上的深度合作。京津冀地区要加强科技资源共享和科技服务共用，推动区域创新要素科学合理配置，共同建设国家科技创新中心。

二是推进政产学研深入合作。作为全国科技创新中心，北京应发挥自身创新优势，在基础研究上进行精确布局。加强原创性创新，建立国家重点实验室，突破“卡脖子”技术，实现产业链高端化。建设河北雄安新区创新驱动发展引领区，带动京津创新资源向雄安新区集聚，构建三地政产学研深入合作平台。加强企业与高校、科研机构的技术合作，成立产学研合作联盟，在京津冀建立智力生态圈，形成知识系统场，促进京津冀三地协同创新体系良好发展。

三是实施顶尖人才联合培养。原创型人才和高层次创新型人才处于人才链的顶端，是各领域的顶尖人才。顶尖人才具备一流的技术水准、实现技术成果转化等能力，应该集中多方力量、融合多方资源、整合多元要素对其开展联合培养。以北京各产业顶尖人才为主，以天津、河北两地顶尖人才为辅，组建专业师资队伍，构建顶尖人才选拔和联合培养机制。加大政策支持力度，鼓励联合申报承担国家重大科技项目，实现顶尖人才的自主培养，带动产业链高质量发展。

（四）提高教育培训水平，夯实人才基础

加大教育投入实现人才合理配置。学校是培养人才的“摇篮”，也是壮大人才队伍的有效途径，高校要顺应时代变化、科学技术发展需要，培养学生创新思维，培养大量优秀人才。

一是共建学科集群。京津冀区域拥有全国超过一成的高校，其中，近4/5的“985”“211”高等院校分布在北京。以北京拥有全国一流的教育资源优势为出发点，坚持优质共享，以疏解北京高等教育功能为核心，优化区域教育资源布局，向津冀倾斜和迁移。天津的滨海新区和河北的雄安新区、廊坊、武清等地积极与北京高校对接，促进高校联合办学，推动三地教育资源共享共用。京津冀三地共建学科集群，成立“双高”建设联盟，建立跨区域职业教育集团，加强产业链人才链建设。

二是深化教育体制改革。以区域产业人才协同规划为指导，以需求和应用为导向，建立产业人才资源库，改革人才培养模式，注重校企合作、创新产教融合，理论与实践结合，提升人才培养质量。加强“双师型”师资队伍建设，引进各行业优质社会导师，积极解决当前大学生教育体制改革中存在的结构性问题，全面推进人才链供给培养与产业链多样需求的深度融合。推动职业院校所有制改革，与企业共建产业学院，提升技能型人才培养质量，实现“双链”有效对接。

第二章　京津冀人才国际化发展状况

《京津冀人才一体化发展规划（2017—2030 年）》提出，打造以首都为核心的世界级城市群，迫切需要聚天下英才而用之。长期以来，京津冀区域人才国际化发展水平与发达国家相比存在差距，突出表现为：国际化人才总量不足，特别是海外高端人才集聚度不够高；国际人才合作缺乏形式多样的有效载体；面向全球集聚人才的能力有待进一步提高等。

本章针对这些问题，从打造世界级城市群的视角，围绕国际化人才的吸引、培养、合作及体制机制创新等，有针对性地展开研究并提出对策建议。

一　区域人才的国际化发展

伴随全球化发展，在以经济和科技为核心的综合国力竞争中，作为科技载体的人才更是备受关注。国家与国家之间、地区与地区之间的竞争演变为人才的较量。由此，在制定区域发展战略时，必须以全球化视野进行人才的国际化布局。

（一）国际化人才的界定与分类

随着 20 世纪 90 年代经济全球化的发展，国际化人才受到关注。国际化人才又称国际型人才或国际人才。早在 2001 年上海市政府就曾对国际化人才进行过定义，指“具有较高学历（本科及本科以上）、懂得国际通行规则、熟悉现代管理理念，同时具有丰富的专业知识和较强的创新能力及跨文化沟通能力的人才”。宋薇认为，国际化人才是“具有全球化视野和胸怀，具备国际对接、交流、沟通能力与在国外生存和发展能力，通达国际事务的人才群体”。[①] 黄湘闽认为，国际化人才是“介于一般人才与国际人才之间，向着国际人才标准靠近但没有完全达到五项标准（五项标准为具有国际道德与职业操守；通晓国际惯例和国际规则；拥有全球视角和战略思维；掌握专业知识与技能，以及跨文化环境下分工、合作和创造性解决问题的实践经验）的人才”。[②]

也有研究者从国际化人才应该具备的素质，即强调国际化人才应该具备的知识、能力以及素养来界定其内涵，如国际化人才应具备“国际战略思维”、[③] 应“在参与经济全球化进程中做出积极贡献”、[④] 应有“不断更新自己知识的能力”等。[⑤] 还有学者从人才资源配置的视角界定国际化人才具备的特征，认为人才资源配置国际化是指一个国家的人力资源在国际意识、开放观念指导下，通过开展国际性多边交流、合作与援助等活动而不断促进国际化流动，既吸引海外优秀人才，又促进本土人才在国际上的良性输出。因此，国际化人才除了具备智力资本和社会资本（与不同文化背景的人建立信任）外，还要同时具备因地制宜推动变革、包容差异的心理资本。[⑥] 国际化人才需要具备国际性、杰出性、创造性和贡献性四个方面的特征。[⑦]

根据经济社会发展需要，也有将国际化人才概念的外延界定为：留学归国人员；有海外工作经历或接受过国际化培训的专业人员；虽未曾留学或在海外工作培训，但在专业方面具有国际水准并与国外有密切联系的人员；在

① 宋薇：《江苏省国际化人才管理质量指标体系的初探》，《南京工程学院学报》（社会科学版）2006 年第 3 期，第 27~33 页。

② 黄湘闽：《国际人才与国际人才环境》，《中国人才》2011 年第 1 期，第 76~77 页。

③ 苗天慧、包惠珍、宫君美：《论人力资源配置的国际化与本土化》，《江西社会科学》2007 年第 12 期，第 169~172 页。

④ 丁进：《浅析国际化人才的定义》，《人才资源开发》2010 年第 3 期，第 29~30 页。

⑤ 魏华颖：《国际人才培养与高等教育国际化》，《人民论坛》2013 年第 5 期，第 134~135 页。

⑥ 方安静：《基于“大海外”事业平台的国际化人力资源管理体系——某大型中央企业的国际化人力资源管理之路》，《中国人力资源开发》2015 年第 24 期，第 12~18 页。

⑦ 左祎琦：《我国高等教育收益率研究》，首都经济贸易大学硕士学位论文，2018。

本地工作的海外专家四类。①

综上，学者们对国际化人才的界定主要集中为海外留学经历、海外工作经历、国际水准的专业化能力等要素。实际上，各地区、各行业的发展阶段不同，对国际化人才的需求和分类也不同，对国际化人才的认定必须从实际出发。国际化人才界定不仅要考虑能力与素质要素，还需要考虑时代性、社会性、地域性和差异性。

按照人才层次，国际化人才可分为初级、中级和高级；按照行业与工作岗位类型，国际化人才又可分为国际公共管理人才、国际经营管理人才、国际专业技术人才与国际复合型人才。

《国家中长期人才发展规划纲要（2010—2020年）》（以下简称《纲要》）中对国际化人才的界定是：具有国际视野、通晓国际规则、能够参与国际事务和国际竞争的人才。本书遵循《纲要》中的要求，从国际化人才的国际性、创造性、时代性、社会性、地域性、差异性等视角，聚焦京津冀区域发展实践，将国际化人才分为海外高端人才、外国留学生、常驻国外专家、海外留学生、海外背景人才及中外合作办学项目学生六类。

（二）区域国际化人才发展需求

区域及城市群的战略布局与快速发展，是适应全球化大趋势的历史必然，对区域人才尤其是国际化人才提出了更高的要求。

城市群是在全球化和区域经济一体化背景下形成的地域生产综合体，是融入全球经济、参与国际分工、整合生产要素的新型区域性组织。城市群作为城镇化的高级阶段，是助力区域经济发展的支撑点与推动区域经济发展、参与国际竞争的主要方式和主体形态。最早提出城市群概念的是法国地理学家戈特曼（Gottman）。他在对美国东北部大西洋沿岸城市群观察后，首次用“大都市带”的概念概括一些国家出现的大城市群现象，即“巨大的多中心

① 田伯平：《南京市人才国际化战略研究》，《南京社会科学》2008年第11期，第120~123页。

城市区域”。[①] 在我国，一般将大都市称为“中国都市连绵区”[②] 和“城市群”[③]。目前，六大世界级城市群分别是美国东北部大西洋沿岸城市群、北美五大湖城市群、日本太平洋沿岸城市群、英伦城市群、欧美西北部城市群和中国长三角城市群。

《京津冀协同发展规划纲要》明确了京津冀协同发展战略是我国顺应当前形势所提出的新型顶层战略，是面向未来打造新的首都经济圈、推进区域经济发展、完善城市群布局的一项重大国家战略。京津冀区域经济协同发展与打造新的世界级经济圈和生态示范区相结合，人才是当务之急、长远之需，亟须实现人才国际化和人才协同发展，营造开放的国际化人才发展氛围，走出一条可持续的协同发展道路，产生集聚、辐射、引领和带动作用。

提升国际化人才培养质量是达成京津冀协同发展目标的题中之义。京津冀城市群旨在打造协同创新体，建设全国科技创新中心，打造以首都为核心的世界级城市群。要完成这一宏伟目标，高素质、高水平的国际化人才是必不可少的。

二　京津冀国际化人才发展变化情况

京津冀国际化人才的集聚和国际化人才高地的建设，主要通过“引进”和“培养”两个渠道完成。首先是体现在国际化人才的吸引与交流上，即在积极推进中外科技、研发、教育的交流合作中，吸引更多常驻外国专家及短期国际交流合作的专业化人才在京津冀区域集聚。其次是体现在国际化人才的培养上，即培养更多德才兼备、兼具国际化视野和交往能力的社会主义建设者和接班人，培养更多具有中华情结的国际友人与外国留学生。

---

① Gottman J.,“Megalopolis or the Urbanization of the Northeastern Seaboard,” *Economic Geography*, Vol. 33, 1957 (7).

② 史育龙、周一星：《关于大都市带（都市连绵区）研究的论争及近今进展述评》，《国际城市规划》2009年第S1期，第2~11页。

③ 姚士谋：《我国城市群的特征、类型与空间布局》，《城市问题》1992年第1期，第10~15+66页。

（一）京津冀区域外籍专家及机构情况

鉴于国际化人才分类标准较多，本书选取国际化人才的子项指标——外籍人员数量，对国际化人才的集聚度进行说明。

根据《第七次全国人口普查公报（第八号）》，北京市接受普查登记的外籍人员约 6.28 万人，其中持外国专家证的不足万人，外籍人员占比 0.29%。全国及主要省份外籍人员登记人数情况见表 2-1，京津冀整体的国际化人才总量有很大的提升空间。

表 2-1　全国及主要省份登记的外籍人员人数情况

单位：万人，%

区域	总人口数	外籍人员数	外籍人员的区域占比
全国	141178	84.5697	0.06
广东	12601	41.8509	0.33
云南	4721	37.9281	0.80
上海	2487	16.3954	0.66
福建	4154	10.6248	0.26
北京	2189	6.2812	0.29
江苏	8475	5.8201	0.07
浙江	6457	4.6189	0.07
其他省份		12.7067	

注：数据包含普查期间接受普查登记的外籍人员，不包括因出差、旅游等原因短期停留人员，“其他省份”人数占比较少，合并处理。

数据来源：《第七次全国人口普查公报（第八号）》，http：//www.stats.gov.cn/ztjc/zdtjgz/zgrkpc/dqcrkpc/ggl/202105/t20210519_1817701.html，2021 年 5 月 19 日。

具体而言，京津冀三地的人才国际化指标与纽约、伦敦、东京等城市群相比差距明显。首先，京津冀区域的国际人才比例有一定差距。伦敦和纽约的国际人才数量均占区域总人口的 30%，硅谷甚至超过 50%。北京包含常住及短期停留的外籍人员约 12 万（其中第七次全国人口普查数据显示登记的外籍人员数为 6.28 万），持外国专家证人员不足万人，国际人才占比仅为

0.29%。其次，京津冀区域内高层次国际化人才不足。纽约、伦敦、东京等的高科技人员比重在30%以上、金融和文创人员占比在10%以上，京津冀该两类人才的占比分别只有4.1%和2.32%。最后，京津冀区域的国际组织状况也存在较大差距。如在国际组织总部方面，巴黎有208个，伦敦有57个，纽约有21个，东京有16个。北京市人民政府外办的《外事简讯》显示，截至2021年底，在京落户的国际组织总部及代表机构共101家，包括世界知识产权组织、全球音乐教育联盟、国际竹藤组织、国际滑雪联合会等国际组织。但101家国际组织多为代表处和驻京办，具有较大世界政治与经济影响的组织总部较少。

（二）京津冀区域来华留学生教育情况

国外留学生数量是区域国际化人才集聚的主要特征指标之一。接受外国留学生一直是我国教育国际交流与合作的重要组成部分，受到国家及教育部的高度重视。1950年，中国恢复招收来华留学生工作，当年共招收了33名来华留学生。近年来，遵循“扩大规模、提高层次、保证质量、规范管理”的来华留学工作思路，教育部及各省份教育主管部门积极开拓来华留学渠道，推动外国政府及中国企业设立来华留学奖学金，进一步优化来华留学环境。

2003年以来，来华留学生数量逐年上升，国外留学生吸引工作成果斐然。2018年，来华留学人数达到49.2万名，来自196个国家和地区，我国成为世界第二、亚洲最大的留学目的国（见图2-1）。

京津冀来华留学生人数规模与全国来华留学生人数增长趋势大体相同，且来华留学生人数增长保持相对稳定。① 具体而言，首先，京津冀三省市来华攻读研究生学位及接受专科教育的留学生人数稳中有升，不同层次类别的来华留学生之间的差异逐渐缩小，学生生源地仍以亚洲国家居多，学科结构、学历结构持续优化，来华留学生教育逐步从外延式发展阶段迈入内涵式

① 刘宝存、张继桥：《改革开放四十年来华留学教育政策的演进与走向》，《西北师大学报》（社会科学版）2018年第6期，第91~97页。

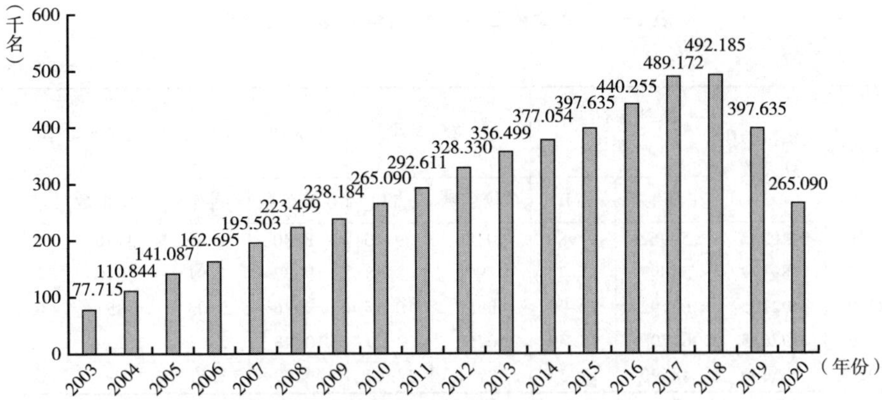

图 2-1　2003~2020 年来华留学人数

注：来华留学生总量包括长期留学生（含在校留学生）、短期留学生（留学期限 6 个月及以内）。2013 年及之前数据来自《中国统计年鉴》。2014~2018 年数据来自教育部网站。2019 年数据来自山东教育网，2020 年受疫情影响留学人数急剧下降。2020 年有 194 个国家和地区的 265090 名各类来华留学人员，分布在全国 31 个省区市（不包含中国台湾、香港和澳门特别行政区）的 620 所高等学校、科研院所和其他教育机构；其中，中国政府奖学金学生 22390 名，同比增长 22.72%；来自亚洲的留学生占 66.32%。

发展阶段。其次，北京因首都定位及相对集中的高校优势等因素，来华留学生数量占比持续提升。京津冀三地中，北京占比相对较高，天津占比较低，河北提升空间巨大（见表 2-2）。

京津冀区域来华留学生人数受疫情影响 2020 年有所下降，但北京基于首都及区位优势，成为外籍留学生来华的首选城市，其对来华留学生的吸引力持续增强，并对津冀区域起到带动作用。

（三）京津冀区域出国留学情况

在国际化人才培养方面，教育部高度重视出国留学及学成归来人员的服务工作，“平安留学”“学成归来、报效祖国”的理念深入人心。2010 年 12 月，中央人才工作协调小组批准通过了《青年海外高层次人才引进工作细则》，决定自 2011 年开始，每年引进 400 名左右海外优秀青年人才。2013 年 10 月，习近平总书记在欧美同学会成立一百周年庆祝大会上提出“支持

表 2-2　京津冀三地来华留学生数量及占比

单位：人，%

年份	来华留学生总人数	京津冀区域留学生		北京留学生		天津留学生		河北留学生	
		在校生数	占比	在校生数	占比	在校生数	占比	在校生数	占比
2016	440255	51962	11.80	40486	9.20	8330	1.89	3146	0.71
2017	489172	54897	11.22	41990	8.58	9337	1.91	3570	0.73
2018	492185	63792	12.96	49959	10.15	9976	2.03	3857	0.78
2019	397635	61208	15.39	50760	12.77	10448	2.63	—	0.00
2020	265090	48590	18.33	39291	14.82	9299	3.51	—	0.00

注：2019 年数据来自山东教育网，2020 年受疫情影响留学人数急剧下降；《北京统计年鉴》，http：//nj.tjj.beijing.gov.cn/nj/main/2021 - tjnj/zk/indexch.htm；《天津统计年鉴》，http：//stats.tj.gov.cn/nianjian/2021nj/zk/indexch.htm；《河北经济年鉴》，http：//tjj.hebei.gov.cn/res/nj2018/zk/indexch. htm。

数据来源：教育部网站。

留学、鼓励回国、来去自由、发挥作用”的方针，在原有十二字方针的基础上进一步强调“发挥作用”。

出国留学是国际化人才培养的主渠道，学成回国、报效祖国更是莘莘学子留学的初衷。据《中国统计年鉴》及教育部统计数据，我国的出国留学人数及学成回国留学人数均呈逐年上升趋势。1950 年新中国开始选派留学人员出国深造，1978 年选派出国留学人员仅 800 余名，回国留学人员也仅 248 人。2010 年出国留学人数增长到 284700 名，2019 年更是飙升到 703500 名，10 年间增长 147%。海外归来群体也由 2000 年的 9121 名增长到 2019 年的 580300 名，回国比例达到 82.48%。随后新冠疫情及国际关系变化等因素进一步加速推动海归回国潮，2020 年留学生学成回国 77.7 万名，2021 年回国就业学生达到 104.9 万名。①

全球化智库（CCG）研究指出，新冠疫情全球蔓延，给我国学生选择出国留学带来了一定的消极影响，中国学生选择出国留学数量下滑，但我国学生对于国际化优质高等教育的需求并未发生根本性改变，出国留学仍是其

① 数据来源于《中国统计年鉴 2021》。

重要的发展方向。此外，新冠疫情期间中国学生出国留学目的地多元化趋势凸显。不少计划出国留学的中国留学生将目光投向留学环境及签证政策更为友好、疫情防控更为有效的国家和地区。例如，日本、新加坡、新西兰的留学生比例均出现小幅提升，占比分别达到4.54%、3.84%、2.51%。

京津冀地区出国留学人员状况与全国总体趋势相似，尤其是北京高校。《中国青年报》梳理了国内多所知名高校数据，《2021届毕业生就业质量报告》发现，[①] 2019年北京大学毕业生出国留学人数为1155人，占当年北京大学应届毕业生的比例为14.79%；2020年为1084人，占当年北京大学应届毕业生的比例为13.34%；2021年为793人，占当年北京大学应届毕业生的比例为8.17%。其中，本科生出国（境）人数比例，2019年为30.01%，2021年为18.90%。2019年清华大学毕业生的出国（境）比例为15.3%，2020年为9.6%，2021年为6.9%（517人）。教育部留学服务中心数据显示，[②] 出国留学人数排名居前的3个省市分别为山东省（19.25%）、河北省（10.70%）、北京市（8.69%），京津冀区域出国留学占比相对较高。

（四）京津冀区域中外合作办学情况

与出国留学“走出去”的方式不同，以引进国外优质教育资源为主要特征的中外合作办学是国际化人才培养“引进来”的另一主要方式。教育部中外合作办学官网数据显示，[③] 2021年全国共开设中外合作办学机构226个，举办中外合作办学项目2239个。全国各大学及研究机构与180多个国家和地区开展政府间、高校间的教育合作与交流项目，与46个重要国际组织经常性开展教育合作与交流。合作教育项目已成为世界了解中国、中国走向世界的重要渠道。特别是新冠疫情期间，中外合作办学的实体机构和项目，灵活采用线上和线下相结合的学习方式，凸显了“不出国的留学”在

① 数据来源于《中国青年报》2022年2月14日。

② 中国留学网（教育部留学服务中心），https：//www.cscse.edu.cn/。

③ 中华人民共和国教育部中外合作办学监管工作信息平台，https：//www.crs.jsj.edu.cn/index/sort/1007。

特殊时期国际化人才培养方面的独特作用。

表 2-3 是京津冀中外合作办学情况。数据显示，京津冀区域共有 27 个中外合作办学机构及 270 个中外合作办学项目，分别占全国的 11.95%和 12.06%，说明在全国的中外合作办学机构和项目中京津冀三地占比相对较低。其中，北京的首都优势和高度集中的优质教育资源优势没有得到充分体现，京津冀整体区域人才国际化培养的协同工作亟待加强。

表 2-3　京津冀中外合作办学情况

单位：个，名

地区	普通高等学校（机构）数量	专任教师	在校学生数	中外合作办学机构数量	中外合作办学项目数量
全国	2738	1832982	32852948	226	2239
京津冀	273	193806	2785816	27	270
北京	92	74138	608866	14	107
天津	56	34239	572152	6	41
河北	125	85429	1604798	7	122

数据来源：教育部中外合作办学监管工作信息平台（截至 2022 年 5 月未计算港澳台数据，全国教育部审批机构 179 个，地方审批机构 47 个；教育部审批及复核项目 1223 个，地方审批 1016 个；不包含停办、终止、注销及停止招生的机构与项目）；《中国统计年鉴 2021》。

三　存在的突出问题

《京津冀人才一体化发展规划（2017—2030 年）》提出，打造以首都为核心的世界级城市群，迫切需要聚天下英才而用之。京津冀区域人才国际化的协同发展既面临历史性发展机遇，也面临新的挑战。

（一）国际化人才总量不足

京津冀区域人才国际化发展水平与打造世界级城市群目标不适应，

国际化人才总量不足。打造以北京为核心的世界级城市群，迫切需要聚天下英才而用之。与其他世界级城市群相比，京津冀三地国际化人才总量不足。《第七次全国人口普查公报（第八号）》显示，北京常住人口2189万人，外籍人员登记数量为6.28万人，外籍人员占比仅为0.29%，其中持外国专家证者不足万人；天津与河北占比更小，整体京津冀区域内外籍人员占常住人口比例不到1%。这一局面，与建设全国科技创新中心的要求、建设世界级城市群的战略定位不匹配，京津冀区域海外高端人才集聚度亟待提升。① 此外，京津与河北的国际化人才发展落差也较大，需要进一步优化区域人才资源配置，尽快形成协同互补格局。

（二）国际化人才吸引力不足

京津冀区域国际化人才集聚度不高，面向全球的国际化人才吸引力不足。国外留学生数量是一个区域国际化人才集聚的特征指标之一。根据京津冀三地的统计年鉴数据计算可知，京津冀区域外国留学生数量占全国高等教育在校生总人数的比重仅为1.36%。出国留学生学成回国数量是区域国际化人才集聚的另一特征指标。新华社转载教育部数据显示，1978～2018年，我国各类出国留学人员总数达到585.71万人，在已经完成学业的432.32万人中，84.46%选择学成后回国就业和服务。② 全球化智库发布的《2022全球人才流动趋势与发展报告》显示，2021年回国人员首选城市依次为北京、上海、深圳、杭州、广州、成都、南京等地。虽然北京有巨大的吸引力，但京津冀区域作为整体，其国际化人才吸引力还需进一步提升，特别是进一步打造国际化人才的人文、生活与发展平台和防止高层次留学人才流失问题不容忽视。

---

① 全球化智库（CCG）主任王辉耀在2016年3月29日《中国青年报》上发表的文章指出，中国的外籍人才从比例来看还是偏低的。按照联合国和有关人口普查的统计，中国的国际人口比例大概只有0.04%。而从全球平均来看，其他国家的国际人口比例为3%，发达国家为10%以上，发展中国家为1.6%，同为人口大国的印度该比例也达到0.6%。

② https://baijiahao.baidu.com/s?id=1629156882868923034&wfr=spider&for=pc.

（三）国际人才合作载体不多

京津冀城市群的国际人才合作载体不多，海外人才引进政策的开放度有待进一步提升。国际组织是集聚高端要素的重要平台，吸引符合首都功能定位的国际组织落户，是北京国际交往中心功能建设的重要环节。

被称为世界之都的瑞士日内瓦，集聚了世界贸易组织、世界卫生组织、世界气象组织、国际红十字会、世界知识产权组织、联合国难民事务高级专员公署、联合国欧洲总部等多个具有世界影响力的国际组织总部；联合国总部、联合国儿童基金会、联合国开发计划署落户美国纽约；联合国教科文组织、经济合作与发展组织、国际能源机构落户法国巴黎；国际货币基金组织、世界银行、美洲国家组织落户美国华盛顿；音乐之都——奥地利的维也纳更是汇聚了包括石油输出国组织（欧佩克）、国际原子能机构、欧安组织等在内的众多国际组织。根据北京市人民政府外办的《外事简讯》，截至2021年底，在京落户的国际组织总部及代表机构，如世界知识产权组织、全球音乐教育联盟、国际竹藤组织、国际滑雪联合会等共有101家，数量居全国首位。这些组织充分发挥在各自领域的资源优势，为聚集高水平国际化资源、助力首都高水平开放和高质量发展做出了重要贡献。[①] 尽管如此，京津冀区域国际组织的整体层次还有待提升。京津冀作为我国重要的战略发展区域，有着得天独厚的优势，充分发挥北京的全球影响力和四通八达的国际交通体系等优势，进一步加强京津冀城市群的国际人才合作载体建设，既是当务之急，也是吸引国际化人才的重中之重。

四　对策建议

推进京津冀人才一体化发展是实现京津冀协同发展战略目标的智力支撑

① http://wb.beijing.gov.cn/home/index/wsjx/202205/t20220517_2712671.html.

和重要保障，也是践行“聚天下英才而用之”人才思想的具体举措。以区域协同发展带动人才一体化，以人才一体化促进区域协同发展。以下从加强顶层设计、打造世界级城市群视角，针对京津冀区域国际化人才吸引和培养的具体实践，提出对策建议。

（一）加强顶层设计和政策引领，提升京津冀区域国际化人才吸引力

京津冀区域人才国际化，既要积极吸引国际高端人才，更要鼓励留学人员回国发展。[①] 京津冀城市群作为目前我国经济发展最具活力的地区之一，应发挥国家政策倾斜优势，吸引国际化人才。国家通过制定一系列优惠政策促进京津冀城市群的发展与京津冀一体化的深入，如北京中关村高科技产业园、天津滨海新区、河北雄安新区等规划，都是国家政策倾斜的表现。现阶段，京津冀地区要充分利用这些政策优势，按照功能分工，加快市场一体化进程，实现协同发展，积极与世界接轨，促成区域间、国际间科学、技术、产权、人才等生产要素的自由流动和优化配置，健全各项体制和机制。在京津冀区域内多部门配合，在特定区域建设一批国际人才工作生活区，重点建设特色人才发展社区、宜居社区，从工作保障、生活配套等方面营造友好环境，吸引国际人才，为海归群体和全球优秀人才提供更加完善的服务体系，打造海外高层次人才发展的优选地。

（二）发挥京津冀优质教育资源优势，加大区域国际化人才培养力度

京津冀三地是我国优质教育资源最为集中的区域，借助京津冀协同发展“东风”，可大力推动京津冀三地高校协同，建设京津冀高校资源共享平台，加快构建与国际接轨的人才培养体制机制，提升高校国际化综合办学能力，努力打造中国最大的区域教育产业一体化综合体，如进一步推进中外合作办学、国际联合办学、创新实验区和国际知名高校分校建设等国际化人才培养

---

① http：//www.moe.gov.cn/fbh/live/2020/52834/mtbd/202012/t20201223_ 507056.html.

方式的改革创新。鼓励京津冀联合承办重大国际会议、学术论坛、国际人才赛事等活动，促进人才对外交流合作与国际化发展。同时，制定更具国际竞争优势的留学奖励制度，建设世界一流的学习环境，吸引全球优秀生源来京津冀留学。加快国际化人才培养体制机制的改革与创新，推动区域国际化人才吸引与培养能力的整体提升。

（三）丰富各类人才合作载体，推进全球高端人才延揽工程

加强政策指导，编制京津冀区域国际化高端人才需求目录，打造“京津冀品牌”，共享海外引才联络机构资源，积极推进全球高端人才延揽工程，定期开展海外延揽人才工作。同时，加强国际宣传，围绕京津冀三地的核心需求，打好“一张”牌，引进、培养、使用、激励人才，制定具有国际竞争力的海外人才、归国人员在京津冀区域发展的支持政策，打造京津冀人才国际化区域品牌，提升区域影响力。按照国家战略定位，北京作为首都，其定位为全国政治中心、文化中心、国际交往中心、科技创新中心。其中，国际交往中心的定位要求北京发挥引领作用，协同津冀两地，建立各类国际研发中心和技术转移中心，积极搭建国际人才创新创业的双向交流平台，共同打造国际组织、跨国公司、国际性智库聚集区，搭建大批多形式的高端创新载体，提升区域的国际化人才吸引力。完善国际高级人才服务与保障机制，针对外籍院士、国际奖项获得者等高端创新人才群体，实施特聘岗位制度，以重大项目、高端科学工程为载体，吸引全球行业领军人才来华发展。通过建设平台、拓展渠道、创新政策、加强服务保障等方式，增进人才国际交流与合作，进一步提升京津冀整体人才国际化水平。

第三章　京津冀人才公共服务水平状况

《京津冀人才一体化发展规划（2017—2030 年）》提出，实现京津冀人才一体化发展，迫切要求加快公共服务资源均衡配置，逐步提高公共服务均等化水平。长期以来，京津冀三省市人才公共服务水平差异较大，突出表现为三地教育资源悬殊、医疗资源差距明显、社会保障和文化服务水平落差显著。

本章针对这些问题，着重从发展变化的角度，聚焦公共服务资源优化配置，进一步提高京津冀人才公共服务均等化水平，有针对性地展开研究，并提出对策建议。

一　人才公共服务及基本公共服务均等化

（一）人才公共服务及均等化的内涵

“公共服务”已成为理论界和实践界使用相当广泛的概念，学术界从各自的研究视角对其进行了界定。陈振明认为，公共服务是指政府运用其权威资源，根据特定的公共价值，通过公共政策回应社会需求，使最大多数人的福利最大化。① 马英娟认为，公共服务是政府基于公共利益的需要，在个人无法自力获得的情况下，通过直接或间接的方式满足社会公众基本生存和

① 陈振明等：《公共服务导论》，北京大学出版社，2011。

发展需要的职责和功能。[①] 张序认为，公共服务是公共部门为了满足公民的公共需求，生产、提供和管理公共产品及特殊私人产品的活动、行为和过程。[②] 顾平安认为，公共服务是指由政府部门、国有企事业单位和相关中介机构履行法定职责，根据公民、法人或者其他组织的要求，为其提供帮助或者办理有关事务的行为。[③] 李军鹏则认为，公共服务有广义和狭义之分，广义公共服务指政府对社会的全部管理和服务活动，狭义公共服务指政府向社会提供的基本公共服务。[④] 胡祖才认为，基本公共服务是建立在一定社会共识基础上，根据一国经济社会发展阶段和总体水平，为维持本国经济社会的稳定、基本的社会正义和凝聚力，保护个人最基本的生存权和发展权，为实现人的全面发展所需要的基本社会条件。[⑤]

人才公共服务与基本公共服务的内涵构成大体一致。人才公共服务包括三个基本点：一是保障其基本生存权（或生存的基本需要），为了实现这个目标，需要政府及社会为每个人提供基本就业保障、基本养老保障、基本生活保障等；二是满足基本尊严（或体面）和基本能力的需要，需要政府及社会为每个人提供基本的教育和文化服务；三是满足基本健康的需要，需要政府及社会为每个人提供基本的健康保障。随着经济发展和人民生活水平的提高，一个社会基本公共服务的范围会逐步扩展、水平也会逐步提高。[⑥] 从上述标准判断，义务教育、公共卫生和基本医疗、基本社会保障、社会文化服务，是广大城乡居民最关心、最迫切的公共服务，是建立社会安全网、保障全体社会成员基本生存权和发展权必须提供的公共服务，也是现阶段我国

---

① 马英娟：《公共服务：概念溯源与标准厘定》，《河北大学学报》（哲学社会科学版）2012年第2期，第75~80页。

② 张序：《公共服务供给的理论基础：体系梳理与框架构建》，《四川大学学报》（哲学社会科学版）2015年第4期，第135~140页。

③ 顾平安：《公共服务的基本属性及其分析》，《理论探讨》2008年第4期，第143~146页。

④ 李军鹏：《公共服务学——政府公共服务的理论与实践》，国家行政学院出版社，2007。

⑤ 胡祖才：《关于促进基本公共服务均等化的若干思考》，《宏观经济管理》2010年第8期，第16~19页。

⑥ 武义青、赵建强：《区域基本公共服务一体化水平测度——以京津冀和长三角地区为例》，《经济与管理》2017年第4期，第11~16页。

人才公共服务的主要内容。相对于一般基本公共服务，人才对教育和文化服务有更高层次的需求。基于这一认识，人才公共服务的内容应在一般基本公共服务基础上作适度延伸，即要涵盖高等教育和文化服务。

人才公共服务作为基础公共服务体系的一部分，同样面临着“均等化”的要求。基本公共服务均等化是指全体公民都能公平可及地获得大致均等的基本公共服务，其核心是促进机会均等，重点是保障得到基本公共服务的机会，而不是简单的平均化。[①] 人才公共服务“均等化”，就是要求政府为各类人才创造公平、公正的社会环境，提供机会均等的公共服务，不因性别、年龄、户籍等因素的不同而受到不同的待遇，都有相同的机会享受政府提供的基本公共服务。无论住在城市或乡村，都有享受人才公共服务的权利。其中，结果均等更为重要，结果均等绝不是平均主义。“均等化”就是要在最后的结果上应该大体均等或者相对均等。

总而言之，人才公共服务均等化就是要求政府及其相关部门，在提供人才基本公共服务方面，实现地区资源配置均等，使不同地区人才享受到大体平衡的基本公共服务。在京津冀人才一体化发展的过程中，应以营造“公平、公正、高效”的人才环境为切入点，从人才公共服务与区域人才一体化出发，构建适合京津冀协同发展的人才战略，促进京津冀区域融合发展。

（二）公共服务均等化在实现区域人才一体化发展中的作用

在区域一体化发展过程中，人才的流动和集聚更加自由，制度的衔接与融合更加流畅。京津冀三地内部人均收入水平、工作机会存在巨大落差，人才总是倾向于向就业机会多、发展前景好的北京和天津会聚，京津地区对河北的人才具有巨大的吸引力。河北很难从京津地区引进急需的各类人才，河北与京津人才公共服务水平差距进一步加剧了这一状况。

① 福建省财政厅课题组：《地区间基本公共服务差距现状及均等化对策》，《预算管理与会计》2020 年第 1 期，第 35~44 页。

提升人才公共服务均等化水平，为不同区域人才提供大体均等的公共服务，有利于缓解京津冀地区人才资源配置的不均衡状况，有利于推动区域人才的合理流动，提升区域人才一体化水平，提高区域人才资源配置效率。

二 京津冀人才公共服务及均等化水平提升情况

（一）教育资源

2015~2020 年，京冀的每千人拥有普通高等学校教职工数量、人均一般公共预算教育经费、高等学校生均教育经费支出、基础教育阶段生均教育经费支出等呈现增长趋势。

分省市来看，北京市上述指标均好于天津市和河北省，京津冀三地之间差距较大。2020 年，河北省每千人拥有普通高等学校教职工数量相当于北京市的 23.03%、天津市的 44.13%，人均一般公共预算教育经费相当于北京市的 39.50%、天津市的 60.34%；2019 年河北省高等学校生均教育经费支出相当于北京市的 31.56%、天津市的 57.46%，基础教育阶段生均教育经费支出相当于北京市的 21.82%、天津市的 42.01%。北京市、天津市的人均教育资源明显优于河北省（见表 3-1）。

表 3-1 2015~2020 年京津冀地区教育资源相关指标

单位：人，元

地区	指标	2015 年	2016 年	2017 年	2018 年	2019 年	2020 年
北京	每千人拥有普通高等学校教职工数量	6.51	6.51	6.48	6.54	6.64	6.86
	人均一般公共预算教育经费	3466.59	3860.75	4021.37	4359.95	4660.84	5141.00
	高等学校生均教育经费支出	63956.89	64849.64	72904.64	74270.33	80579.28	—
	基础教育阶段生均教育经费支出	43245.45	49752.00	50668.29	52572.98	55397.15	—

续表

地区	指标	2015 年	2016 年	2017 年	2018 年	2019 年	2020 年
天津	每千人拥有普通高等学校教职工数量	3.73	3.20	3.34	3.44	3.49	3.58
	人均一般公共预算教育经费	3592.84	3217.10	3019.86	3142.53	3234.95	3365.60
	高等学校生均教育经费支出	37101.88	37741.71	47444.23	52596.27	44258.98	—
	基础教育阶段生均教育经费支出	25220.31	25987.31	27728.36	29289.57	28770.67	—
河北	每千人拥有普通高等学校教职工数量	1.40	1.41	1.42	1.46	1.50	1.58
	人均一般公共预算教育经费	1092.32	1357.39	1505.71	1678.74	1818.85	2030.70
	高等学校生均教育经费支出	21832.40	23468.22	22607.10	23272.10	25432.71	—
	基础教育阶段生均教育经费支出	9096.76	9737.67	10673.94	11184.34	12087.85	—

数据来源：根据历年《中国统计年鉴》、《中国教育经费统计年鉴》等计算所得。

动态来看，河北省与北京市、天津市教育资源的绝对差距呈现不同变化态势。经测算河北与北京之间每千人拥有普通高等学校教职工数量、人均一般公共预算教育经费、高等学校生均教育经费支出、基础教育阶段生均教育经费支出等指标的绝对差距扩大，年均增长率分别为 0.70%、5.59%、7.33%、6.32%。河北与天津教育资源绝对差距变化态势相对复杂，在每千人拥有普通高等学校教职工数量与基础教育阶段生均教育经费支出指标上，河北与天津的绝对差距呈扩大趋势，年均增长率为 1.38%、1.01%。在人均一般公共预算教育经费上，河北与天津的绝对差距呈缩小趋势，从 2015 年的 2500.52 元下降至 2020 年的 1334.9 元（见表 3-2）。

表 3-2 2015~2020 年京津冀地区教育资源相关指标绝对差距

单位：人，元

区域	指标	2015 年	2016 年	2017 年	2018 年	2019 年	2020 年
北京与河北	每千人拥有普通高等学校教职工数量	51.08	51.08	50.57	50.8	51.31	52.86
	人均一般公共预算教育经费	2374.27	2503.36	2515.66	2681.21	2841.99	3110.30
	高等学校生均教育经费支出	42124.49	41381.42	50297.54	50998.23	55146.57	—
	基础教育阶段生均教育经费支出	34148.69	40014.33	39994.35	41388.64	43309.30	—

续表

区域	指标	2015年	2016年	2017年	2018年	2019年	2020年
天津与河北	每千人拥有普通高等学校教职工数量	18.73	17.95	19.16	19.78	19.83	20.00
	人均一般公共预算教育经费	2500.52	1859.71	1514.15	1463.79	1416.1	1334.9
	高等学校生均教育经费支出	15269.48	14273.49	24837.13	29324.17	18826.27	—
	基础教育阶段生均教育经费支出	16123.55	16249.64	17054.42	18105.23	16682.82	—
北京与天津	每千人拥有普通高等学校教职工数量	32.35	33.13	31.41	31.02	31.48	32.86
	人均一般公共预算教育经费	-126.25	643.65	1001.51	1217.42	1425.89	1775.40
	高等学校生均教育经费支出	26855.01	27107.93	25460.41	21674.06	36320.30	—
	基础教育阶段生均教育经费支出	18025.14	23764.69	22939.93	23283.41	26626.48	—

数据来源：据《中国教育经费统计年鉴》计算所得。

从差距相对变化视角来看，除个别指标外，河北省与北京市的教育资源相对差距整体缩小。在每千人拥有普通高等学校教职工数量、人均一般公共预算教育经费指标上，河北相当于北京的比例分别从2015年的21.50%、31.51%上升到2020年的22.96%、39.50%；在基础教育阶段生均教育经费支出指标上，河北相当于北京的比例从2015年的21.04%上升到2019年的21.82%，说明在这三个指标上两地的相对差距缩小。但在高等学校生均教育经费支出指标上，河北相当于北京的比例从2015年的34.14%下降至2019年的31.56%，两地相对差距扩大。河北与天津的相对差距变化态势同河北与北京的变化态势相似，在高等学校生均教育经费支出指标上，河北相当于天津的比例从2015年的58.84%下降至2019年的57.46%，河北与天津相对差距扩大；在每千人拥有普通高等学校教职工数量、人均一般公共预算教育经费指标上，河北相当于天津的比例分别从2015年的42.76%、30.40%上升到2020年的44.06%、60.34%，基础教育阶段生均教育经费支出则从2015年的36.07%上升到2019年的42.01%，河北与天津的相对差距缩小（见表3-3）。

表 3-3　2015～2020 年京津冀地区教育资源相关指标相对差距

单位：%

区域	指标	2015 年	2016 年	2017 年	2018 年	2019 年	2020 年
河北与北京	每千人拥有普通高等学校教职工数量	21.50	21.60	21.97	22.29	22.67	22.96
	人均一般公共预算教育经费	31.51	35.16	37.44	38.50	39.02	39.50
	高等学校生均教育经费支出	34.14	36.19	31.01	31.33	31.56	
	基础教育阶段生均教育经费支出	21.04	19.57	21.07	21.27	21.82	
河北与天津	每千人拥有普通高等学校教职工数量	42.76	43.96	42.63	42.4	43.13	44.06
	人均一般公共预算教育经费	30.40	42.19	49.86	53.42	56.23	60.34
	高等学校生均教育经费支出	58.84	62.18	47.65	44.25	57.46	
	基础教育阶段生均教育经费支出	36.07	37.47	38.49	38.19	42.01	
天津与北京	每千人拥有普通高等学校教职工数量	50.29	49.14	51.54	52.54	52.56	52.12
	人均一般公共预算教育经费	103.64	83.33	75.10	72.08	69.41	65.47
	高等学校生均教育经费支出	58.01	58.20	65.08	70.82	54.93	
	基础教育阶段生均教育经费支出	58.32	52.23	54.73	55.71	51.94	

数据来源：据《中国教育经费统计年鉴》计算所得。

（二）医疗资源

医疗资源方面，2015～2020 年京津冀医疗资源拥有量总体呈递增趋势。

分省市看，北京市人均医疗卫生财政支出增幅最大，2020 年较 2015 年增长 63.38%，分别是河北与天津人均医疗卫生财政支出的 2.5 倍和 2.2 倍；天津每万人拥有执业（助理）医师数增长 56.52%，每万人拥有注册护士数增长 40.91%。河北省人均医疗卫生财政支出逐年增加，但与京津相比仍存在较大差距。其余三项指标也仅仅在婴儿死亡率这一负向指标上，河北高于北京和天津。与京津相比，河北医疗资源与服务水平亟待提高(见表 3-4)。

从动态角度来看，河北与京津医疗资源各项指标的绝对差距表现各异。河北与北京每万人拥有执业（助理）医师数、每万人拥有注册护士数指标的绝对差距近年来保持稳定。在人均医疗卫生财政支出指标上，河北与北京

表 3-4　2015~2020 年京津冀地区医疗资源相关指标

地区	指标	2015 年	2016 年	2017 年	2018 年	2019 年	2020 年
北京	每万人拥有执业(助理)医师数(人)	39	41	43	46	49	49
	每万人拥有注册护士数(人)	44	45	48	50	53	54
	每万人拥有医疗卫生机构床位数(张)	51.40	53.86	55.58	57.39	59.33	58.00
	人均医疗卫生财政支出(元)	1693.42	1812.98	1950.18	2235.81	2440.23	2766.74
	婴儿死亡率(‰)	2.42	2.21	2.29	2.15	1.99	1.98
天津	每万人拥有执业(助理)医师数(人)	23	24	26	28	30	36
	每万人拥有注册护士数(人)	22	23	25	25	27	31
	每万人拥有医疗卫生机构床位数(张)	41.17	42.15	43.94	43.75	43.17	49.20
	人均医疗卫生财政支出(元)	1355.25	1408.39	1291.49	1393.78	1428.59	1265.25
	婴儿死亡率(‰)	4.80	4.00	3.60	3.00	2.70	2.40
河北	每万人拥有执业(助理)医师数(人)	22	24	26	28	30	32
	每万人拥有注册护士数(人)	18	19	21	23	24	27
	每万人拥有医疗卫生机构床位数(张)	46.07	48.26	52.53	55.84	56.65	59.20
	人均医疗卫生财政支出(元)	728.51	742.86	816.71	930.96	933.36	1094.95
	婴儿死亡率(‰)	5.48	5.56	5.22	5.19	4.26	4.03

数据来源：据《中国统计年鉴》计算所得。

的绝对差距不断扩大，年均增长率为 11.67%；在婴儿死亡率指标上，河北与北京之间的绝对差距不断缩小；在每万人拥有医疗卫生机构床位数指标上，河北与北京之间的绝对差距缩小，且 2020 年河北省该项指标高于北京。同期，除个别指标外，河北与天津的绝对差距整体呈缩小趋势。在每万人拥有执业（助理）医师数、每万人拥有注册护士数指标上，河北与天津之间差距较小，总体持平；在人均医疗卫生财政支出、每万人拥有医疗卫生机构床位数上，河北与天津之间的绝对差距不断收缩；在婴儿死亡率指标上，河北与天津之间的绝对差距呈小幅上升（见表 3-5）。

从相对差距看，河北与北京医疗资源在多项指标上差距收窄，但也存在个别指标上差距小幅扩大的情况。在每万人拥有执业（助理）医师数、每万人拥有注册护士数、每万人拥有医疗卫生机构床位数指标上，河北相当于北京的比例分别从 2015 年的 56.41%、40.91%、89.63%上升到 2020 年的 65.31%、

表 3-5 2015~2020 年京津冀地区医疗资源相关指标绝对差距

区域	指标	2015 年	2016 年	2017 年	2018 年	2019 年	2020 年
北京与河北	每万人拥有执业(助理)医师数(人)	17	17	17	18	19	17
	每万人拥有注册护士数(人)	26	26	27	27	29	27
	每万人拥有医疗卫生机构床位数(张)	5.33	5.60	3.05	1.55	2.68	-1.20
	人均医疗卫生财政支出(元)	964.91	1070.12	1133.47	1304.85	1506.87	1671.79
	婴儿死亡率(‰)	-3.06	-3.35	-2.93	-3.04	-2.27	-2.05
天津与河北	每万人拥有执业(助理)医师数(人)	1	0	0	0	0	4
	每万人拥有注册护士数(人)	4	4	4	2	3	4
	每万人拥有医疗卫生机构床位数(张)	-4.90	-6.11	-8.59	-12.90	-13.50	-10
	人均医疗卫生财政支出(元)	626.74	665.53	474.78	462.82	495.23	170.30
	婴儿死亡率(‰)	-0.68	-1.56	-1.62	-2.19	-1.56	-1.63
北京与天津	每万人拥有执业(助理)医师数(人)	16	17	17	18	19	13
	每万人拥有注册护士数(人)	22	22	23	25	26	23
	每万人拥有医疗卫生机构床位数(张)	10.23	11.71	11.64	13.64	16.16	8.80
	人均医疗卫生财政支出(元)	338.17	404.59	658.69	842.03	1011.64	1501.49
	婴儿死亡率(‰)	-2.38	-1.79	-1.31	-0.85	-0.71	-0.42

数据来源：根据《中国统计年鉴》计算所得。

50.00%、102.07%；在婴儿死亡率上，河北相当于北京的比例从 2015 年的 226.45%下降至 2020 年的 203.54%，说明两地相对差距缩小；在人均医疗卫生财政支出上，河北相当于北京的比例从 2015 年的 43.02%下降至 2020 年的 39.58%，说明两地相对差距扩大。河北、天津间相对差距变化态势与河北、北京间相对差距变化态势相似，除个别指标外，多数指标相对差距收缩。在每万人拥有注册护士数、每万人拥有医疗卫生机构床位数、人均医疗卫生财政支出等指标上，河北相当于天津的比例从 2015 年的 81.82%、111.90%、53.75%上升到 2020 年的 87.10%、120.33%、86.54%，河北与天津相对差距缩小；在每万人拥有执业（助理）医师数上，河北与天津大致持平（见表 3-6）。

表 3-6 2015~2020 年京津冀地区医疗资源相关指标相对差距

单位：%

区域	指标	2015 年	2016 年	2017 年	2018 年	2019 年	2020 年
河北与北京	每万人拥有执业(助理)医师数	56.41	58.54	60.47	60.87	61.22	65.31
	每万人拥有注册护士数	40.91	42.22	43.75	46.00	45.28	50.00
	每万人拥有医疗卫生机构床位数	89.63	89.60	94.51	97.30	95.48	102.07
	人均医疗卫生财政支出	43.02	40.97	41.88	47.74	38.25	39.58
	婴儿死亡率	226.45	251.58	227.95	241.40	214.07	203.54
河北与天津	每万人拥有执业(助理)医师数	95.65	100.00	100.00	100.00	100.00	88.89
	每万人拥有注册护士数	81.82	82.61	84.00	92.00	88.89	87.10
	每万人拥有医疗卫生机构床位数	111.90	114.50	119.55	127.63	129.60	120.33
	人均医疗卫生财政支出	53.75	52.75	63.24	66.79	65.33	86.54
	婴儿死亡率	114.17	139.00	145.00	173.00	157.78	167.92
天津与北京	每万人拥有执业(助理)医师数	58.97	58.54	60.47	60.87	61.22	73.47
	每万人拥有注册护士数	50.00	51.11	52.08	50.00	50.94	57.41
	每万人拥有医疗卫生机构床位数	80.10	78.26	79.06	76.23	72.76	84.83
	人均医疗卫生财政支出	80.03	77.68	66.22	62.34	58.54	45.73
	婴儿死亡率	198.35	181.00	157.21	139.53	135.68	121.21

数据来源：根据《中国统计年鉴》计算所得。

（三）社会保障

2015~2020 年，除个别指标外，京津冀社会保障相关指标呈增加趋势。其间，京津冀三地人均失业保险基金收入呈波动状态，未有明显增长；在人均基本养老保险基金收入、人均基本养老保险基金支出、人均失业保险基金支出、人均城镇基本医疗保险基金收入、人均城镇基本医疗保险基金支出、人均城乡居民社会养老保险基金收入、人均城乡居民社会养老保险基金支出七个指标上均有明显提高。

分地区看，北京市人均基本养老保险基金支出、人均失业保险基金支出、人均城乡居民社会养老保险基金收入、人均城乡居民社会养老保险基金支出四个指标的增长速度明显高于河北省和天津市。由于基数小，河北在人均基本养老保险基金收入、人均城镇基本医疗保险基金收入和人均城镇基本医疗保险基金支出上增长率最高（见表 3-7）。

表 3-7　2015~2020 年京津冀地区社会保障相关指标数据

单位：元

地区	指标	2015 年	2016 年	2017 年	2018 年	2019 年	2020 年
北京	人均基本养老保险基金收入	7318.14	10246.06	10132.00	11650.87	12605.62	9870.39
	人均基本养老保险基金支出	4412.52	6739.64	6355.10	6930.47	7754.74	8923.11
	人均失业保险基金收入	373.26	367.52	374.52	477.65	465.68	344.03
	人均失业保险基金支出	195.52	281.05	300.14	329.47	423.45	726.83
	人均城镇基本医疗保险基金收入	3707.91	4272.94	4857.57	6025.09	7094.23	6812.51
	人均城镇基本医疗保险基金支出	3354.34	3615.35	4193.57	4916.38	6027.40	5693.46
	人均城乡居民社会养老保险基金收入	170.48	189.98	209.21	255.02	310.96	314.76
	人均城乡居民社会养老保险基金支出	121.12	137.59	171.38	215.78	267.12	293.74
天津	人均基本养老保险基金收入	4129.67	5207.00	6342.55	8100.58	7373.06	6161.07
	人均基本养老保险基金支出	3888.19	5197.99	5929.93	7663.77	7223.96	7651.38
	人均失业保险基金收入	209.17	199.31	268.79	195.16	182.20	180.05
	人均失业保险基金支出	219.94	192.72	359.57	261.75	246.03	241.07
	人均城镇基本医疗保险基金收入	1932.04	2154.19	2535.60	2659.58	2831.89	2670.41
	人均城镇基本医疗保险基金支出	1621.54	1768.68	1944.75	2316.92	2537.97	2454.16
	人均城乡居民社会养老保险基金收入	323.14	502.43	556.74	441.07	438.27	477.29
	人均城乡居民社会养老保险基金支出	186.94	212.75	256.74	298.63	327.08	354.00
河北	人均基本养老保险基金收入	1462.14	1655.97	1942.43	2862.52	3272.97	2255.69
	人均基本养老保险基金支出	1547.94	1721.27	1905.29	2720.52	3257.24	2654.83
	人均失业保险基金收入	58.35	52.14	37.40	43.74	46.02	36.09
	人均失业保险基金支出	38.00	67.27	36.59	27.19	33.17	55.08
	人均城镇基本医疗保险基金收入	459.41	919.53	1011.74	1129.19	1316.79	1337.59
	人均城镇基本医疗保险基金支出	356.41	796.77	832.16	995.84	1119.44	1164.13
	人均城乡居民社会养老保险基金收入	191.01	192.00	219.60	262.32	298.91	319.53
	人均城乡居民社会养老保险基金支出	134.10	140.47	162.91	197.28	205.85	217.31

数据来源：据《中国统计年鉴》计算所得。

2015 年河北与北京、天津在人均基本养老保险基金收入上的绝对差距分别是 5856 元、2667.53 元，2020 年人均基本养老保险基金收入的绝对差距分别扩大到7614.7元、3905.38元，在人均基本养老保险基金支出上，河北与北京、天津的绝对差距也在扩大。在人均失业保险基金收入上，河北与北京的绝对差距有所缩小，但在人均失业保险基金支出上，河北与北京的绝对差距扩大。在人均失业保险基金收入、人均失业保险基金支出上，河北与天津的绝对差距于2017年出现大幅扩大，随后呈缩小趋势，但在人均城镇基本医疗保险基金收入、人均城镇基本医疗保险基金支出上，北京与河北、与天津的绝对差距扩大。在人均城乡居民社会养老保险基金收入上，河北与北京的绝对差距缩小，但在人均城乡居民社会养老保险基金支出上，河北与天津、北京的绝对差距扩大（见表3-8）。

在人均基本养老保险基金收入、人均城镇基本医疗保险基金收入、人均城镇基本医疗保险基金支出指标上，河北相当于北京的比例分别从2015年的19.98%、12.39%、10.63%上升到2020年的22.85%、19.63%、20.45%，两地相对差距缩小。在人均基本养老保险基金支出、人均失业保险基金收入、人均失业保险基金支出指标上，河北相当于北京的比例分别从2015年的35.08%、15.63%、19.43%下降至2020年的29.75%、10.49%、7.58%，两地相对差距扩大。在人均基本养老保险基金收入、人均失业保险基金支出、人均城镇基本医疗保险基金收入、人均城镇基本医疗保险基金支出、人均城乡居民社会养老保险基金收入指标上，河北相当于天津的比例分别从2015年的35.41%、17.28%、23.78%、21.98%、59.10%上升到2020年的36.61%、22.85%、50.09%、47.43%、66.95%，河北和天津两地的相对差距缩小。在人均基本养老保险基金支出、人均失业保险基金收入、人均城乡居民社会养老保险基金支出上，河北相当于天津的比例分别从2015年的39.81%、27.90%、71.74%下降至2020年的34.70%、20.04%、61.39%，说明两地的相对差距扩大。在人均基本养老保险基金收入上，天津相当于北京的比例从2015年的56.43%上升到2020年的62.42%，两地的相对差距缩小。天津和北京在人均基本养老保险基金支出、人均失业保险基金收入、人均失业保险基金支出、人均城镇基本医疗保险基金收入、人均城镇基本医疗保险基金支出等指标上的相对差距扩大，天津相当于北京的比例

表 3-8　2015~2020 年京津冀地区社会保障相关指标绝对差距

单位：元

区域	指标	2015 年	2016 年	2017 年	2018 年	2019 年	2020 年
北京与河北	人均基本养老保险基金收入	5856	8590.09	8189.57	8788.35	9332.65	7614.70
	人均基本养老保险基金支出	2864.58	5018.37	4449.81	4209.95	4497.50	6268.28
	人均失业保险基金收入	314.91	315.38	337.12	433.91	419.66	307.94
	人均失业保险基金支出	157.52	213.78	263.55	302.28	390.28	671.75
	人均城镇基本医疗保险基金收入	3248.50	3353.41	3845.83	4895.9	5777.44	5474.92
	人均城镇基本医疗保险基金支出	2997.93	2818.58	3361.41	3920.54	4907.96	4529.33
	人均城乡居民社会养老保险基金收入	-20.53	-2.02	-10.39	-7.30	12.05	-4.77
	人均城乡居民社会养老保险基金支出	-12.98	-2.88	8.47	18.50	61.27	76.43
天津与河北	人均基本养老保险基金收入	2667.53	3551.03	4400.12	5238.06	4100.09	3905.38
	人均基本养老保险基金支出	2340.25	3476.72	4024.64	4943.25	3966.72	4996.55
	人均失业保险基金收入	150.82	147.17	231.39	151.42	136.18	143.96
	人均失业保险基金支出	181.94	125.45	322.98	234.56	212.86	185.99
	人均城镇基本医疗保险基金收入	1472.63	1234.66	1523.86	1530.39	1515.1	1332.82
	人均城镇基本医疗保险基金支出	1265.13	971.91	1112.59	1321.08	1418.53	1290.03
	人均城乡居民社会养老保险基金收入	132.13	310.43	337.14	178.75	139.36	157.76
	人均城乡居民社会养老保险基金支出	52.84	72.28	93.83	101.35	121.23	136.69
北京与天津	人均基本养老保险基金收入	3188.47	5039.06	3789.45	3550.29	5232.56	3709.32
	人均基本养老保险基金支出	524.33	1541.65	425.17	-733.3	530.78	1271.73
	人均失业保险基金收入	164.09	168.21	105.73	282.49	283.48	163.98
	人均失业保险基金支出	-24.42	88.33	-59.43	67.72	177.42	485.76
	人均城镇基本医疗保险基金收入	1775.87	2118.75	2321.97	3365.51	4262.34	4142.10
	人均城镇基本医疗保险基金支出	1732.80	1846.67	2248.82	2599.46	3489.43	3239.30
	人均城乡居民社会养老保险基金收入	-152.66	-312.45	-347.53	-186.05	-127.31	-162.53
	人均城乡居民社会养老保险基金支出	-65.82	-75.16	-85.36	-82.85	-59.96	-60.26

数据来源：据《中国统计年鉴》计算所得。

分别从 2015 年的 88.12%、56.04%、112.49%、52.11%、48.34%下降至 2020 年的 85.75%、52.34%、33.17%、39.20%、43.10%（见表3-9）。

表 3-9　2015~2020 年京津冀地区社会保障相关指标相对差距

单位：%

区域	指标	2015 年	2016 年	2017 年	2018 年	2019 年	2020 年
河北与北京	人均基本养老保险基金收入	19.98	16.16	19.17	24.57	25.96	22.85
	人均基本养老保险基金支出	35.08	25.54	29.98	39.25	42.00	29.75
	人均失业保险基金收入	15.63	14.19	9.99	9.16	9.88	10.49
	人均失业保险基金支出	19.43	23.93	12.19	8.25	7.83	7.58
	人均城镇基本医疗保险基金收入	12.39	21.52	20.83	18.70	18.56	19.63
	人均城镇基本医疗保险基金支出	10.63	22.04	19.84	20.26	18.57	20.45
	人均城乡居民社会养老保险基金收入	112.05	101.06	104.97	102.86	96.13	101.52
	人均城乡居民社会养老保险基金支出	110.73	102.10	95.06	91.42	77.06	73.98
河北与天津	人均基本养老保险基金收入	35.41	31.80	30.63	35.34	44.39	36.61
	人均基本养老保险基金支出	39.81	33.11	32.13	35.50	45.09	34.70
	人均失业保险基金收入	27.90	26.16	13.91	22.41	25.26	20.04
	人均失业保险基金支出	17.28	34.90	10.18	10.39	13.48	22.85
	人均城镇基本医疗保险基金收入	23.78	42.69	39.90	42.46	46.50	50.09
	人均城镇基本医疗保险基金支出	21.98	45.05	42.79	42.98	44.11	47.43
	人均城乡居民社会养老保险基金收入	59.10	38.21	39.44	59.47	68.20	66.95
	人均城乡居民社会养老保险基金支出	71.74	66.03	63.45	66.06	62.94	61.39
天津与北京	人均基本养老保险基金收入	56.43	50.82	62.60	69.53	58.49	62.42
	人均基本养老保险基金支出	88.12	77.13	93.31	110.58	93.16	85.75
	人均失业保险基金收入	56.04	54.23	71.77	40.86	39.13	52.34
	人均失业保险基金支出	112.49	68.57	119.80	79.45	58.10	33.17
	人均城镇基本医疗保险基金收入	52.11	50.41	52.20	44.14	39.92	39.20
	人均城镇基本医疗保险基金支出	48.34	48.92	46.37	47.13	42.11	43.10
	人均城乡居民社会养老保险基金收入	189.55	264.47	266.12	172.96	140.94	151.64
	人均城乡居民社会养老保险基金支出	154.35	154.63	149.81	138.39	122.44	120.51

数据来源：据《中国统计年鉴》计算所得。

（四）文化服务

2015~2019 年，京津冀地区人均文化事业财政投入有一定程度的提高，三地年均增长率分别为 45.08%、7.72%、46.65%。河北省的增长率超过了北京市和天津市，其间京津两地存在一定程度的波动，河北呈现持续上升状态，说明河北省近年来比较重视对公共文化事业的投入。2015~2020 年，在人均城市绿地面积上，京津冀三地的年均增长率分别为 6.35%、48.45%、12.57%，天津的增幅远远高于河北和北京（见表 3-10）。

表 3-10　2015~2020 年京津冀地区文化服务相关指标

单位：元，平方米

地区	指标	2015 年	2016 年	2017 年	2018 年	2019 年	2020 年
北京	人均文化事业财政投入	126.07	160.73	164.98	158.95	216.76	211.53
	人均公共图书馆财政拨款	26.77	27.31	29.80	34.71	34.21	
	人均博物馆财政补助	24.76	9.59	53.37	60.95	69.15	
	人均城市绿地面积	37.16	37.40	38.06	38.91	40.50	42.35
天津	人均文化事业财政投入	106.84	109.53	132.52	129.61	123.18	96.09
	人均公共图书馆财政拨款	25.92	27.11	36.30	41.18	46.37	
	人均博物馆财政补助	16.22	32.20	22.15	24.15	24.54	
	人均城市绿地面积	19.74	23.15	31.42	33.62	30.97	31.51
河北	人均文化事业财政投入	25.23	25.07	34.00	36.41	40.01	47.41
	人均公共图书馆财政拨款	3.89	4.12	4.45	5.08	4.74	
	人均博物馆财政补助	5.89	6.23	6.64	7.71	7.89	
	人均城市绿地面积	11.07	11.58	11.92	12.31	12.58	13.24

数据来源：据《中国文化文物和旅游统计年鉴》计算所得。

2015~2020 年，河北省与北京市相比，人均文化事业财政投入的绝对差距呈扩大趋势。在人均城市绿地面积、人均公共图书馆财政拨款、人均博物馆财政补助上，河北与北京的绝对差距扩大（见表 3-11）。

在人均文化事业财政投入、人均城市绿地面积上，河北相当于北京的比例分别从 2015 年的 20.02%、29.79%上升到 2020 年的 22.41%、31.26%，两地的相对差距缩小。在人均公共图书馆财政拨款、人均博物馆财政补助上，河北相当于北京的比例分别从 2015 年的 14.53%、23.80%下降至 2019 年的 13.85%、11.41%，河北和北京的相对差距扩大。在人均文化事业财政投入上，河北相当于天津的比例从 2015 年的 23.62%上升到 2020 年的 49.34%，

表 3-11　2015~2020 年京津冀地区文化服务相关指标绝对差距

单位：元，平方米

区域	指标	2015 年	2016 年	2017 年	2018 年	2019 年	2020 年
北京与河北	人均文化事业财政投入	100.84	135.66	130.98	122.54	176.75	164.12
	人均公共图书馆财政拨款	22.88	23.19	25.35	29.63	29.47	
	人均博物馆财政补助	18.87	3.36	46.73	53.24	61.26	
	人均城市绿地面积	26.09	25.82	26.14	26.60	27.92	29.11
天津与河北	人均文化事业财政投入	81.61	84.46	98.52	93.20	83.17	48.68
	人均公共图书馆财政拨款	22.03	22.99	31.85	36.10	41.63	
	人均博物馆财政补助	10.33	25.97	15.51	16.44	16.65	
	人均城市绿地面积	8.67	11.57	19.50	21.31	18.39	18.27
北京与天津	人均文化事业财政投入	19.23	51.20	32.46	29.34	93.58	115.44
	人均公共图书馆财政拨款	0.85	0.20	-6.50	-6.47	-12.16	
	人均博物馆财政补助	8.54	-22.61	31.22	36.80	44.61	
	人均城市绿地面积	17.42	14.25	6.64	5.29	9.53	10.84

数据来源：据《中国文化文物和旅游统计年鉴》计算所得。

说明河北和天津的相对差距缩小。在人均公共图书馆财政拨款、人均博物馆财政补助、人均城市绿地面积上，河北相当于天津的比例分别从 2015 年的 15.01%、36.32%、56.08% 下降至 2019 年的 10.22%、32.16%、40.62%，河北和天津这三项指标的相对差距扩大。在人均公共图书馆财政拨款、人均城市绿地面积上，天津相当于北京的比例分别从 2015 年的 96.82%、53.11% 上升到 2019 年的 135.54%、76.48%，天津和北京的相对差距缩小。在人均文化事业财政投入、人均博物馆财政补助指标上，天津相当于北京的比例分别从 2015 年的 84.75%、65.51%下降至 2019 年的 56.83%、35.49%，天津和北京的相对差距扩大（见表 3-12）。

表 3-12　2015~2020 年京津冀地区文化服务相关指标相对差距

单位：%

区域	指标	2015 年	2016 年	2017 年	2018 年	2019 年	2020 年
河北与北京	人均文化事业财政投入	20.02	15.60	20.61	22.91	18.46	22.41
	人均公共图书馆财政拨款	14.53	15.08	14.92	14.65	13.85	
	人均博物馆财政补助	23.80	64.96	12.43	12.66	11.41	
	人均城市绿地面积	29.79	30.96	31.31	31.63	31.07	31.26
河北与天津	人均文化事业财政投入	23.62	22.89	25.65	28.09	32.48	49.34
	人均公共图书馆财政拨款	15.01	15.20	12.25	12.35	10.22	
	人均博物馆财政补助	36.32	19.35	29.96	31.94	32.16	
	人均城市绿地面积	56.08	50.03	37.93	36.61	40.62	42.01
天津与北京	人均文化事业财政投入	84.75	68.14	80.33	81.54	56.83	45.43
	人均公共图书馆财政拨款	96.82	99.25	121.81	118.62	135.54	
	人均博物馆财政补助	65.51	335.74	41.51	39.62	35.49	
	人均城市绿地面积	53.11	61.88	82.55	86.40	76.48	74.40

数据来源：据《中国文化文物和旅游统计年鉴》计算所得。

三　存在的突出问题

（一）人才公共服务相对差距缩小，绝对差距扩大

经过对北京、天津、河北三地的教育资源、医疗资源、社会保障与文化服务等基本公共服务的相关指标运用绝对差距和相对差距计算方法测算后发现，在京津冀三地的人才基本公共服务中，多数指标呈现相对差距缩小但绝对差距扩大的趋势，说明京津冀区域间人才公共服务均等化虽有所进展，但仍存在较多困难。

本研究用两地间指标的差值来测算绝对差距。教育资源方面，在每千人拥有普通高等学校教职工数量、人均一般公共预算教育经费、高等学校生均教育经费支出、基础教育阶段生均教育经费支出指标上，河北与北京之间的绝对差距扩大；在每千人拥有普通高等学校教职工数量与基础教育阶段生均

教育经费支出指标上，河北与天津的绝对差距不断扩大。医疗资源方面，在每万人拥有执业（助理）医师数与每万人拥有注册护士数指标上，河北省与北京和天津两地之间的绝对差距变动幅度不大；在人均医疗卫生财政支出上，河北与北京的绝对差距扩大；在婴儿死亡率指标上，河北与天津的绝对差距拉大。社会保障方面，在人均基本养老保险基金收入、人均基本养老保险基金支出、人均失业保险基金支出、人均城镇基本医疗保险基金收入、人均城镇基本医疗保险基金支出、人均城乡居民社会养老保险基金支出等指标上，河北与北京的绝对差距呈扩大趋势。文化服务方面，在人均城市绿地面积、人均公共图书馆财政拨款、人均博物馆财政补助三项指标上，河北与北京、天津的绝对差距总体扩大。

本研究用各指标河北相当于京津的比例测算三地相对差距变化。教育资源方面，在每千人拥有普通高等学校教职工数量、人均一般公共预算教育经费、基础教育阶段生均教育经费支出指标上，河北与北京、天津的相对差距缩小。医疗资源方面，在每万人拥有执业（助理）医师数、每万人拥有注册护士数、每万人拥有医疗卫生机构床位数指标上，河北与北京、天津之间的相对差距总体呈缩小趋势；在人均医疗卫生财政支出指标上，河北与天津的相对差距缩小；在婴儿死亡率上，河北与北京的相对差距缩小。社会保障方面，在人均城乡居民社会养老保险基金收入和人均城乡居民社会养老保险基金支出这两项指标上，京津冀发展相对均衡；在人均基本养老保险基金收入、人均城镇基本医疗保险基金收入、人均城镇基本医疗保险基金支出三项指标上，河北相当于北京、天津的比例呈增加趋势，河北和北京、天津的相对差距缩小。文化服务方面，在人均文化事业财政投入上，河北相当于北京与天津的比例有不同程度的提升，三地的相对差距不断缩小。

（二）人才公共服务基础差距缩小，高端差距拉大

人才公共服务可依据供给层次划分为基础和高端两个层面。基础部分主要包括基础教育、基本医疗和社会保障，高端部分则包括高等教育和文化服务。通过数据分析可以发现，基础教育中生均经费、医疗中的万人医务人员

数以及社会保障中有关指标的相对差距都呈现缩小趋势，说明人才公共服务中基础部分三地失衡状况有所改善。

人才对高等教育与文化服务有着特殊的依赖和需求。在有关公共文化服务的关键指标上，如在人均公共图书馆财政拨款、人均博物馆财政补助上河北相当于北京的比例分别从 2015 年的 14.53%、23.80%下降至 2019 年的 13.85%、11.41%，说明河北和北京的相对差距扩大。在人均文化事业财政投入上，河北相当于天津的比例从 2015 年的 23.62%上升到 2020 年的 49.34%，说明河北和天津的相对差距缩小。在人均公共图书馆财政拨款、人均博物馆财政补助、人均城市绿地面积上河北相当于天津的比例分别从 2015 年的 15.01%、36.32%、56.08%下降至 2019 年的 10.22%、32.16%、40.62%，说明河北和天津这三项指标的相对差距扩大。在高等教育方面，高等学校生均教育经费支出指标具有较强的代表性。河北高等学校生均教育经费支出指标相当于天津的比例从 2015 年的 58.84%下降至 2019 年的 57.46%，说明河北与天津相对差距扩大，绝对差距则更大；高等学校生均教育经费支出指标河北相当于北京的比例从 2015 年的 34.14%下降至 2019 年的 31.56%，说明两地绝对差距和相对差距都扩大。

（三）人才公共服务资源配置均衡化机制尚未建立

从教育资源、医疗资源、社会保障与文化服务等基本公共服务资源配置情况来看，三地在一些重要的制度安排方面，跨地区的规划协同存在不足。在教育方面，区域高等教育资源配置失衡情况比较突出，京津冀三地高等教育协同发展虽已持续数年，但效果不尽如人意。2019 年，京津冀三地联合发布了《京津冀教育协同发展行动计划（2018—2020 年）》，提出了若干任务，但大多缺乏实质性进展，河北省高等教育发展能力未有显著提高。在卫生服务能力方面，数量上的失衡虽有所缓解，但河北较高的婴儿死亡率说明了三地医疗服务水平的落差仍然巨大。三地之间仍需加强医疗卫生规划对接，强化京津高水平医疗能力对河北的辐射带动作用。在社会保障方面，京津冀深度协同机制缺乏，三地间基本养老保险制度对接不足，支付水平存在较大差距，影响和制约了人才的合理流动。

京津冀三地的人才公共服务资源配置水平存在明显的失衡，其原因在于三地中河北相对落后的经济发展水平导致三地财力的巨大落差。现行地区财政转移支付制度设计未能弥补河北省在人才公共服务供给上的财力缺口，也未有区域内横向财政转移支付补齐现有制度短板。

四　对策建议

（一）加快资源均衡配置，提高均等化水平

公共服务资源配置不均衡，直接导致了区域之间公共服务供给不均衡和公共服务可及性的差异，导致区域之间人才公共服务水平差距进一步拉大，极大地制约了区域人才一体化发展水平。

相比京津，河北省在教育资源、医疗卫生、社会保障与文化服务等方面都明显落后，京津冀之间人才公共服务水平的巨大落差，导致了一系列的负面效应。一方面，河北人才、技术的吸引力逐渐下降，区域竞争力不足。另一方面，北京集聚了大量的人口，造成了严重的“大城市病”。为改变这种状况，必须采取有力措施，加快京津冀区域间人才公共服务资源的均衡配置。

一是要制定区域间公共服务水平一体化发展战略。三地在涉及基本公共服务发展规划时要进行有效的对接和沟通，京津要为河北人才公共服务水平提升提供必要的支持，帮助河北加快提升人才公共服务水平。

二是要加强相关制度设计与安排。中央财政要加大对落后地区人才公共服务水平提升的转移支付力度。河北省虽地处东部，但经济发展滞后，人均财政公共支出水平在全国处于垫底位置，短期内难以依靠自身财力快速提升人才公共服务水平。为提升河北省人才公共服务能力，中央政府可以参照西部省份，加大对河北省的财政支持力度。

（二）建立区域文教卫资源共建共享机制

建立京津冀区域教育、文化、卫生共建共享机制，强化区域间公共资源共享，着力发挥京津优势资源辐射对河北省的带动作用，提升河北省人才公共服务的能力。

在教育方面，可采用鼓励京津名校在河北设立分校或者教育中心的方式，带动河北教育发展。支持京津高校与河北高校开展多种形式的战略合作，通过教学资源共享、师生交流、远程网络协作等深度合作，带动河北高等教育发展。①

在医疗方面，河北省有关部门应主动与京津协商，完善京津冀三地诊疗体系。在完善信息系统的基础上，统一三地医保政策，实现即时结算，减少异地就医人员跑腿和垫支等情况。建立健全区域内双向转诊和检查结果互认制度，② 强化京津优质医疗资源对河北的辐射带动效应，深化三地医院之间的合作交流，提高河北的基础医疗水平与基层医疗机构的医疗服务能力，逐步形成高水平公立医院与基层医疗卫生机构之间的分工协作、层级就诊网络。在京津周边打造有全国影响力的医疗服务中心，缓解北京高水平医院就医压力，分流北京外来流动人口。③

在社会保障方面，要搭建京津冀三地信息互通共享平台，破除社会保障信息壁垒，为三地社会保障共建共享提供支撑。统一管理信息标准，通过开发、建立相应的信息转换接口，将各地信息转换成标准信息。建立覆盖京津冀全体居民的城乡基本养老保险与基本医疗保障数据库，详细记载参保人员在不同险种下的缴费信息和待遇享受信息，为三地跨区域诊疗、报销及社会救助提供信息支持。

---

① 薛琪薪、吴瑞君：《长三角人才集聚与流动的现状特征与人才协同政策建构》，《上海城市管理》2020 年第 3 期，第 44～51 页。

② 李志勇、宋艳波、楚昕：《财政推进京津冀基本公共服务均等化研究》，《经济研究参考》2018 年第 69 期，第 17～22 页。

③ 武义青、赵建强：《区域基本公共服务一体化水平测度——以京津冀和长三角地区为例》，《经济与管理》2017 年第 4 期，第 11～16 页。

（三）创新制度，促进各类型人才有序流动

1. 提升河北人才服务水平

一是要强化组织领导。党委和政府相关部门要加强对人才工作的组织领导和整体规划，创新思路破解河北省人才短缺瓶颈。人才服务机构要主动求变，积极适应不断发展变化的形势，把握大局，扎实提升人才服务水平。

二是要拓宽人才公共服务范围。拓展公共服务对象，将新社会阶层纳入服务范围，不断扩展人才公共服务的覆盖范围。拓展服务领域，将人才公共服务业务扩展到人事诊断、人事策划、人事外包、企业聚才、引进外智、高级人才猎头以及留学生创业就业等领域。构建完善的高层次人才、经营管理人才、专业技术人才、农村实用人才、文化产业人才及高校毕业生等专业人才服务体系。

三是要整合人才公共服务资源。整合信息资源，搭建人才资源信息共享平台，建立覆盖河北全省的人才信息公共服务网络，使各类人才服务机构和各用人单位之间最大限度地实现信息互通和资源共享，减少重复建设和资源浪费。强化区域合作，建立三地人才信息交流渠道，发展京津冀网上人才市场，联合发布区域人才供求信息，共享人才信息资源。积极探索京津冀人才服务业合作机制，促进三地人才资源自由流动和优化配置。

2. 创新河北人才配套制度

一是积极探索实施京津冀“联合绿卡”制度。向符合规定条件的优秀人才，发放由三地共同审定的“联合绿卡”，持卡人在工作地享受教育、医疗、社会保障、住房等方面的优惠政策。以解决部分优秀人才因户籍原因而无法享受当地基本社会服务的问题，推动区域间人才合理流动。

二是探索实施京津冀高端人才待遇“互通”制度。三地“两院”院士等高端人才，可以根据个人意愿申请享受京津冀三地中任何一地规定的同层

次人才待遇。[①] 为河北高端人才提供优质服务，缩小河北与北京、天津之间的差距，以提升河北对海内外高层次人才的吸引力。

① 马宁、饶小龙、王选华等：《合作与共赢：京津冀区域人才一体化问题研究》，《中国人力资源开发》2011 年第 10 期，第 72~77 页。

第四章
京津冀东部滨海发展区产业人才发展状况

按照《京津冀人才一体化发展规划（2017—2030年）》中提出的“一体、三极、六区、多城”京津冀人才一体化发展总体布局，一是围绕天津建设全国先进制造研发基地需要，着力集聚一批高水平现代制造研发人才，依托滨海新区高端制造产业优势，把天津打造成产业创新人才聚集中心，形成京津冀高端制造人才发展极；二是以东部滨海发展区为载体，重点服务天津北方国际航运核心区建设，统筹协调秦皇岛港、唐山港、天津港、黄骅港等资源，加快现代信息技术、新能源与新能源汽车、高端装备制造、现代物流、航运和海洋产业等方面的人才集聚，建设产业人才发展示范区；三是京津冀三地统筹协调秦皇岛港、唐山港、天津港、黄骅港等资源，协同制定沿海临港产业人才引进、培养计划，集聚国内外沿海临港规划建设、管理运营、航运服务、商贸金融等领域的高端人才，共同建设沿海临港产业人才聚集带。

本章以京津冀东部滨海发展区产业人才发展为核心，着重就该区域人才集聚、人才政策及体制机制展开研究，分析存在的问题，并提出对策建议。

一　京津冀东部滨海发展区概况

京津冀东部滨海发展区是按照《京津冀协同发展规划纲要》中“一

核、双城、三轴、四区、多节点”的空间发展布局所确定的四个功能区之一。

东部滨海发展区主要覆盖天津、秦皇岛、唐山、黄骅（沧州）等地区。其中，天津作为直辖市，历史悠久，地理位置优越，地跨海河两岸，面朝渤海湾，素有“河海要冲”和“畿辅门户”之美名，是中国北方知名的远洋航运港口城市。河北省秦唐沧地区（秦皇岛、唐山、沧州三个地级市）向内邻近京津，向外紧靠渤海，拥有多个优良港口和较为丰富的矿产资源储备，且具有较为雄厚的工商业基础。目前，东部滨海发展区在现代信息技术、新能源与新能源汽车、高端装备制造、现代物流、航运和海洋产业领域均已形成了一批颇具规模和竞争力的企业。按照《京津冀协同发展规划纲要》，东部滨海发展区还涉及如下功能定位。

（一）全国先进制造研发基地

建成全国先进制造研发基地是天津在京津冀协同发展战略中的定位之一，根据《世界智能制造中心发展趋势报告（2019）》中的“2019 世界智能制造中心城市潜力榜”，以滨海新区为主要承载区的天津在智能制造领域展现出较大的发展潜力，在科研水平、智能生产、产业融合、发展潜力及政府扶持等评价指标的综合评比中列全球 50 强榜单第十名。在很多单项榜单中，天津的表现极为亮眼，尤其是在智能制造行业数量排名中，天津以 26 个行业高居世界首位。目前，天津拥有 26 个智能制造相关行业，是国内智能制造行业门类最齐全的城市。智能制造业企业数量占规上工业企业总数的 20%、增加值占比近 30%。

2018 年，天津有国家新型工业示范基地 11 个，在重点城市中居第 2 位。滨海新区无人机产业聚集区、中欧先进制造产业园、高新区软件园等一批新兴产业基地成为全国先进制造研发基地的重要支撑。2019 年，360 上市公司、紫光云总部、TCL 北方总部、国美智能等落户，三星动力电池、杰科生物医药研发和生产基地、康希诺生物创新疫苗产业化等项目竣工，海尔全球首个智能+5G 智慧园区建成使用。新能源汽车、工业机器人、服务机器人等新产品产量分别增长 56.7 倍、40.0%和 85.8%。[①] 2020 年，高技术产业（制造业）增加值增长 4.6%，设立百亿元智能制造财政专项基金，累计支持四批 911 个项目，市、区两级财政支持资金 36.4 亿元，形成 1∶20 的放大带动效应，拉动工业技改投资年均增长 20%以上，建成丹佛斯、海尔 5G 智能工厂等一批全球智能制造标杆企业。

（二）天津北方国际航运核心区

建成北方国际航运核心区是天津在京津冀协同发展战略中的定位之一。北方国际航运核心区作为以资源配置为主的区域性服务型国际航运中心，服务于京津冀城市群、辐射东北亚经济区域并带动天津经济社会发展。

2016 年 7 月 11 日，天津市交通运输委发布《天津市建设北方国际航运核心区实施方案》，参照国际航运核心区构成要素，结合天津市实际，进一步完善功能布局，着力打造具有天津特点的海空港枢纽、航运服务区、临港产业区三大功能承载区。

2015 年，天津港口货物和集装箱吞吐量分别达到 5.41 亿吨、1411.10 万标准箱，2020 年天津港口货物吞吐量达到 6.5 亿吨、集装箱吞吐量达到 1700 万标准箱，基本形成体系结构合理、内外衔接高效的立体综合港口及疏运体系；机场旅客吞吐量达到 2500 万人次，货邮吞吐量 60 万吨，基本建成区域枢纽机场和中国国际航空物流中心；2020 年海铁联运吞吐量突破 80 万标准箱，[②] 北方海港枢纽地位基本确立；东疆保税港区的融资租赁业领跑全国，航空租赁、国际船舶租赁业务持续增长，医疗、新能源、汽车等新兴租赁业务也加快布局，航运服务业逐步发展；临港产业承载区依托临港经济区、南港工业区、空港经济区、中新天津生态城，主要发展装备制造、海洋工程、船舶修造、航天航空、石油化工、休闲旅游等相关产业，临港产业不断优化升级。

---

① 《2019 年天津市国民经济和社会发展统计公报》。

② 《2020 年天津市国民经济和社会发展统计公报》。

（三）河北沿海经济带新定位

2019 年 2 月，河北省沿海经济带建设工作会议提出，加快推动港口转型升级，调整优化秦皇岛港、唐山港、黄骅港三大港口功能定位，深化与天津港和国内其他港口分工协作，推动形成现代化环渤海港口群，突出功能定位，发挥比较优势，加快秦皇岛市、唐山市、沧州市高水平开放和高质量发展步伐。

秦皇岛市要统筹城市和港口资源，促进港产城深度融合创新发展。秦皇岛港要重点发展集装箱运输和邮轮母港，努力建成国际知名旅游港和现代综合贸易港。唐山市要进一步做大做强唐山港，率先全面建成高质量小康社会和现代化国际滨海城市。唐山港要积极发展海公铁多式联运，提高曹妃甸码头煤炭接卸中转能力，努力建成服务重大国家战略的能源原材料主枢纽港、综合贸易大港和面向东北亚开放的桥头堡。沧州市要大力推进黄骅港高质量发展，加速临港产业聚集，推动港口经济高质量发展和渤海新区开发建设再上新台阶。黄骅港要借势打造雄安新区最便捷出海口，加强深水航道升级改造，积极发展国际航运，努力建成现代综合服务港、国际贸易港和“一带一路”重要枢纽。①

二　东部滨海发展区人才集聚现状

2015 年，北京地区人才超过 400 万人；天津市党政、企业经营管理、专业技术等区域的人才数量为 115.66 万人；河北省人才资源储备也不可小觑，为 449.34 万人。强大的人才储备，是京津冀协同发展的一大优势。2017 年 7 月三地签署了《京津冀人才一体化发展规划（2017—2030 年）》，而后陆续签署并发布了关于合作事宜的诸多文件，建立健全合作互动机制，

① 《河北调整优化秦皇岛港、唐山港、黄骅港三大港口功能定位》，中国水运网，http://www.zgsyb.com/news.html? aid=469499，2019 年 2 月 18 日。

人才一体化加速推进。

秦皇岛市以“人才兴秦”工程为统领，深入实施“名校英才入秦计划”；举办秦皇岛国际英才创业周暨首届京津冀创新创业大赛，增强人才优势，打造具有秦皇岛特色的招才引智品牌；加快院士专家工作站、特邀院士工作站及博士后创新实践基地建设，建好招才引智平台；特别是全力打造高层次人才引育基地，加快“四中心、一园”（联谊中心、休养中心、培训中心、科创中心、海创产业园）建设，设立秦皇岛科创产业引导基金，为高层次人才创新创业搭建平台。截至 2020 年底，秦皇岛市人才保有量达到 42.64 万人，拥有国家级人才 40 余人。全职引进国家海外引才计划入选者 2 人，入选省“巨人计划”9 人；省级高端人才、省管专家达 170 余人，市管优秀专家、专业技术拔尖人才达 1200 余人，具有博士、正高级职称人才达 2700 余人，专业技术人员和高技能人才达 9.8 万人。新建院士工作站 2 个，进站及建立长期联系的院士达 50 余人；新建博士后科研工作站 2 个、博士后创新实践基地 3 个，引进博士后科研人员 20 人。新建省级以上人才平台 145 个，其中产业研究院 10 个，重点实验室 35 个，企业技术中心 49 个，技术创新中心 51 个；研发经费投入由 2017 年的 12.62 亿元增长到 2020 年的 24.51 亿元，万人发明专利拥有量稳居全省首位。①

唐山市紧紧抓住京津冀协同发展的重大战略机遇，以“凤凰英才计划”为抓手，以共享京津高端人才智力为突破，创新机制，广开渠道，打造了特邀院士工作站、博士后科研工作站、研究生社会实践基地等一大批引才引智“金字招牌”，快速推进唐山市人才队伍建设。唐山市坚持人才队伍建设和科技创新平台建设并重，大力实施“凤凰英才计划”，制定《企业家培训十年规划纲要（2018—2027 年）》。2018 年以来，柔性引进“两院”院士 37 人、国家级领军人才 41 人、京津高端人才 239 人、海外高层次人才 43 人、外国专家人才 384 人，并设立“市长特别奖”，奖励作出突出贡献的高新技

① 《十九大以来秦皇岛市人才工作综述》，《秦皇岛日报》2021 年 12 月 8 日。

术企业人才团队 28 个。[①] 通过在日本、德国设立唐山企业家海外培训基地，举办高级研修班，创建“唐山企业大学”等措施提高人才素质。注重打造科技创新平台，全面推动科技创新平台建设，为新兴产业发展提供有力的支撑。

天津市人才政策和发展环境不断优化。近几年，天津市委、市政府不断优化营商环境，加大产业和人才政策支持力度，出台了“海河英才”“津八条”“智造十条”“海河工匠”等政策，在业界引起强烈反响。截至 2020 年 12 月底，“海河英才”行动计划累计引进人才 35 万人，平均年龄 32 岁，本科以上学历者占比超过 70%。其中，战略性新兴产业从业人员 8.8 万人，以“企业提名单、政府接单办”方式引进急需人才 6900 余人。[②] 市人社部门围绕重点产业发展，如信创产业，绘制引才图谱，加强靶向支持。同时不断提升人才团队服务水平，选派业务骨干组建服务专员队伍，协调解决市级重点“项目+团队”在人才落户、职称评定等方面的问题；组织开展“海河英才服务月”活动，举办多场云聘会活动，发布岗位需求信息，走访多家重点企业，协调解决各类问题。

沧州黄骅市着力于建设人才层次高、体制机制活、创新能力强的区域人才高地，为建设“沿海强市，品质黄骅”提供坚强的人才保障和智力支持。坚持“党管人才”“急需紧缺高层次人才为主”等原则，重点引进高端人才。2020 年组织各类专业技术人才走进基层、服务民生。

产业发展需要人才支撑，只有人才集聚才能实现产业兴旺。以下对主要产业人才现状进行阐述。

（一）现代信息技术产业人才集聚现状

当今世界正在向信息时代迈进，信息成为经济社会发展的“血液”和“润滑剂”，信息产业逐步成为全球最大的产业之一。现代信息技术产业特

① 《唐山五大新兴产业增加值增长 53.3%》，http：//gxt.hebei.gov.cn/hbgyhxxht/xwzx32/dfgz28/659647/index.html，2019 年 9 月 18 日。

② 《用心用力涵养“津”牌人才蓄水池》，http：//tj.people.com.cn/BIG5/n2/2021/0116/c375366-34531637.html，2021 年 1 月 16 日。

色鲜明，以大数据、人工智能为代表的新一代信息技术产业是国务院确定的战略性新兴产业之一，是产业变革和推动社会进步的核心驱动力、经济发展的新引擎和社会进步的加速器。

在现代信息技术产业人才集聚方面，东部滨海发展区作出了很大努力，也取得了一定的成效。首先，借助市场的自我配置功能，通过区域内产业调整和各项重点项目的推进，实现了人才在产业和专业上的自我整合。据国家网信办发布的《数字中国建设发展报告（2020 年）》，天津加快推进信息基础设施建设，重点打造 5G 应用场景，着力培育以飞腾、麒麟、中科曙光等为代表的数字核心技术产业生态，信息技术发展水平排名全国第八；河北持续加大信息化、数字化全省统筹发展力度，推动新型智慧城市建设，大力推进信息技术产业发展，协同推进京津冀大数据综合试验区建设，产业数字化水平排名全国第十。依据《天津市贯彻国家信息产业发展指南实施方案》，到 2020 年天津基本建成国内技术领先、产业链条完整的新一代信息技术产业基地，信息产业规模达到 7500 亿元。秦皇岛瞄准人才公共服务中的热点和难点，积极整合互联网和移动互联等现代信息技术，打造“互联网+人才公共服务”新模式，人才公共服务水平 5 年内实现 6 次飞跃。唐山市以“大众创业，万众创新”为导向，通过搭建“揽人才”平台，创建了一批孵化基地，以京唐电子商务创业园为例，累计孵化各类创业项目 200 余个，带动就业 800 余人，成功培育省级科技型中小企业 7 家，园区年总产值超 5000 万元，并获评省级示范性创业孵化基地，大大激发了人才活力。其次，为推动现代信息技术产业发展，大力培育 IT 人才市场，并依托京津冀人才市场，组织区域范围内的企业参加各类招聘会，吸引人才。最后，进一步推进人事制度改革，加大人才培训力度，天津市于 2020 年 1 月 20 日出台了《关于加快天津新一代信息技术人才培养的建议》。

将信息传输、软件和信息技术服务业的城镇非私营单位年末从业人员数作为测算依据，由图 4-1 可见，2016~2020 年，天津市信息传输、软件和信息技术服务业从业人员由 4.85 万人增长到 6.97 万人，增长了 43.71%；唐山、秦皇岛、沧州三市信息传输、软件和信息技术服务业从业人员变化趋势较为平稳。

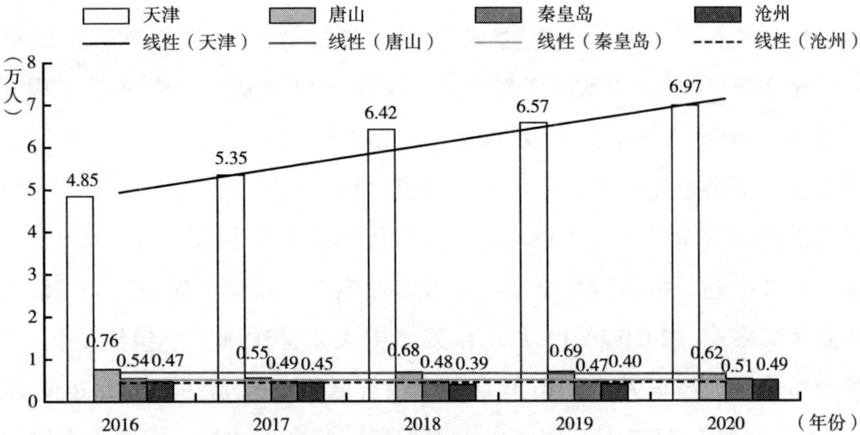

图 4-1　信息传输、软件和信息技术服务业从业人员

资料来源：根据各市的统计年鉴整理。

（二）新能源与新能源汽车产业人才集聚现状

相较于常规能源，新能源是指开发较少、利用还不够广泛的能源，主要包括太阳能、风能、地热能、海洋能、核裂变能和核聚变能等。根据2012年6月国务院印发的《节能与新能源汽车产业发展规划（2012—2020年）》，新能源汽车是指采用新型动力系统，完全或主要依靠新型能源驱动的汽车，主要包括纯电动汽车、插电式混合动力汽车及燃料电池汽车。①

近年来，素有“渤海明珠”美誉的秦皇岛市大力倡导绿色出行方式，新能源汽车保有量逐年增加。截至2020年底，秦皇岛市有新能源汽车1600余辆，共建有电动汽车充电站39个，在线运行的充电桩233个。根据天津市发改委公布的数据，2020年天津市新能源产业产值占规上工业的比重达4.8%，比2017年提高2.2个百分点；汽车工业产值占规上工业的比重达13.4%，提高0.9个百分点。截至2015年，天津市推广新能源汽车达6万

① 国务院《节能与新能源汽车产业发展规划（2012—2020年）》。

辆，规模超过300亿元；2020年，天津市新能源汽车产业累计推广量达15万辆，新能源整车年生产能力达60万辆，新能源汽车产业产值达1500亿元。根据2020年黄骅市政府工作报告，黄骅市以实施“六个一”工程为抓手，设立了2000万元的汽车及零部件产业提升基金，重点支持新能源汽车、专用车及上下游企业技术提升和设备研发。

在新能源汽车产业人才集聚方面，以天津市和唐山市为例，为抢抓京津冀协同发展机遇，抢占汽车产业人才战略制高点，打造世界级智能网联汽车产业人才集聚群，2020年11月，在天津市人才工作领导小组统筹指导下，天津市智能网联汽车人才创新创业联盟在宝坻区正式成立。2020年9月17日，“吾悦之光”第二十三届唐山中国陶瓷博览会人才技术交流大会暨第十届河北省沿海经济带高层次人才交流大会在河北唐山举行。大会吸引了海内外逾5000名高层次人才进行线上线下洽谈交流，促成用人单位与3470人达成引才意向，涵盖河北沿海地区急需紧缺的机械制造、车辆工程、电气工程、大数据、环境工程等专业领域。

（三）高端装备制造业人才集聚现状

高端装备制造业是制造业发展的基石，处于价值链高端和产业链核心环节，是决定区域综合竞争力的战略性新兴产业，是推动工业转型升级的重要引擎。高端装备制造业主要包括航空航天、海洋工程装备、智能制造装备、轨道交通装备等。

根据天津市发改委公布的数据，2020年天津市装备制造业产值占规上工业的比重达11.9%，提高2.5个百分点；高技术制造业增加值增长4.6%，高于全市平均水平3.0个百分点，比上年加快1.5个百分点。根据秦皇岛市统计局公布的数据，2020年1~11月，规模以上装备制造业和高新技术产业增加值分别占全市规上工业的39.5%和36.6%，同比分别增长15.5%和16.3%。唐山市加快推动新兴产业提速发展，构建技术创新体系，打造产业集群，高端装备制造业加快发展，形成了丰润区轨道交通装备、高新区机器人、曹妃甸区重型装备、玉田县印刷包装机械、开平区应急装备等特色产业集群，产值在百亿元以上的集群达到 3 个，聚集优势明显提升。

在高端装备制造业人才集聚方面，2020 年 12 月 15 日，天津市高端装备和智能制造人才创新创业联盟在北辰区举行成立大会，致力于为企业创新发展提供良好的环境。秦皇岛市根据高端装备制造业等发展需要，提出 7 类人才培养措施及配套政策，实现重大人才工程与重大人才政策的集成统筹。唐山市多次举办人才发展大会，引导重点企业加强与高校科研院所的合作，创建省市级研发中心、科创中心等人才工作平台 90 余个。黄骅市围绕装备制造业发展需求，以企业为主体，创新人才引进模式，鼓励和支持企业家和职业经理人参加系统培训，深化校企合作，推行现代学徒制培养模式试点，鼓励企业与相关学校联合建设高技能人才实训基地，有效提升企业实力。

（四）现代物流业人才集聚现状

现代物流业是以现代运输业为重点，以信息技术为支撑，以现代制造业和商业为基础，集系统化、信息化、仓储现代化于一体的综合性产业。中物联科技信息部的数据显示，2019 年 8 月中国物流业景气指数为 50.9%，新订单指数为 50.7%，中国物流业的影响力已远超普通服务行业，未来发展潜力巨大。

中国产业调研网发布的《2019～2025 年中国天津物流业市场全面调研与发展趋势分析报告》显示，截至 2020 年，天津物流业增加值占 GDP 的 9%左右，港口集装箱吞吐量达 1764 万标箱，机场货邮吞吐量达 32 万吨，物流产业占地面积约 90 平方公里，全年交通运输、仓储和邮政业增加值 787.73 亿元，增长 5.2%。“十三五”时期以来，秦皇岛市物流业增加值、社会物流总额稳步增长，全市物流业增加值年均增长达 8%，社会物流总额年均增长达 12%。

在现代物流业人才集聚方面，一方面，随着物流产业的发展，对物流人才的需求增加，一些高校（如天津大学、南开大学等）开设了物流管理、物流工程以及国际贸易等相关专业，培养了一批物流产业急需的专业人才。另一方面，围绕物流产业的科技研发与合作日益增加，唐山丰润区抢抓轨道交通产业人才素质提升工程入选省人才强冀项目新机遇，承办2020年中国轨道交通绿色发展论坛暨智能制造峰会，邀请300余名国内精英参会、30余名国内顶级专家现场交流研讨，与河北机车技师学院、区综合职教中心、金桥中专等高职院校签订人才培养协议，培育轨道交通产业人才2100多人。截至2020年底，累计培训各类人才13000余人次、引进相关人才1090人。

（五）航运和海洋产业人才集聚现状

习近平总书记指出，综观世界经济发展的历史，一个明显的轨迹就是由内陆走向海洋，由海洋走向世界、走向强盛。海洋是潜力巨大的资源宝库，也是支撑高质量发展的战略空间。海洋经济是开发利用海洋的各类产业及相关经济活动的总和。

在航运和海洋产业人才集聚方面，东部滨海发展区努力构建海洋装备人才集聚中心，实行校企合作，为航运和海洋产业发展凝心聚力。2020年10月，天津海洋装备产业（人才）联盟成立，首批成员单位88家，涵盖京、津、沪等地区海洋装备领域的知名企业、高校和科研院所，为打造国家级海洋装备产业集群提供智力支持；唐山组织开展百家科研院所（大学）、百家央企京企、百名高端人才、百家优质民企进唐山活动，成立人才协同发展工作对接组，与京津重点高校、科研院所、央企京企开展精准对接，协力引进高端人才244人，促成转型发展急需的人才智力合作135项，并成功引进北京交通大学、北京理工大学等在唐建立研究院，京津冀人才工作协同发展、融合发展趋势日益明显。2018年5月，中国石油大学（华东）与中海石油中捷石化联合举办的“公司大学”揭牌，企业员工可以零距离向名校教师学习业务知识。

通过以上对东部滨海发展区现代信息技术产业、新能源与新能源汽车产业、高端装备制造业、现代物流业、航运和海洋产业发展状况及人才集聚情况的分析，发现其在人才集聚方面取得了一定的成就，但还存在如下挑战。

一是缺少高层次人才。以天津市为例，从连续几年公布的紧缺专业人才目录来看，天津十分紧缺的专业技术人才仍主要集中在先进制造业领域。其中，航空航天、信息技术、新能源、新材料、高端装备制造业等多个先进制造业的专业人才常年短缺。针对先进制造业人才短缺现状，天津市积极制定和实施了一系列专业人才引进政策，且引进人才力度呈逐年加大趋势，但目前先进制造业人才短缺问题依然存在。

二是地区发展不平衡。由《中国统计年鉴》可知，天津作为新一线城市以及东部滨海发展区的中心，在相关产业人才制度制定、人才政策宣传推广及人才集聚效果方面显著优于秦唐沧地区，以现代信息技术产业为例，天津市现代信息技术产业从业人员增长较快，秦唐沧地区从业人员增长缓慢，地区发展不平衡。

三是地区间合作较少。秦唐沧地区在开展人才合作方面，尤其是与知名高校、科研院所、企业对接方面更倾向于对接北京的资源，与天津的优势资源和项目合作较少，抑制了生产要素尤其是人力资源在地区间的进一步流动，不利于经济发展。

四是产业人才结构不合理。天津市企业经营管理人才、高技能人才短缺，与建设全国先进制造研发基地要求不相适应。秦唐沧地区人才资源不足，特别是配套产业转型升级及创新人才短缺，与建设全国产业升级试验区要求不相适应，海外高端人才聚集度不够高，对外国留学生吸引力不足。

三　东部滨海发展区人才政策

人才政策是指与人才管理工作直接相关的法规、意见、办法、通知、规划及措施等。人才政策目标呈现出的状态与规律反映了不同地区的政策理念和宗旨，也在一定程度上体现了各地在京津冀格局中的不同定位与各自发展环境，东部滨海发展区人才政策正是依托于秦皇岛、唐山、天津、黄骅港口优势和各地发展水平制定的，各地区人才政策情况如表 4-1 所示。

表 4-1 东部滨海发展区主要人才政策一览

区域	年份	主要政策
秦皇岛	2016	《关于推进户籍制度改革的实施意见》
	2016	《秦皇岛市扶持高层次创新团队实施细则(试行)》
	2017	《秦皇岛市人才安居工程实施办法(试行)》
	2018	《秦皇岛市实施港城英才服务卡制度暂行办法》
	2019	《关于深化科技改革创新推动高质量发展的实施意见》
唐山	2017	《关于加强人才工作若干政策的意见(试行)》
	2018	《关于实施"凤凰英才"计划加快建设人才强市的意见(试行)》
	2019	《唐山市科技创业创新领军人才管理办法(试行)》
天津	2017	《新形势下加强引进外国人才工作的实施意见》
	2018	《天津市进一步加快引育高端人才若干措施》
	2018	《天津市"海河英才"行动计划》
	2018	《天津市"千企万人"支持计划实施细则》
	2018	《天津市高层次创新人才引进专项资助实施细则》
	2018	《天津市青年人才托举工程实施办法(试行)》
	2018	《天津市关于深化职称制度改革的实施意见》
	2019	《市人社局关于开展 2018 年度天津市"海河工匠"选拔工作的通知》
	2019	《天津市"项目+团队"支持服务实施办法(试行)》
黄骅	2017	《黄骅市人才引进奖励服务管理办法(试行)》
	2017	《沧州市"狮城精英"高层次人才引进若干政策措施(试行)》

资料来源：各市人民政府网站。

关于吸引人才，秦皇岛、唐山、天津、黄骅针对不同层次、不同类型的人才制定了不同的政策，下文对其进行对比分析。

（一）关于创新人才引进机制

为进一步优化人才发展环境，激发人才创新创业活力，秦皇岛以“人才兴秦”工程为统领，持续推进“名校英才入秦”计划，加大海内外高层次人才引进力度。对“两院”院士、诺贝尔奖获得者、国际国内顶尖人才及国家级高层次领军人才全职到秦工作的，由市财政给予每人 100 万元或 50 万元的购房补贴；加强柔性引才引智工作，在北京建立人才工作联络站，坚持“不求所有、但求所用”原则，鼓励高校、科研院所、企业通过挂职兼职、技术咨询、“周末工程师”等方式，柔性引进各类优秀人才资源，由市人社局为引进人才发放“英才服务卡”；充分发挥用人主体的引才作用，设立“引才伯乐奖”，每两年认定一批对引才荐才有功的用人主体、中介组织或个人，给予5万~30万元奖励。

唐山市高标准制定人才引进培养政策，对引进的中国“两院”院士或发达国家院士及相当层次人才（团队），给予1000万元的科研经费补贴和200万元安家费；对引进的国家级人才和长江学者特聘教授及相当层次人才，给予200万~1000万元科研经费补贴和100万元安家费。实行高校毕业生“零门槛”落户，推行“先落户后就业”，全日制普通高校本科及以上毕业生凭户口迁移证、身份证、毕业证即可办理落户手续。

天津市聚焦人工智能、高端装备制造、新能源新材料及信息医药等战略性新兴产业，引进顶尖人才、领军人才、高端人才及青年人才，重点聚集急需紧缺专业人才，如医学人才、高教人才等给予直接经费资助。截至2020年12月底，“海河英才”行动计划累计引进人才35万人，平均年龄32岁，本科以上学历者比重超过70%。其中，战略性新兴产业从业人员8.8万人，以“企业提名单、政府接单办”方式引进急需人才6900余人。围绕重点产业发展、重大项目需求和重点学科建设，市人社部门绘制了信创产业引才图谱，组织麒麟、飞腾等重点企业到浙江大学、电子科技大学等“双一流”高校开展招聘活动，吸引7000余人应聘。为中芯国际、华海清科等143家重点信创企业提供靶向支持，定向适配政策，协调解决150余项需求事项问题，为天津实现高质量发展夯实人才基础。

黄骅市积极引进高层次人才，规范建立高层次人才吸引机制，做好“找—引—揽—招—用”工作，并为其提供优厚的待遇和优质的服务，如生活和安家补贴、科研启动经费、税收优惠及配偶子女的工作教育等政策。

（二）关于完善人才培养机制

秦皇岛市加大领军人才和团队培养力度，深入实施各类高层次人才培养计划。对入选省级以上人才计划或获得荣誉称号的高层次领军人才（团队），给予一次性奖励，5万~100万元金额不等。完善产学研用相结合的育人机制，鼓励企业、科研院所与高等院校采取委培式、订单式联合培养人才，加快培育重点行业、重点领域人才，统筹加强各类人才队伍建设。大力培养企业经营管理人才、生命健康产业人才、高技能人才和农村实用人才。实施“名校英才入秦”计划，吸引国际国内名校毕业生来秦工作，依据租房协议，市财政5年内每人每月发放1000元房租补助，或享受《秦皇岛市人才安居工程实施办法（试行）》中的相应待遇。

唐山市发挥头雁带动效应，坚持国内与国外、“走出去”与“请进来”、集中授课与长期参训相结合，组织企业家赴德国、美国、日本等国家，以及江苏、上海等地先进企业和清华大学等高校学习培训；发挥培训助推效应，“高油酸花生高产栽培和品质提升”被列入省级高级研修项目，开展专业技术人员知识更新工程，培训12.17万人。

天津市“海河英才”计划规定，每年从天津市战略性新兴产业等领域中的关键技术技能岗位选派100名高级技师赴境内外研修，给予每人最高10万元经费资助；每年选拔1000名技能名师，按照每带培1名学徒每年4000元的标准，给予连续3年的奖励资助。

黄骅市针对优秀农村实用人才、优秀技能人才等每3年选拔一次、每次选拔30名左右，3年为一个管理周期，奖励3000元，优先评优评先入党、每年享受一次体检服务等。

（三）关于改革人才管理体制

秦皇岛市改进事业单位人才编制管理方式。对于超编、满编事业单位引进“985”、“211”和燕山大学等高校全日制硕士以上学历或具有博士学位、正高级职称的紧缺急需人才用编，适用于引进高层次人才周转编制制度，消除人才流动障碍。消除户籍、地域、身份、学历、人事关系等制约，畅通党政机关、企事业单位、社会各类人才流动渠道。对引进人才原在市外获得的专家称号、专业技术职务以及工龄等予以承认，支持事业单位人才离岗创业。鼓励高校、科研院所等事业单位科研人员离岗在秦创办企业或到企业从事科技成果转化等工作，5 年内保留人事关系，代缴社会保险和住房公积金，档案工资和专业技术职务正常晋升，工龄连续计算。科技人员到企业兼职，可按规定获得相应报酬或奖励，建立准入退出机制。充分发挥用人单位的主体作用，规范用人单位与人才之间的契约行为，运用市场化手段评价、激励人才，建立公开透明的人才跟踪考核机制。

唐山市在编制总量内按照属地管理原则建立事业单位周转编制制度，便于引进高层次人才。设立 3000 万元天使基金，重点支持在孵科技企业和大学生创业企业。

天津市放宽人才引进落户条件，规定 5 类人才可落户天津，分别是学历型人才、资格型人才、技能型人才、创业型人才、急需型人才，仅 2018 年就引进各类人才 13.3 万人。来津人才可自主选择落户地点。2020 年 6 月天津出台新政，就“海河英才”行动计划人才引进落户全流程网上办理工作作出安排，大幅简化引才落户流程。“海河英才”行动计划实施两年多来共引进落户各类人才 35 万人。

黄骅市积极鼓励机关事业单位人才离岗创业，可以采取企业兼职或辞职创业的方式，政府需为此类人才提供政策支持保障。

（四）关于改进人才评价激励机制

秦皇岛市建立多元人才评价机制。推动人才评价去行政化，完善人才评价标准，坚持凭能力、实绩和贡献评价认定人才，突出用人主体、市场、社会认可，深化职称制度改革。下放中级职称申报资格审查权限，对职称外语、计算机能力考试不做统一要求。建立突出贡献人才职称直接评聘制度，探索开展农村实用人才职称评定工作，大力支持创新创业和科技成果转化。鼓励产业园区、企业和科研院所建立各类人才创新创业平台，并给予一定的资金支持，建立秦皇岛市人才荣誉制度。每两年开展一次“秦皇岛市杰出人才”评选工作，并优先向“四大两特”产业、高新技术领域倾斜，对获奖者每人给予 20 万元奖励。

唐山市每年开展“市长特别奖”评选和“唐山工匠”职业技能大赛，进一步扩大本土人才的社会影响力。

天津市定期举办技能大赛，通过大赛激励选手、聚焦人才。对获世界技能大赛和全国、市技能竞赛奖项，以及获全国、市技术能手称号的高技能人才，给予最高 50 万元的奖励。每年评选 10 名“海河工匠”，颁发荣誉证书，给予每人 20 万元的奖励。

黄骅市加大柔性引才力度，支持人才促进科研成果在本地转化，来黄工作不计时间长短，视业绩贡献可与本地同类人才在职称评定、科研立项、子女教育、医疗保障、成果转化收益等方面享受同等待遇。

（五）关于健全服务人才发展保障机制

秦皇岛市完善资金投入机制。市财政统筹设立 1 亿元人才发展专项基金，重点用于人才培养、引进、扶持、奖励及服务保障等，优化人才发展环境。实施“人才定制化服务”工程，健全市级领导联系优秀人才制度，设立人才服务联络站并开通服务热线，全面实行“英才服务卡”制度，组建人才服务专员队伍，按照“一事一议、特事特办、专人专办”原则，为优秀人才创新创业以及居留落户、子女入学、配偶安置、住房保障、保险办理、医疗保健、出国（境）签证等，提供一对一“保姆式”全方位、个性化跟踪服务，长期联系，一管到底。

唐山市对引进和培养的高层次人才发放“凤凰英才服务卡”，享受市民化待遇，凭卡可直接办理户口准入、社保结转、人事关系调入、住房公积金手续，享受医疗保障“绿色通道”待遇，优先安排子女就读幼儿园和义务教育阶段学校。对于新全职引进到唐山企业工作的全日制硕士研究生，每年给予 1 万元租房补贴，财政和用人单位各承担 50%，补贴期为 3 年。

天津市改善人才居住条件，2019 年认定人才公寓 100 万平方米，为来津人才提供安居保障。强化服务保障，实施人才“绿卡”制度，为引进人才提供“一站式”服务，如向顶尖和领军人才的随迁父母发放医疗证，为随迁配偶协调安排就业，为随迁子女就近安排入园入学，切实提升引进人才的获得感、归属感。鼓励举荐人才，强化职责落实，严格责任追究。

黄骅市发挥开发园区引才聚才平台作用，加快建成一批适合高层次人才来黄发展的功能齐全、服务完备、各具特色的生态型创新创业园，推进人才管理改革试验区特殊政策的落实，为引进高层次人才提供“一站式”服务。

四　存在的突出问题

从整体来看，各地人才吸引政策呈现出如下特征：第一，引才规模大。第二，引才范围广、层次多。不少城市均制定了较全面的人才引进体系，并非仅限于针对高层次人才或紧缺型人才的引进。第三，落户门槛低。户籍制度不再是城市人力资源流动的障碍。第四，安居补贴足。注重满足人才的居住需求。但与此同时，各地在人才引进方面也存在一些突出问题。

（一）人才政策的“同质化”

从具体政策来看，各地吸引人才的政策包括落户、住房折扣、购房补贴、就业补贴、家属子女保障、创业支持和科技研发支持等，人才扶持方式主要涵盖资金、环境、机会三个方面，存在严重的同质化问题。各地对不同层次、不同类型人才的吸引政策差别也不大，几乎是千篇一律，主要差异在激励力度上。各地对人才的争夺出现了一味拼资金、拼优惠政策的现象，容易导致恶性竞争，引才政策也难以有实质性突破。当人才以待遇作为选择发展平台的主要标准时，对社会和个人都会产生不可预料的负面影响。例如，使用外部激励的方式引进的人才有很大的留人隐患，也会削弱人才对工作的兴趣，从而影响工作成绩。另外，以上述方式引进的人才未必是当地经济发展所急需的人才，其引致的知识溢出效应也未必理想，势必会影响人才引进工作的长期效果。

（二）人才政策的“碎片化”

人才一体化发展分散决策现象明显，人才政策落差较大、“碎片化”现象突出，难以形成合力。区域为各城市在社保、公积金、地铁、汽车牌照、购房资格等方面不能互通衔接，在人才政策、资源和服务等方面存在较大差异，导致人才市场仍处于相对独立的分割状态，区域间人才优势难以互补。区域人才一体化市场配置程度较低，尚未建立一体化的人才市场、人才评价标准和人才信息平台，市场在人才配置中的决定性作用发挥得不够充分。以唐山市为例，尽管唐山与北京、天津开展了人才合作，三地也有各自的人才服务机构与服务平台，但是在合作中始终都没有建立统一的人才平台与人才信息网，更没有建立专门的人才信息库，“人才合作”流于形式，合作方式过于表面化。虽然唐山与北京、天津进行了人才合作方面的交流和沟通，但是在实践中信息不畅通，这一方面严重影响了人才合作进程；另一方面，缺乏深入合作，合作内容贪多求全，不注意循序渐进，导致很多人力资源的合作项目无法正常开展。

唐山、秦皇岛和黄骅的人才培养和发展环境与合作地区的差异较大。人才培养与发展环境对人才而言有重要的影响，北京、天津的优秀高等教育院校和教育机构众多，培养的大都是高精尖的技术与创新人才，人才质量与数量与其他地区相比都具有明显优势。而唐山、秦皇岛和黄骅的高精尖科技人才较少，并且在教育经费投入、教学设施设备、科研经费投入上存在不足，培养的人才大都以技术性人力资源为主，与北京、天津相比还存在一定的差距。

（三）人才政策的“低效化”

从人才引进类型来看，各地的人才引进措施主要包括人才培养、人才管理、人才服务保障，涵盖了奖励性、保障性和发展性三大类引才措施，希望以物质奖励与荣誉表彰吸引人才、以优越的工作生活条件留住人才、以扶持创新创业发展优惠政策激励人才。但是这些措施缺乏调整、结束或延续的明确条件，如对于新引进高校毕业生的补助，以唐山市为例，入职 5 年内购房补贴和生活补贴只能选其一，但是对于大部分新引进高校毕业生而言，很难刚入职就能支付房款，且生活补贴远低于一次性购房补贴；各地的人才政策普遍存在“政出多门、权责不清”的问题，人才政策的协调性不足，难以形成政策合力，影响人才政策的实施成效。

唐山、秦皇岛和黄骅虽然与北京、天津开展了区域人才合作，但是这几个地区的发展目标与发展速度不同，多是以各自利益为重，以自我为中心发展经济、引进人才，追求本地经济效益最大化，而忽视了区域间的人才合作。各地存在行政壁垒，多是根据自身利益发展产业，导致竞争战略趋同，这与区域人才合作中的人才共享、人才优势互补等原则背道而驰，为区域人才合作增设了障碍。

五　对策建议

（一）创新人才引进办法，加大柔性引才力度

创新人才引进办法，围绕各地支柱产业、优势产业和战略性新兴产业，通过实施“两栖式”“候鸟式”“团队式”等人才流动政策，加大柔性引才力度，鼓励京津高端人才到秦唐沧地区兼职。实施人才回归工程，充分发挥本籍在外人才优势，发挥在外商会、校友会等作用，通过举办人才发展推介会等活动，宣传本市人才政策和发展优势，吸引人才返乡创业。抢抓全球人才流动新机遇，借助直播带货、远程办公、在线教育、互联网医疗等新模式，加强教育、科技、卫生、商贸等领域的对外交流合作，提升东部滨海发展区的国际化水平。

（二）重视人才培养工作，进一步发展职业教育

把人才培养工作（尤其是青年人才培养工作）作为产业可持续发展的重中之重。企业要树立起人才是企业发展的核心要素的观念，建立创新人才

培育体系，不断提高企业内专业技术人才的比重。要加强创新团队建设，依托重大项目，制订人才培育计划，为企业搭建人才储备库。根据产业需求人才的轻重缓急，不断调整优化大学及高职高专的专业课程体系，必要时可与企业签订协议开展“订单式”人才培养，借鉴宁波和常州“经科教联动、产学研结合、校所企共赢”的理念，为补齐制造业发展中的人才短板，大力开展智能制造方面的技能培训，鼓励有条件的高校、科研院所和企业建设产业实训基地，培养支撑先进制造研发基地发展的高素质技术工人。

（三）畅通人才流动渠道，优化人才发展环境

借助大学、科研院所、企业间的产学研合作，以项目合作为载体，推动人才引进、培养和交流。完善现行的人才管理体制和人才使用机制，探索试行年薪制、股份制、期权制等分配方式，以优厚的回报留住人才。创新编制和岗位管理方式，构建事业单位周转“编制池”，引进高层次人才，针对高层次人才创业融资需求，支持人才管理部门联合商业银行开发“人才贷”金融产品，大力引进天使投资等机构。

（四）加强地区合作交流，促进区域协调发展

产业和人才互为因果关系，人才是产业转型升级的支撑，产业则是人才发展不可或缺的平台。在当前经济转型的关键时期，针对产业发展区域不均衡的情况，必须以人才引领产业、以产业汇聚人才，打造一条人才与产业深度融合的绿色通道。

一是围绕产业发展方向，优化人才引进规划。围绕天津建设全国先进制造研发基地、建设产业人才发展示范区的定位，结合城市产业发展规划，根据产业需求，合理配置人才。建议对产业进行人才需求调研，做好单项人才规划，并定期编制发布人才目录，指导人才引进工作与时俱进。

二是以产业吸引人才集聚。人才与产业匹配度低是影响引才、留才的不利因素。天津、唐山等是典型的北方工业城市，传统工业仍占有相当比重，新兴产业的发展基础还不稳固，产业结构尚待进一步优化。围绕先进制造研

发基地的战略定位，各地要抢抓京津冀协同发展机遇，形成高端产业发展局面，加快新兴产业发展，夯实比较优势产业与传统产业基础，构建先进制造业体系，培育产业集群，进一步发挥产业对人才的集聚作用。针对港口资源，协同制定沿海临港产业人才引进、培养计划，吸引国内外沿海临港建设、管理运营、航运服务、商贸金融等领域的高端人才；针对各地不同产业的人才优势，加强交流，对接合作，加强与知名高校院所的合作交流，签署产业项目投资协议，促进区域人才合理流动，实现区域经济协调发展。

第五章
西北部生态涵养区人才发展状况

按照《京津冀人才一体化发展规划（2017—2030 年）》中提出的“一体、三极、六区、多城”京津冀人才一体化发展总体布局，以西北部生态涵养区为载体，重点服务张家口可再生能源示范区建设，加快能源管理、节能减碳咨询和技术支持、生态文明建设、旅游休闲等方面的人才集聚，建设生态涵养区人才发展示范区。

本章以西北部生态涵养区人才发展为核心，对该区域的基本情况进行简要介绍，着重就人才集聚、人才政策及体制机制展开研究，分析存在的问题，并提出对策建议。

一　西北部生态涵养区概况

西北部生态涵养区，包括张家口、承德及燕山、太行山山区，主要地形为山地，具备生态保障、水源涵养、旅游休闲、绿色产品供给等功能，张家口和承德两市是西北部生态涵养区的两个中心城市。

（一）西北部生态涵养区的水源涵养现状

西北部生态涵养区是京津冀地区及华北平原的生态屏障，是涵养京津水源的重要地区。张家口和承德位于北京市北部，是该功能区两个重要的中心城市，具有重要的水源涵养功能。

张家口属海河流域，由永定河、潮白河、大清河、滦河和内陆河五个水系构成，同时也是官厅、密云等大型水库的重要水源。但张家口水源涵养与生态保障的能力总体呈弱化趋势，且受自然环境较为脆弱、发展方式较为粗放等因素影响，在为首都水资源和生态环境提供高质量、可持续安全保障方面还存在一些亟待解决的问题。

承德是西北部生态涵养区的中心城市之一，古称“热河”，因水得名，因水而兴，辖内有滦河、北三河、辽河、大凌河四大水系，潘家口水库和密云水库的水大多来自此地。但承德市水资源时空分布不均，且呈递减态势。为保护水资源，承德市实行了河湖长制，[①] 构建起市、县、乡、村四级河长组织体系，为实现水资源的可持续利用提供了制度保障。

（二）西北部生态涵养区的生态系统现状

西北部生态涵养区的功能之一就是为京津冀地区提供生态保障。该功能要求该区域加强森林、草原、湿地等生态系统保护与建设，实施造林、育林、护林计划和持续推进退耕还林还草还湿等工程，持续提升水土保持、防风固沙、固碳释氧和气候调节等生态服务功能。

作为西北部生态涵养区的中心城市之一，张家口市林业用地面积为2816.1万亩，占全市面积的51.33%。根据2016~2020年《张家口市国民经济和社会发展统计公报》，2016~2020年张家口市分别新增人工造林面积181120公顷、148543公顷、127392公顷、50533公顷、27350公顷。2020年张家口市林木绿化率达到50%，林木蓄积量达到2490万立方米。[②] 张家口市的湿地资源丰富，总面积为345.68万亩，占全市总面积的6.3%、占河北省湿地总面积的24.5%。张家口市湿地保护体系以湿地公园为主，湿地公园总面积68.45万亩，占全省湿地公园总面积（118.63万亩）的57.7%。张家口市拥有省级以上自然保护区4个，省级以上森林公园21处，其中国

① http：//chengde. gov. cn/art/2020/8/26/art_ 360_ 641648. html.

② 张家口市统计局、国家统计局张家口调查队：《张家口市国民经济和社会发展统计公报》（2016~2020年），http：//tjj. zjk. gov. cn/。

家级森林公园5处，省级森林公园16处。

2020年，西北部生态涵养区的另一中心城市承德市拥有林地面积3520万亩，占全省的35.7%，占京津冀的32%；活立木蓄积9502万立方米，森林覆盖率由新中国成立初期的5.8%提高到59.41%；草原面积达到1199.6万亩，草原综合植被盖度提高到73.6%；湿地面积达到57937.97公顷，占全市面积的1.46%，已有20处省级湿地公园获河北省林业厅批准建设，初步建立了以湿地保护区、湿地公园为主的湿地保护体系。

（三）西北部生态涵养区的新能源供给现状

西北部生态涵养区的可再生资源丰富，其中张家口风能资源可开发量达4000万千瓦以上，太阳能发电可开发量达3000万千瓦以上；[①] 承德风能资源可开发量达1134万千瓦，太阳能发电可开发量达1068万千瓦，水资源（含抽水蓄能）可开发量达1073万千瓦，每年可获得用于能源方面的生物质资源量370余万吨，地热田已发现12处，地下热水日可采量达1.2万立方米。[②]

西北部生态涵养区新能源行业发展迅速。其中张家口市可再生能源消费量占终端能源消费总量的30%，可再生能源应用实现经济社会领域全覆盖。根据2016~2020年《张家口市国民经济和社会发展统计公报》，[③] 张家口市工业新能源发电量呈增长态势（见图5-1）。承德市的新能源行业也发展迅速，截至2020年，清洁能源产值已突破110亿元，占全市GDP的7.47%，清洁能源产业规模不断壮大，产业结构日趋完善，产业实力明显提升，已步入全面、快速、规模化发展的新阶段。[④]

① https：//www.zjk.gov.cn/nyj/content.jsp？contentId=44001.

② http：//hbrb.hebnews.cn/pc/paper/c/202004/14/content_32975.html.

③ 张家口市统计局、国家统计局张家口调查队：《张家口市国民经济和社会发展统计公报》（2016~2020年），http：//tjj.zjk.gov.cn/。

④ http：//drc.chengde.gov.cn/art/2020/5/11/art_246_543264.html.

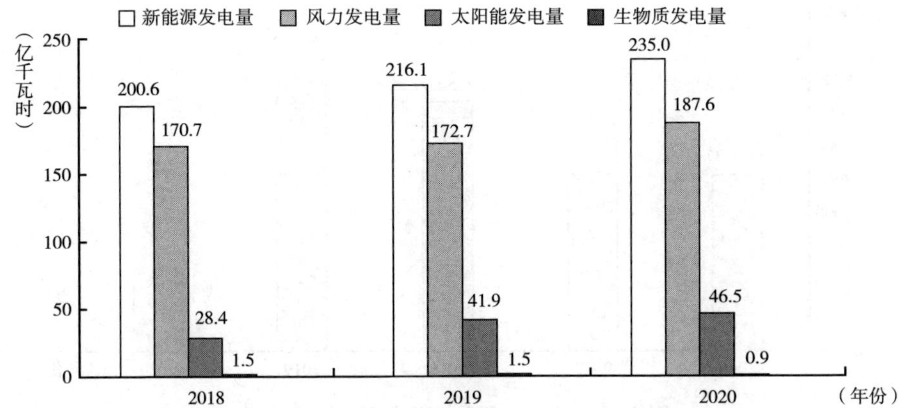

图 5-1　2018~2020 年张家口市可再生能源发电量

数据来源：《张家口市国民经济和社会发展统计公报》。

（四）西北部生态涵养区的旅游业现状

西北部生态涵养区拥有良好的生态环境与深厚的文化底蕴，在发展旅游业方面具有得天独厚的优势。张家口市旅游资源丰富，打造了崇礼滑雪、坝上草原观光、始祖文化、温泉养生四大特色旅游品牌，是观光旅游和消夏避暑的理想之地。截至 2019 年，张家口共有 60 家 A 级景区，其中 4A 级景区 11 家，3A 级景区 30 家，2A 级景区 19 家；星级酒店 74 家，旅行社 98 家。2020 年，省文旅厅发布《关于拟确定富龙四季小镇景区等 9 家景区为国家 4A 级旅游景区的公示》，张家口新增崇礼区富龙四季小镇与宣化区桑干河大峡谷·飞瀑峡两处 4A 级景区。2016~2019 年张家口接待游客数量呈稳定增长态势，受新冠疫情冲击，2020 年游客接待量骤降（见图 5-2）。但可以预见在疫情防控进入新阶段后，张家口旅游业将重新焕发生机。

西北部生态涵养区的另一重要城市承德也是胜景如云，旅游资源丰富，有“紫塞明珠”的美称。承德曾是清王朝的陪都，拥有驰名全国的避暑山庄及皇家寺庙群“外八庙”，与北京故宫、山东曲阜孔庙，并称中国三大古建筑群，并于 1994 年被列为世界文化遗产。2016~2019 年承德接待游客数

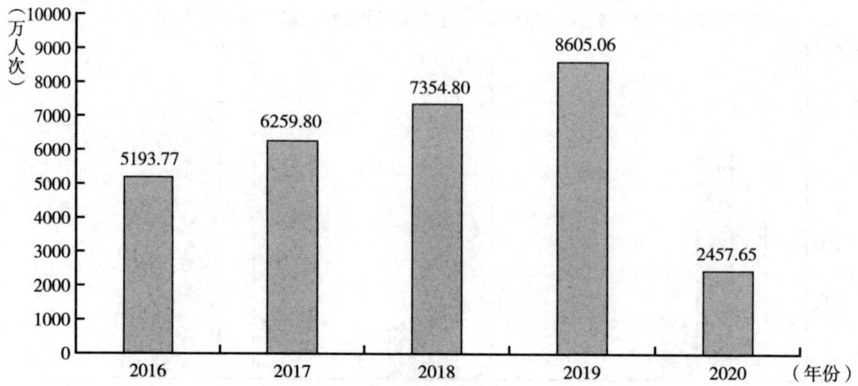

图 5-2　2016~2020 年张家口市游客人数

数据来源：《张家口市国民经济和社会发展统计公报》，http：//tjj. zjk. gov. cn/。

量呈稳定增长态势，2020 年受新冠疫情影响，游客接待量大幅减少，全年接待境内外游客仅 2800. 1 万人次，较 2019 年下降 64. 8%（见图 5-3）。总体来说，承德市旅游业是国内较为发达的。

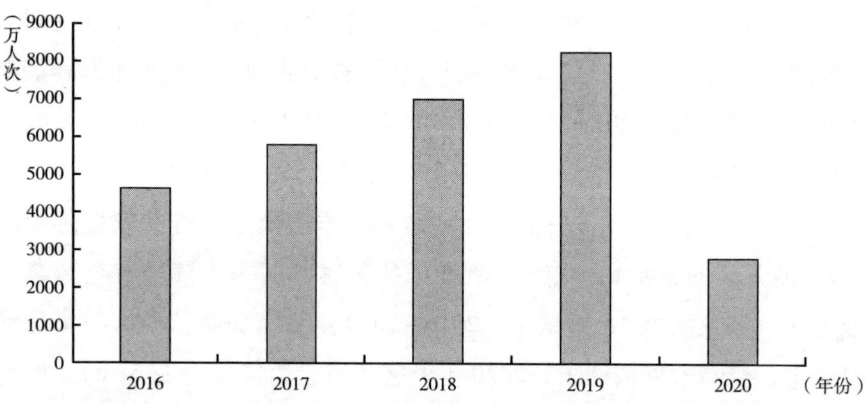

图 5-3　2016~2020 年承德市游客人数

数据来源：《承德市国民经济和社会发展统计公报》，http：//tjj. chengde. gov. cn/col/col1415/index. html? uid = 72839&pageNum = 1。

二　西北部生态涵养区特色人才集聚现状

（一）西北部生态涵养区总体人才集聚现状

1. 西北部生态涵养区总体人才集聚规模现状

据《河北省第七次全国人口普查公报》，在人口受教育程度的统计数据方面，[①] 张家口常住人口中，大学（大专及以上）文化程度的人口为504790人，高中（含中专）文化程度的人口为608257人。与2010年第六次全国人口普查数据相比，每10万人中拥有大学文化程度的人口由6774人增加至12255人；拥有高中文化程度的人口由13486人增加至14767人；张家口常住人口中，15岁及以上人口平均受教育年限由8.79年提高至9.52年。承德常住人口中，拥有大学（大专及以上）文化程度的人口为429263人，高中（含中专）文化程度的人口为424606人。与2010年第六次全国人口普查相比，每10万人中拥有大学文化程度的人口由6988人增加至12797人；拥有高中文化程度的人口由12069人增加至12658人；承德常住人口中，15岁及以上人口平均受教育年限由8.80年提高至9.49年。

纵向来看，西北部生态涵养区张家口与承德两市的人才数量呈上升趋势，且15岁及以上人口的平均受教育年限也有所上升，但仍低于河北省平均水平。

横向来看，张家口市每10万人口中有大学文化程度的人口有12255人，在河北省排第6位，未达到河北省平均水平。承德市每10万人口中有大学文化程度的人口有12797人，在河北省排第5位，虽超过河北省平均水平（见表5-1），但相差不大。考虑到张家口与承德两市人口总量，整体来看，西北部生态涵养区大学文化程度人口数量与其他功能区相比较低。

① http://hebei.hebnews.cn/2021-05/19/content_8514940.htm.

表 5-1 各地区每 10 万人口中大学与高中文化程度人口

单位：人

地区	大学（大专及以上）	高中（含中专）	地区	大学（大专及以上）	高中（含中专）
河北省	12418	13861	承德	12797	12658
石家庄	20739	16524	沧州	8962	10992
唐山	14404	15665	廊坊	15114	13517
秦皇岛	17857	15524	衡水	8339	14667
邯郸	7849	13186	定州	8392	13035
邢台	8174	12113	辛集	9009	17013
保定	11723	13291	雄安新区	5950	9973
张家口	12255	14767			

数据来源：《河北省第七次全国人口普查公报》。

2. 西北部生态涵养区总体人才集聚质量现状

根据《河北统计年鉴 2021》,[①] 位于西北部生态涵养区的张家口市拥有大学专科学历人数为 296307 人，大学本科学历人数为 197869 人，研究生学历人数为 10614 人；承德市拥有大学专科学历人数为 242760 人，大学本科学历人数为 175941 人，研究生学历人数为 10562 人（见表 5-2）。通过横向比较，石家庄市拥有的研究生学历人数远超张家口与承德两市拥有的研究生学历人数之和，说明西北部生态涵养区高学历人数与省会石家庄市相比仍有较大差距，就更不要提与京津地区的差距了。该区的较高学历人数（研究生）不多，高层次人才储备不足，主要依靠引进。

西北部生态涵养区的张家口与承德两市实施“人才强市”战略，注重高层次人才的引进工作，但高层次人才的培养工作却不尽如人意。以张家口市为例，张家口市高层次人才引进计划取得了初步进展，但整体来看与河北省其他较发达的地区相比仍有较大差距。2014 年，张家口市创建了高层

① 《河北统计年鉴 2021》，http：//tjj. hebei. gov. cn/hetj/tjnj/2021/zk/indexce. htm。

表 5-2　2020 年河北省以及各市大学专科及以上学历人数

单位：人

地区	大学专科	大学本科	研究生
河北省	5270624	3709065	285221
石家庄市	1240604	913451	106198
承德市	242760	175941	10562
张家口市	296307	197869	10614
秦皇岛市	291334	245884	22939
唐山市	645447	441590	24680
廊坊市	463445	334786	17596
保定市	687327	518492	41346
沧州市	393283	245697	15281
衡水市	208587	136811	5932
邢台市	354847	212189	14212
邯郸市	446683	276355	15861

注：按性别、受教育程度划分的 3 岁及以上人口。
数据来源：《河北统计年鉴 2021》。

次人才创新创业园，截至 2020 年，围绕七大新兴产业，累计引进高层次人才 209 人，其中国家级高层次人才 2 人、国家“863”专家 3 人、外国专家 6 人、享受国务院政府特殊津贴专家 2 人、长江学者 1 人、省百人计划专家 1 人；有博士、硕士学位的 182 人；有高级技术职称的 29 人。先后有 15 个人才团队获得全国、省、市各类创新创业比赛的高等次奖项，4 名人才获得省市人才个人荣誉；1 人成功入选河北省“百人计划”、1 名外国专家获得“燕赵友谊奖”。[①] 但张家口市高层次人才的培养工作尚存在不足。张家口市高校中只有河北建筑工程学院和河北北方学院两所高校拥有硕士学位授予权，且这两所高校整体实力并不雄厚。张家口市高等教育资源匮乏，高层次人才培养工作受阻，这也是张家口高层次人才主要依靠引进的主要原因。

① http：//www. zjknews. com/news/minsheng/202009/14/301587. html.

（二）西北部生态涵养区冬奥冰雪人才集聚现状

冰雪人才主要包括赛事参与人才（专业竞技人才、职业技能人才、运营管理人才及志愿者）、服务保障人才（安保、卫生、交通、环保及商务服务人员）、推广普及人才（冰雪运动健身指导人员、专业教师以及相关滑雪社团协会的骨干人员）、创新创业人才等。①

西北部生态涵养区因纬度较高，冰雪期较长，具有得天独厚的发展冰雪产业的自然条件。张家口于 2022 年与北京共同举办冬奥会，这为当地冰雪产业发展提供了前所未有的重大机遇。西北部生态涵养区的冰雪产业具备快速发展的自然条件和基础，目前，冰雪人才匮乏是制约其冰雪产业快速发展的关键因素。以冬奥之城张家口为例，冰雪人才主要靠引进和自主培养，且已初见成效。2020 年，张家口冰雪产业累计引进高层次经营管理人才 5 人、卓越工程技术人才 16 人、高技能人才 88 人；开展冬奥餐饮服务保障厨政人员培训 6 期、培训人员 1657 人次，服务人员培训 12 期、培训人员 1586 人次。

1. 专业冰雪赛事参与人才培养成果显著

自 2016 年起，位于西北部生态涵养区的张家口市积极发展冰雪产业，紧抓专业冰雪运动员培养与训练。2016 年张家口共注册冰雪项目运动员 189 名；2017 年新建 6 所青少年冰雪运动训练基地，开展 9 个雪上训练项目、2 个冰上训练项目，在训冰雪运动员 400 名，注册 207 名，并有 25 名运动员调入国家或省集训队；2018 年在训冰雪运动员 500 名，注册 243 名，并有 25 名运动员调入国家或省集训队；2019 年张家口市实施冰雪运动推广“111N”工程，有 6 家单位开展冬季项目的业余训练，共 15 个训练科目，其中滑雪 11 个、滑冰 4 个。拥有注册运动员 325 名，其中滑雪运动员 139 名，滑冰运动员 73 名，轮滑运动员 113 名，向国家集训队输送 26 人，向国

① 王莹、秦树文、李颖：《冬奥会背景下张家口冰雪人才需求及队伍建设研究》，《产业与科技论坛》2019 年第 5 期，第 90~92 页。

青集训队输送 8 人，调入省队 2 人；2020 年张家口拥有注册冰雪运动员 325 人，建成 59 个冰雪运动培训基地、90 所冰雪运动特色学校。张家口为推动冰雪产业快速发展，高度重视专业冰雪人才培养，总体来看，张家口注册冰雪运动员数量呈增长态势，具体情况如图 5-4 所示。

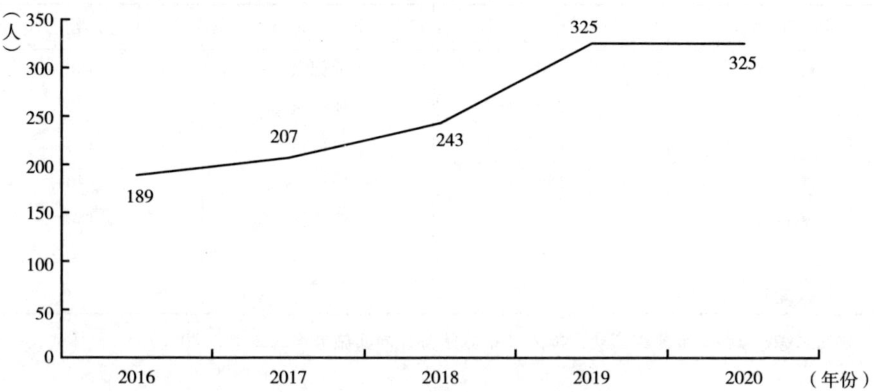

图 5-4　张家口注册冰雪运动员数量

资料来源：《张家口市国民经济和社会发展统计公报》（2016~2020 年），http：//tjj. zjk. gov. cn/。

2. 冰雪产业技能人才培养工作逐步开展

承德市以习近平新时代中国特色社会主义思想为指导，牢牢抓住历史性窗口期和战略性机遇期，整合优质培训资源，创新培训方法，加强合作交流，为发展冰雪产业提供技能人才支持。《承德市冰雪产业技能人才培养储备计划实施方案（2019—2022 年）》① 指出，承德市冰雪技能人才培养主要聚焦以下五种人群：一是冰雪器械制造、冰雪服饰生产及冰雪产业链相关企业的一线岗位职工；二是冰雪场馆职工；三是冰雪赛事的后勤、安保、礼仪、消防等人员；四是冰雪旅游行业旅游策划、景区管理、外联营销、电子商务、运动休闲、导游服务等人员；五是有意愿从事冰雪产业相关工作的毕业生、农民工、化解过剩产能企业职工、贫困劳动力、未继续升学初高中毕业生、退役军人、残疾人、服刑人员和强制隔离戒毒人员等。实施方案还指

① http：//www. chengde. gov. cn/art/2019/7/12/art_ 9933_ 731477. html.

出，到 2019~2022 年，每年培训冰雪产业技能人才不低于 1600 人，具体冰雪产业技能人才培训计划如表 5-3 所示。

表 5-3 2019 年承德市冰雪产业技能人才培训计划

单位：人

县(市、区)	人数	县(市、区)	人数
隆化县	150	承德县	150
宽城县	150	高新区	40
丰宁县	150	双滦区	150
滦平县	150	鹰手营子矿区	40
平泉市	150	双桥区	150
围场县	150	御道口	20
兴隆县	150		

数据来源：《承德市冰雪产业技能人才培养储备计划实施方案（2019—2022）》。

3. 冰雪人才培养体系初步建立并日益完善

张家口市教育部门不断发力，在普及冰雪运动、加强冰雪运动人才培养、建立健全冰雪人才培养体系方面做出诸多努力，大力培养竞技冰雪运动的后备人才、普及人才和服务人才等冰雪人才。

张家口以宣化二中、张家口市职教中心、崇礼区职教中心及张家口学院四所学校为龙头，积极打造冰雪运动人才培养基地，逐步形成了从小学起点到大学起点相衔接、专业培养与大众普及相结合的完整的冰雪运动人才培养体系，为后续运动员、教练员，以及赛场技术服务、场馆运营管理、产业开发等专业人才的培养创造良好的环境。

张家口职教中心、河北北方学院、张家口学院三所高校开设冰雪相关专业。其中，张家口职教中心和河北体育学院于 2015 年起联合培养冰雪中职本科生，成为我国首家开设冰雪中职本科专业的高校，采用“3+4”培养方式，前三年通过技能和理论考试课程的学生可升学至河北体育学院。张家口职教中心的冰雪专业开设较早，每年培养的学生人数比较稳定，在应用人才方面积累了许多经验。河北北方学院的冰雪体育主管部门是公共体育部，是张家口市主要的冰上项目培养基地。张家口学院2016年成立冰雪学院，成立时间虽相对较晚，但每年学生培养人数最多，达到400人以上，并且与多家滑雪场合作，挂牌成立教学基地。2018年9月，北京2022年冬奥组委下发关于《建设首批北京2022年冬奥会和冬残奥会培训基地》的通知，张家口学院与清华大学、北京大学、延庆区体育局等11家单位被确定为首批2022年冬奥会和冬残奥会培训基地，每年培训3000～4000名学生。根据《河北省教育厅关于开展河北省高等学校质量教育社会实践基地申报工作的通知》，张家口学院成为河北省高校教学实践滑雪基地。①

（三）西北部生态涵养区新能源人才集聚现状

西北部生态涵养区可再生资源储备丰富，有发展新能源行业的基础条件。其中张家口市是河北省新型能源产业发展的核心区域之一，在“十三五”期间，以风能、太阳能为代表的新型能源产业得到全面发展，已成为张家口市具有影响力的优势产业，总产值达到260亿元，在资源开发、装备制造、创新引领、能力建设等方面均取得显著成效。承德市新能源行业在氢能、储能和微电网等方面的发展取得了显著成效，新能源产业规模不断扩大，产业实力显著增强，产业结构不断优化升级，已迈进全面、快速、规模化发展的新阶段。西北部生态涵养区的新能源产业取得了较大进展，但在创新引领、产业集聚等方面仍存在诸多问题，并面临人才储备不足、可用土地资源紧张等挑战。

1. 人才匮乏，缺乏新能源多元人才体系

西北部生态涵养区的张家口急缺的新能源领域人才主要分为三类：第一类，懂得通过现有商业化手段和商业分析工具提升绿色能源价值的人才，具体包括既懂得贸易又懂得专业知识的复合型人才、在全新的商务模式下的能源行业的贸易型人才和管理型人才；第二类，高科技专家

① 张天阳：《2022冬奥背景下张家口市高校冰雪应用型人才培养评价研究》，吉林体育学院硕士学位论文，2022。

和学者；第三类，熟练的技术工人。[①] 其中第二类人才匮乏会严重影响新能源行业的可持续发展。

与张家口类似，技术和人才也是制约承德新能源产业发展的瓶颈。承德市新能源产业的核心技术和关键部件仍然依赖引进，科技人才队伍整体水平尚不能适应高科技形势下的企业发展需要。承德市新能源行业有以下特征：一是科研投入不足，尚未形成有力的科技支撑，同时也缺乏开展共性技术研发的领军型科研创新平台；二是新能源企业自主研发能力较弱，尚未掌握诸多关键核心技术，市场竞争力不强；三是人才资源支撑不足，[②] 承德市的高校尚不足以支撑本市新能源行业的高层次人才供给，这直接影响到承德市新能源产业的健康发展。

缺少人才支撑的同时，张家口与承德两市的新能源行业尚未形成多元化人才体系。张家口市缺乏吸引人才的大环境、大氛围，既没有一流的研究型大学和科研机构，也缺少引领型科技企业，难以吸引、留住急需的人才，并且本地人才也流向外地。尤其是张家口的高校较少且整体实力不强，与新能源行业对标的专业更是少之又少，目前河北北方学院、河北建筑工程学院两所高校虽开设了新能源相关专业，但开设时间不长，受限于各种资源，办学质量并不突出。这反映出张家口和承德两市的新能源人才资源匮乏，且当地高校的人才供给支撑力较小。

2. 汇聚智力，支撑新能源行业坚挺有力

汇聚各方资源，加强新能源项目合作。张家口市与科研院所、知名高校、国际机构和龙头企业密切合作，成立了示范区专家咨询委员会、企业家顾问委员会、可再生能源发展与技术研究院、氢能与可再生能源研究院等，打造了一批有影响力、凝聚力和号召力的平台。同时张家口新能源行业的国际影响力逐步提升。张家口市已经成功举办了三届长城·国际可再生能源论

① 安伦：《张家口市绿色能源发展之人才引进与培养策略研究》，《张家口职业技术学院学报》2014 年第 4 期，第 12~14 页。

② 刘家欣、王志刚：《发展清洁能源　建设绿色承德——对承德市新能源产业发展的调研思考》，《统计与管理》2014 年第 11 期，第 14~15 页。

坛、一届中国·张家口氢能与可再生能源论坛，基于高端交流平台，有效吸引了政产学研用等各方的关注，提升了张家口在新能源领域的国内知名度和国际影响力。①

3. 产教融合，建立新能源人才培养基地

近年来，西北部生态涵养区的张家口市一直致力于开展新能源项目，加快"国家级可再生能源示范区"建设步伐，建设新能源人才培养基地，为本地区新能源项目的进一步开展做好人才储备工作。从长远来看，张家口市新能源人才培养基地建设意义重大，为张家口新能源行业的持续健康发展提供了人才支持。

张家口与一些院校合作共建新能源人才培养基地。2017 年，张家口市政府与国网节能服务有限公司、华北电力大学签署《合作共建"张家口可再生能源发展与技术研究院"协议书》，开启了"政府+企业+学院"能源合作模式，围绕政府服务、教育培训、科技研发、成果转化四个方面开展合作。② 2019 年，张家口市人民政府、金风科技有限公司、宣化科技职业学院签订《产教融合项目合作协议》，主要内容包括风电"四位一体"实训基地项目建设、风光储充校园新能源微电网建设、人才联合培养机制建设、风电维保行业准入标准制定等，以期打造张家口新能源综合利用示范品牌，建立张家口市新能源人才培养示范基地，打造具有社会影响力的产教融合示范品牌。产教融合新能源人才培养示范基地的建设，必将大大推动宣化科技职业学院新能源专业的发展，为张家口地区新能源产业的发展提供人力资源保障，推动张家口可再生能源示范区建设，助力产业发展、服务当地经济。③

（四）西北部生态涵养区旅游人才集聚现状

西北部生态涵养区旅游资源丰富，文化底蕴深厚，北京冬奥会这一重大

① https：//www. zjk. gov. cn/content/zxjh/150757. html.

② http：//zjk. hebnews. cn/2017-05/18/content_ 6485115. htm.

③ http：//120. 211. 98. 242/html/964/2021-10-29/content-2790. html.

机遇使得来张游客迅速增加，促进了张家口旅游业发展，但也暴露出旅游业发展人才支撑不足等问题。尽管张家口市与承德两市旅游文化业从业人员数量已经较为可观，但是大多从业人员专业素质相对较低，难以满足旅游业快速发展需求。

1. 旅游人才总量不足，人才流失严重

旅游人才总量不足，制约了张家口与承德的旅游业发展。旅游行业人才流出现象非常严重，旅游专业毕业生真正进入旅游业的不多，从事旅游文化工作的更少。旅游行业人员流失率高达20%以上，资质越高的人才越容易流向其他行业，较高层次旅游人才从事其他行业对于旅游行业来说是巨大的损失，加剧了旅游人才短缺问题。旅游文化业属于综合性产业，需要复合型人才，但两市旅游人才中具备综合素质的高端旅游人才，如乡村旅游、工业旅游、互联网+旅游等新兴旅游人才紧缺，而传统旅游（旅行社、旅游饭店、旅游景区）人才数量相对较多。

高校旅游人才流失问题严重。河北旅游职业学院位于承德，是河北省唯一以培养旅游人才为主的综合性高职院校，开设有酒店管理、旅行社管理、旅游管理和旅游外语等专业，致力于为旅游业培养专业人才。根据河北旅游职业学院2016~2019年《毕业生就业质量年度报告》，上述专业毕业生情况见表5-4。

表5-4 2016~2019年河北旅游职业学院按专业分毕业生情况

单位：人

年份	酒店管理	旅行社管理	旅游管理	旅游外语
2016	162	230	191	86
2017	192	184	199	68
2018	259	188	197	174
2019	221	208	214	96

数据来源：河北旅游职业学院2016~2019年《毕业生就业质量年度报告》，http：//www.hbly.edu.cn/jyw/xxzx/jyzlnb.htm。

其中，酒店管理、旅游管理和旅游外语专业毕业生的就业率较前几年整体呈现下滑趋势（见表 5-5）。2019 年该校从事与专业完全对口工作的毕业生占 51.54%，从事与所学专业相关联工作的毕业生占 33.85%，从事与专业完全不对口工作的毕业生占 14.62%，从侧面反映了旅游业存在较为严重的人才流失问题。

表 5-5 2016~2019 年河北旅游职业学院毕业生就业率

单位：%

专业	2016 年	2017 年	2018 年	2019 年
酒店管理	97.5	97.4	95.0	95.9
旅行社管理	96.5	95.7	96.4	98.6
旅游管理	94.2	97.5	96.4	92.5
旅游外语	96.5	93.0	98.9	91.7

数据来源：河北旅游职业学院 2016~2019 年《毕业生就业质量年度报告》，http：//www.hbly.edu.cn/jyw/xxzx/jyzlnb.htm。

2. 人员素质有待提升，能力亟待加强

西北部生态涵养区旅游业比较发达，但旅游从业人员素质仍有较大的提升空间。总体来看，旅游从业人员学历低、职称低，初中和高中学历者居多，且拥有的资格证级别也较低。以张家口的导游为例，该市导游大部分是初级导游，中高级导游很少；[①] 张家口生态旅游业的从业人员普遍受教育程度不高，且几乎未接受过专业的旅游培训，对旅游业相关法律法规不太了解。同时他们接待游客的经验相对不足，提供的服务质量普遍不高，专业性知识与旅游服务观念缺乏。[②] 另外，很多中小型旅游文化企业限于能力、资金等因素，对员工的继续教育投入不足。

① 王天旺、马骥华、王子华：《张家口旅游文化产业人才队伍建设问题的思考》，《大舞台》2013 年第 1 期，第 271+269 页。

② 冀文彦、王军：《基于冬奥会的张家口旅游产业竞争力研究》，《北京城市学院学报》2019 年第 3 期，第 13~19+44 页。

《中共承德市委关于制定国民经济和社会发展第十四个五年规划和二〇三五年远景目标的建议》提出要将承德打造成国际旅游城市，这对承德市旅游从业人员的跨文化交际能力与外语水平提出了更高的要求。有学者以承德住宿、餐饮行业的旅游从业人员为调查对象，使用李克特五点计分法对其跨文化交际情况展开调查，发现被调查人员的语言沟通能力平均得分 2.46，外语专业知识讲解能力平均得分 2.01，评估文化差异并适时调整服务的能力平均得分 2.95。这说明承德的大部分旅游从业人员的外语专业知识欠缺，特别是语言沟通能力、外语专业知识讲解能力和评估文化差异并适时调整服务的能力亟待加强。[①]

三　西北部生态涵养区人才政策

张家口与承德作为西北部生态涵养区主要的中心城市，立足于自身的功能定位，均实施了“人才强市”战略，并出台了一系列人才政策。其中，张家口出台了《关于加快人才创新发展的实施意见》（以下简称《意见》），并为落实《意见》，研究制定了《张家口首都水源涵养功能区和生态环境支撑区建设人才开发计划实施细则》《张家口市高层次人才和团队引进“雄鹰计划”科研经费补贴一事一议办法》等操作细则，涵盖冰雪经济、新型能源、高端制造、文化旅游等重点产业。同时承德市出台了《关于加快高层次创新创业人才（团队）引进的意见》，大力引进文化旅游及医疗康养、清洁能源、节能环保等十大绿色转型产业的创新创业人才及团队。

（一）冰雪产业人才政策

张家口加快集聚冰雪产业紧缺急需人才，促进产业快速发展，加大对冰雪人才的引进与培养力度。《意见》中的引进政策主要针对高层次冰雪人

① 林于会、纪维：《承德市旅游从业人员跨文化交际能力现状调查及提升策略》，《新西部》2020 年第 14 期，第 48+44 页。

才，根据人才层次并结合业绩与贡献情况为高层次冰雪人才提供不同水平的科研经费补贴与待遇。在人才培养方面，张家口按照《2022 年冬奥会和冬残奥会张家口市人才培养规划》，实施六个冰雪人才培养行动计划，主要内容为赛事组织管理人才培养引进、冰雪职业技能人才能力提升、赛事服务保障骨干人才“赛地融合”、冰雪运动人才资源开发、冰雪产业创新创业领军人才支持与绿色文化旅游产业人才培养，以发展壮大冬奥赛事参与、赛事服务保障、冰雪运动推广普及、冰雪和绿色生态产业创新创业等人才队伍，重点培养冰雪运动竞技体育、冰雪职业技能、场馆运营管理、外事、新闻宣传及媒体运行和法律事务等方面的人才，为服务绿色生态产业发展提供人才保障。在人才薪酬与激励方面，张家口建立健全人才市场化评价机制，按岗位重要程度和实际贡献，实行年薪制、项目工资制、协议工资制等。鼓励高校、职业院校培养冰雪运动人才，对开设冰雪运动专业且达到国内一流水平的院校，每年给予 100 万元补助，且连续支持 3 年。

承德市冰雪人才政策聚焦冰雪产业技能人才培养。承德市发布《承德市“高精尖缺”技能人才培养支持计划实施方案（2019—2022 年）》，对有较高技艺技能和突出贡献业绩、坚守在生产服务一线岗位的中高级技能人才以及急需紧缺技能人才开展“高精尖缺”技能培训。急需紧缺技能人才是指参照《2019 年河北省急需紧缺技能人才职业（工种）目录》，从事或拟从事急需紧缺职业（工种）的劳动者，包括目录中提及的冰雪产业人才（制雪师、制冰师、冰雪器具维护工等）。同时《承德市冰雪产业技能人才培养储备计划实施方案（2019—2022 年）》指出，冰雪技能人才培养主要面向以下人群：一是冰雪器械制造、冰雪服饰生产及冰雪产业链相关企业的一线岗位职工；二是冰雪场馆职工；三是冰雪赛事的后勤、安保、礼仪、消防等人员；四是冰雪旅游行业旅游策划、景区管理、外联营销、电子商务、运动休闲、导游服务等人员；五是有意愿从事冰雪产业相关工作的毕业生、农民工等。该方案计划，2019~2022 年，每年培训冰雪产业技能人才不低于 1600 人，为此还编制了人才培训任务分配表。

（二）新能源产业人才政策

目前制约张家口与承德新能源产业可持续发展的主要障碍是人才支撑不足，尤其是缺少从事科技研发等方面的高端新能源人才。为了突破人才短缺这一瓶颈，张家口与承德均制定了一系列人才政策来吸引新能源高端人才。张家口发布的《关于加快人才创新发展的实施意见》涉及新能源行业，在引进人才资金支持方面，对在张家口注册企业并开展生产经营，或与用人单位签订一年及以上工作协议的人才，视业绩和贡献情况，给予科研经费支持。对中国科学院院士、中国工程院院士、发达国家院士或相当于上述层次的人才，给予500万元科研经费补贴；对长江学者特聘教授或相当于上述层次的人才，给予100万~500万元科研经费补贴；对省高端人才、省“百人计划”专家、省“巨人计划”创新创业团队领军人才或相当于上述层次的人才，给予50万~100万元科研经费补贴。重点引进带技术、带成果、带项目，拥有自主知识产权，技术达到国际先进水平，能够促进高新技术产业发展的创新创业团队，特别是引进以国家“两院”院士、长江学者特聘专家等为领军人才的团队，经评审认定后，给予500万~2000万元科研或项目支持资金，并由注册地提供3年免费办公场所。对引进的顶尖人才、团队和重大项目，可采取“一事一议”“一人一策”方式。同时张家口针对高层次的创新创业人才制定了智力柔性汇聚计划。按照“政府引导、市场调节、契约管理、绩效激励”的原则，采取特聘团队和专家、兼职指导、技术入股、“候鸟式”聘任等多种灵活务实的柔性引才方式，引进张家口新能源产业发展急需的人才，并根据其对张家口经济社会发展的贡献和影响力，给予一定的奖励和补贴。

承德市发布的《关于加快高层次创新创业人才（团队）引进的意见》指出，围绕文化旅游及医疗康养、清洁能源、节能环保等十大绿色转型产业引进人才。一方面对可促进创新成果转化与取得明显经济效益的创新创业人才与团队给予一定的资金支持。一般来说，资金支持额度视具体情况而定，对拥有先进技术和自主知识产权的人才或团队来承德市实施科技成果项目转化的，并且技术达到国内领先水平、未来市场前景广阔、具备转化条件的，给予 100 万~300 万元的成果转化经费支持；对掌握国际领先技术、生成重大项目并能带动承德市新能源产业发展的，给予 200 万~400 万元的项目支持资金；对“两院”院士、国家有突出贡献的中青年专家、“长江学者”等国家级层面和河北省“百人计划”等省级层面的高层次人才带项目来承创业工作的，视项目水平和投资额度给予 300 万或 200 万元的支持资金。另一方面对来承工作的创新创业个人和团队在税收和补贴等方面给予支持。一是对创新创业人才和团队领军人才在承工作期间缴纳的个人所得税，按照地方分享部分前 5 年 100%、后 5 年 50%的金额，予以扶持奖励。同时，根据人才层级、工作期限和对经济发展贡献情况，给予每人每年 1.2 万~40 万元生活补贴，对因工作需要而在承德购买住房的，给予 10 万~100 万元安家费。二是对来承德市工作、直接或间接从事与清洁能源发展相关工作的博士后、博士生、硕士生和“985”、“211”院校专业对口的毕业生，分别一次性发放特殊生活补贴 3 万元、2 万元、1 万元和 5000 元；对符合要求的海外留学生，根据其学历层次给予相应的生活补贴。

（三）旅游产业人才政策

旅游产业是张家口与承德市的支柱产业，两市制定的人才政策均覆盖了旅游产业。张家口发布的《关于加快人才创新发展的实施意见》指出，针对重点产业包括旅游业，在本市注册企业并开展生产经营，或与本市用人单位签订一年及以上工作协议的人才，视业绩和贡献情况，给予科研经费支持，并对不同层次的人才与团队予以一定数额的科研经费补贴，如对中国科学院院士、中国工程院院士、发达国家院士或相当于上述层次的人才，给予 500 万元科研经费补贴；对长江学者特聘教授或相当于上述层次的人才，给予 100 万~500 万元科研经费补贴；对省高端人才、省“百人计划”专家、省“巨人计划”创新创业团队领军人才或相当于上述层次的人才，给予 50 万~100 万元科研经费补贴。同时，为了推动京张体育文化旅游带建设，培养一批体育文化旅游骨干人才，视其发挥作用情况，给予一定的资助和奖励。

承德发布的《关于加快高层次创新创业人才（团队）引进的意见》主要涉及文化旅游及医疗康养、清洁能源、节能环保等十大绿色转型产业。一是对拥有先进技术与知识产权的人才以及不同层次的人才给予较大力度的资金支持。如对拥有先进技术和自主知识产权，且技术达到国内领先水平、市场前景广阔、具备转化条件的人才或团队来承实施科技成果项目转化的可给予100万~300万元的成果转化经费支持；对掌握国际领先技术、生成重大项目并能带动承德市重点产业发展的，给予200万~400万元的项目支持资金。二是对引进人才在税收与生活方面予以优惠与便利，如对引进的旅游业创新创业人才和团队领军人才在承工作期间缴纳的个人所得税，按照地方分享部分前5年100%、后5年50%的金额，予以扶持奖励。同时，根据人才层级、工作期限及其对经济发展贡献情况，给予每人每年1.2万~40万元生活补贴，对因工作需要而在承德购买住房的，给予10万~100万元安家费。

关于旅游人才的培养承德出台了相关政策。《承德市“高精尖缺”技能人才培养支持计划实施方案（2019—2022年）》指出，要对有较高技艺技能和突出贡献业绩、坚守在生产服务一线岗位的中高级技能人才以及急需紧缺技能人才进行“高精尖缺”技能培训。急需紧缺技能人才培训对象是指参照《2019年河北省急需紧缺技能人才职业（工种）目录》，从事或拟从事急需紧缺职业（工种）的劳动者，包括旅游产业人才（导游、住宿及餐饮服务人员）。

四　存在的突出问题

（一）冰雪产业人才发展方面

1. 人才培养体系尚需完善

2022年北京冬奥会的成功举办带动了冰雪产业蓬勃发展，相应地对冰雪人才的需求更加旺盛。张家口冰雪人才缺口进一步扩大。张家口和承德拥有丰富的冰雪资源，但由于经济不发达等，两市冰雪运动的群众基础薄弱。

张家口的冰雪人才培养体系已初步建立。张家口市发布《张家口市冰雪运动培训体系建设规划（2019—2025 年）》《张家口市冰雪运动培训体系建设实施方案（2019—2022 年）》，整合冰雪培训资源，将冰雪人才培养融入全市培训体系，通过建设一批冰雪运动特色学校、开展一批冰雪运动相关行业学历教育、打造一批冰雪运动培训基地、构建 N 个国际一流的冰雪运动综合培训中心等形成冰雪运动培训体系。[①] 通过建设冰雪运动培训基地，开办冰雪运动特色学校进行冰雪运动学历教育，打造冬季项目后备人才基地，初步建立冰雪运动人才培训体系，但人才培养尚未形成规模。张家口市大力宣传冰雪运动与冰雪文化，使得冰雪运动家喻户晓，但还存在以下不足：一是冰雪运动参赛人员的覆盖面尚需进一步扩大。大部分参赛人员是在校学生，社会参与度较低，需要进一步提升。二是冰雪项目比重需进一步增加。雪上项目多为越野滑轮，冰上项目中占比较高的是速度轮滑和陆地冰壶。未来张家口将围绕青少年冰雪运动普及、群众冰雪运动推广、冰雪运动专业人才培养、高端冰雪运动培训等层次科学布局，全面统筹推进冰雪运动人才培养。

承德市的冰雪人才培养体系尚未建立。承德市为加快推动冰雪产业发展，根据《河北省冰雪产业发展规划（2018—2025）》并结合实际，制定了《承德市冰雪产业发展规划（2018—2025 年）》。该规划指出承德市具有发展冰雪产业的基础，冰雪场地设施建设加快，竞技冰雪赛事水平不断提高，冰雪旅游业加速发展。同时，承德发展冰雪产业面临以下困难亟待解决：冰雪场馆保障不足，冰雪普及程度不够、群众基础较薄弱，尤其是冰雪人才短缺，冰雪相关的社团组织、俱乐部较少，冰雪培训尚没有大规模展开，冰雪后备人才不足，冰雪产业规模不大，规模效应尚未形成。

2. 冰雪产业人才供给不足

北京 2022 年冬奥会的成功举办大幅提升了主办城市之一张家口的知名

① http：//sport. hebei. gov. cn/tongzhigonggao/2021/1103/17183. html.

度，大量慕名而来的游客必将推动张家口和承德地区冰雪文化产业的快速发展。冰雪产业要实现可持续发展，人才支撑必不可少。但目前张家口冰雪人才紧缺。张家口培养的专业冰雪运动员数量逐年增加，但总量仍较小。张家口市人社局编制并发布《2019 年张家口市冬奥冰雪产业急需紧缺人才目录》，将其作为张家口冬奥冰雪人才引进、培养与认定的依据，并于 2019~2020 年连续两年召开冬奥冰雪产业大型人才交流会。该目录的编制，为冰雪产业发展提供了所需的人才智力支持，有助于推进冰雪产业人才队伍建设，对于各用人单位、高等院校及专业培训机构的专业课程设置，以及各类专业人才求职也具有一定的指导意义。承德市冰雪人才情况也不容乐观，《承德市冰雪产业技能人才培养储备计划实施方案（2019—2022 年）》指出，承德市冰雪社团组织、俱乐部较少，冰雪培训尚未大规模展开，青少年冰雪后备人才不足，冰雪专业人才短缺。

（二）新能源产业人才发展方面

1. 基础环境较差，资源与人才配置错位

环境是吸引人才的助力器和催化剂，自然生态环境、社会人文氛围是评价城市是否“宜居”的重要标准，并与吸引人才密切相关。张家口和承德对人才的吸引力不足，主要受环境因素的影响较大。张家口和承德在地理位置、经济发展、文化资源、信息资源、交通资源等方面与经济发达地区相比差距较大，基础环境欠佳。

可再生资源丰富的地区，一般地处偏远位置，远离城市，工作环境艰苦，而新能源科技研发与生产制造大多集中在城市，由此造成资源分布与人才配置错位。[①] 张家口和承德同样存在可再生资源与新能源人才配置错位问题。张家口和承德的可再生能源丰富，风能、光能、水能等的储量均居河北省前列，但均是四线城市，且经济增长缓慢，难以吸引和留住人才。受经济

① 于瑶、王铭禹、梁晓飞、骆晓飞、杜刚、王浩明、邵美琦：《“人才荒”困扰新能源行业　部分企业“地毯式”抢人》，《经济参考报》2021 年 11 月 29 日。

发展水平制约，新能源行业未形成规模效应，对新能源人才的吸引力也不强。在地理位置上，受京津地区“虹吸效应”影响，张家口和承德的人才多流向北京、天津等环境好的城市。

2. 教育资源不足，培养体系尚不完善

河北省有 44 所本科类院校，没有“985”院校，仅有一所“211”高校（河北工业大学，位于天津市），由此可见河北省的高等教育资源不足，具体到河北省内实力较弱的张家口和承德市则更少，张家口有本科类院校 3 所、专科类院校 2 所，承德有本科类院校 2 所、专科类院校 4 所。2020 年，张家口拥有大学文化程度的人口为 504790 人，承德市拥有大学文化程度的人口为 429263 人。张家口和承德拥有的研究生人数过少，分别为 10614 人和 10562 人，分别排河北省倒数第三与倒数第二，故张家口和承德高等教育资源比较匮乏，人才储备量较小。

高校是人才培养的主体，但新能源作为新兴行业，发展时间较短，院校专业的发展、对口专业人才的培养都需要较长时间。国内新能源领域的“本科—硕士—博士”人才梯队培养模式尚未成熟，且新能源行业对从业人员素质要求高，对科技研发、高技术研究等研究型人才的需求较大。[①] 张家口和承德地区高等院校较少，开设与新能源行业对标专业的院校则更少，且两地高校整体实力不强，要培养从事科技研发、技术研究工作的高端人才显然不易。尽管张家口和承德两市与一些院校、企业合作实施产教融合培养模式，但由于企业人才培养缺乏系统性的标准和规范，尚未形成完善的新能源专业人才培养标准。

（三）旅游产业人才发展方面

1. 品牌效应尚不明显，城市特色需加强

旅游业是张家口和承德的重点产业，张家口形成了崇礼滑雪、坝上

① 于瑶、王铭禹、梁晓飞、骆晓飞、杜刚、王浩明、邵美琦：《“人才荒”困扰新能源行业　部分企业“地毯式”抢人》，《经济参考报》2021 年 11 月 29 日。

草原观光、始祖文化、温泉养生四大旅游品牌，是观光旅游和消夏避暑的理想之地。承德素有“紫塞明珠”美称，是国家级历史文化名城和旅游避暑胜地、中国优秀旅游城市，旅游资源得天独厚。两市旅游资源丰富，旅游业发展迅速，但是两地旅游品牌形象不鲜明，旅游产品尚需深入开发。

2022 年张家口携手北京共同举办的冬奥会，是张家口发展冰雪旅游产业的重大机遇，为张家口的旅游行业带来新的生机，提高了张家口的城市知名度。但目前张家口的旅游文化创意产品较少、技术含量较低，各地旅游产品的包装与宣传手段都相似，旅游产品同质化现象严重。张家口的历史文化资源和民俗艺术文化资源丰富，但大多是观赏景点，以售卖周边产品和观看民俗表演为主，没有对深厚的文化资源进行充分挖掘。同时张家口的旅游资源分散、宣传策略不统一，不利于打造旅游品牌。

承德市最著名的旅游资源莫过于避暑山庄以及“外八庙”，人们对承德市的印象就是“避暑胜地”。避暑山庄是承德市最鲜明的“名片”，为承德市旅游业发展带来了巨大的机遇。但随着弘扬塞罕坝精神、旅游产业的发展，承德市的定位调整为国际旅游城市，如此，避暑胜地的旅游形象难以满足发展需求，原有的城市名片为承德带来大量游客的同时也极大地限制了其未来旅游业的发展。①

2. 人才政策尚不完善，旅游行业人才流失

旅游业发展极度依赖外界环境，经济形势、突发事件等都可能使旅游业造成较大影响，如新冠疫情给旅游业带来了极大的冲击，承德和张家口两市的游客接待量骤降，旅游业的脆弱性是旅游人才流失率远远高于其他行业的重要原因。

旅游业是张家口和承德的支柱产业，两市制定的人才政策均涉及旅游业或旅游人才，但是没有明确旅游人才政策的实施细则。另外两市人才引进政

① 许新国、温玲子：《承德市城市旅游形象塑造调查与分析》，《河北旅游职业学院学报》2020 年第 2 期，第 109~112 页。

策大多针对高层次人才，而旅游行业的优秀人才往往很难达到高层次人才的要求，故难以真正激励和吸引旅游人才。旅游业人才待遇偏低，工作强度大、时间长、发展空间小，基层人员流失严重。[①] 经过系统学习的旅游相关专业高校毕业生，属于较高端人才，但当下高校旅游毕业生也存在人才流失现象，以承德市的河北旅游职业学院为例，2016~2019 年酒店管理、旅游管理和旅游外语专业毕业生就业率总体呈下降趋势，且从事专业完全对口工作的毕业生比例不高。尽管这只是河北旅游职业学院一个院校的例子，但该院校旅游相关专业的毕业生主要在河北省内就业，尤其是在承张两市，故该校情况在一定程度上反映了承德与张家口旅游专业毕业生可能存在较严重的人才流失问题。

3. 行业进入门槛较低，人才素质普遍偏低

旅游行业大多岗位的从业门槛较低，从业人员难免存在素质较低、能力不强、服务质量不高等问题，承德和张家口旅游从业人员素质有待进一步提升。如张家口生态旅游业从业人员受教育程度普遍较低，且缺乏必要且专业的旅游知识与游客接待经验，专业的旅游管理人才匮乏，经营方式比较粗放，管理规范缺乏，张家口生态旅游业仍处于“小而散”的发展状态。承德市正在推进国际旅游城市创建工作，要实现这一目标，承德市的旅游服务人才需要与国际接轨，旅游从业人员需具备较强的跨文化交际能力。有学者对承德市旅游人才的外语水平进行调查，结果发现承德市大部分从业人员的语言沟通能力、外语专业知识讲解能力和评估文化差异并适时调整服务的能力等亟待加强。[②] 以上例子均说明两市的旅游人才素质不高，在一定程度上制约了当地旅游业的发展。

① 黄志鹏：《全域旅游背景下浙江省旅游人力资源发展问题及对策研究》，湖北工业大学硕士学位论文，2020。

② 林于会、纪维：《承德市旅游从业人员跨文化交际能力现状调查及提升策略》，《新西部》2020 年第 14 期，第 48+44 页。

五　对策建议

（一）冰雪产业人才发展方面

1. 发展冰雪产业，促进人才聚集

冰雪产业发展与相关产业人才聚集是互为促进的关系。张家口与承德均有发展冰雪产业的潜在资源，两市在地理位置上相邻，未来两市可在冰雪产业方面协同发展。

张家口和承德两市想要补齐冰雪产业发展中的短板，形成冰雪产业集群，吸引冰雪人才，就要做到以下几点。第一，提升冰雪运动的民众参与度，形成浓厚的冰雪文化。借助北京冬奥会成功举办的重大机遇，向群众普及冰雪文化知识，并动员其参与冰雪运动，以培养广大群众的冰雪意识，吸引更多的人参与冰雪运动，为冰雪人才的培养营造浓厚的文化氛围。第二，不断推进冰雪运动基础设施建设。冰雪运动对活动场地有较高的要求，两市当前在冰雪基础设施上仍存在一些短板，如《承德市冰雪产业发展规划（2019—2025 年）》指出承德市的冰雪场馆存在保障不足问题，两市应根据当地的资源条件，加快冰雪场馆建设，完善相关冰雪运动的配套设备，为冰雪人才训练提供雪上项目训练基地。第三，张家口与承德两市要大力促进冰雪产业与其他产业融合发展，建立冰雪产业集群，形成规模效应，加快冰雪产业发展。

2. 落实培养计划，完善培养体系

落实冰雪运动相关人才培训计划。张家口按照《张家口市冰雪产业发展规划（2019—2025 年）》构建“111N”冰雪运动培训体系，即创建一批冰雪运动特色学校，搭建一批冰雪运动学历教育平台，建设一批冰雪运动培训基地，打造 N 个国际一流冰雪运动综合培训中心。承德按照《承德市冰雪产业发展规划（2019—2025 年）》构建符合自身冰雪产业发展实际的冰雪人才培养体系，一是提高各类学校培养人才能力。开设冰雪运动相关专

业，改善办学条件，完善育人机制，培养各级各类冰雪运动相关专门人才，构建符合实际、科学合理的冰雪运动人才培养体系。二是鼓励社会组织开展冰雪培训。积极引导冰雪场馆、相关运动协会、俱乐部等社会组织，利用自身的场地与教育资源开办冰雪运动培训学校或冰雪运动培训班，积极开展冰雪人才培训。

重视学校教育，建立健全冰雪人才培养体系。在人才培育系统中最为重要的就是学校教育，两市冰雪人才培养需重点开展一体化冰雪教育。培养冰雪运动人才需从娃娃抓起，对在校青少年进行冰雪运动普及，将冰雪运动项目作为在校生的必修课程，开展以学校教育系统为基础的全面冰雪人才培养；在小学和中学阶段普及冰雪运动相关知识，介绍一些冰雪运动以及相关冰雪器械的使用方法；在大学阶段，体育专业开设冰雪运动课程，系统有序地推进冰雪运动人才培养。

（二）新能源产业人才发展方面

1. 改善人才发展环境，提高人才吸引力

人才能否留得住，与地区经济发展情况密切相关。大力发展经济，为人才创造更好的生活环境，提供更完善的生活服务，让人才更加安心、舒心、放心。经济发展与人才吸引是相辅相成的，经济发展有助于吸引更多的人才，人才的聚集也有助于促进经济发展。因此，张家口和承德要结合自身的发展优势，吸引高素质的人才。人才的流动不仅基于经济发展水平，同时也与当地生活环境密切关系。在发展经济的同时，注重打造生态宜居的城市形象，深度挖掘承德和张家口两市的历史文化，定位于绿色生态的宜居城市，建设文明城市。借助多种多样的媒体形式对城市形象进行宣传，提高关注度，吸引人才。同时针对不同层次人才提供教育、住房、医疗等政策支持，吸引和留住人才。

2. 激发产业聚集效应，促进行业人才汇聚

产业聚集与人才汇聚是互为补充与促进的关系。一般来说，产业聚集会

产生大量的就业机会，为人才提供发展空间，有利于人才实现自我价值。同时产业聚集也会促使专门的内部人才资源市场形成，有利于产业专业人才汇聚，降低人才搜寻成本。人才聚集过程中会产生强者愈强的“马太效应”，区域人才越聚集，那么其人才吸引力就越强，最终形成良性循环。

张家口和承德两地的可再生资源丰富，近年来两市新能源行业迅速发展。2020 年，张家口市可再生能源消费量占终端能源消费总量的 30%，可再生能源在应用上实现经济社会领域全覆盖。承德市清洁能源产值突破 110 亿元，占全市 GDP 的 7.47%。张家口和承德两市新能源产业规模不断扩大，产业结构日益完善，实力明显提升，已步入全面、规模化发展的新阶段。但是两地新能源产业集聚效应尚不明显，对人才的吸引力自然也就不足。两市应找准自身新能源行业的定位，充分利用政策优势，从整体出发对新能源产业进行科学布局，聚焦新能源产业的细分领域，打造不同功能的新能源产业集聚区，避免出现大而不强、多而不精的局面，形成产业聚集效应，吸引新能源人才。

3. 加大教育投入力度，完善人才培养机制

新能源行业对从业人员素质有较高的要求，尤其是对从事基础科技研发、高技术研究等的科研人才。人才培养最根本还是在于教育，教育为经济社会发展提供了大量的高素质劳动力和各种专业人才，对经济社会的发展具有长期性、潜在性和综合性的影响。时代越是向前，知识和人才的重要性就越凸显。对于人才的培养要充分发挥教育阵地的作用，教书育人、管理育人、服务育人、环境育人，做好素质教育工作，形成人尽其才、人才辈出的大氛围。人才的培养不是一朝一夕之功，而是一个长期的过程，正所谓“十年树木，百年树人”。张家口和承德的高等教育较薄弱，两市的新能源人才培养体系中高等教育缺位，这需要两市持续加大对高等教育的投入，优化教育体系，加强产学研，在高校相关专业设置方面紧跟产业发展，力争更加细分、精准。张家口和承德的高等教育发展需要长期坚持，方能取得成效。同时也要注重发展职业教育，两市新能源企业可与高校合作，联合培养新能源人才。

（三）旅游产业人才发展方面

1. 强化城市特色，打响旅游品牌

张家口和承德两市旅游业均较为发达，拥有一些知名旅游景点，如承德的避暑山庄和张家口的崇礼滑雪、坝上草原观光等，同时打造了一些旅游品牌，但是景点之间未实现联动。承德需在保持避暑山庄特色的同时联动其他特色旅游景点，加强城市旅游形象的塑造，打造“生态强市，魅力承德”的城市形象。张家口应该紧紧抓住北京冬奥会这一重大机遇，使冬奥遗产和奥运精神成为张家口市最引人注目的城市特色，这必将带动张家口冰雪旅游业的飞速发展。同时张家口应利用深厚的文化底蕴，大力宣传冰雪旅游与文化旅游，形成景区之间的联动效应。

2. 优化人才政策，减少人员流失

张家口和承德应基于旅游产业实际，根据旅游人才现状和行业供需，制定切实有效的旅游行业人才引进和培养政策，实现“人才兴旅”“旅兴人才”。目前两市人才引进对象偏重高层次人才。旅游行业人才与其他存在技术壁垒的行业不同，对于旅游行业来说，经验与职业素质是最重要的。在旅游行业人才引进政策方面，对不同层次的人才划分要契合张家口和承德两市旅游业发展需求，借鉴其他行业高层次人才标准，制定科学合理的薪酬体系与晋升制度，适当提高从业人员的收入水平，安排合理晋升通道，做到劳有所得，提升张家口与承德两市旅游产业的核心竞争力。

3. 开展教育培养，提高人才素质

开展高端旅游人才培养。张家口和承德两市应以职业学院为主导，联合多个设有旅游相关专业的本科、专科院校以及培训机构建构旅游人才教育培训体系。充分发挥高校的教育主体优势，敦促高等院校与专职院校开设旅游相关课程，扩大招生范围，培养适应行业发展要求的旅游人才。鼓励培训机构根据市场需求，灵活调整旅游课程，培养适应当地旅游发展要求的旅游人才，探索独特的教育培训模式，打造自有职业教育品牌。①

开展旅游从业人员培训。一方面，倡导旅游企业开展员工成长型培训。一些有实力的旅游企业可以基于人才培养方案与员工素质开展专业培训，为单位内有意长期从事旅游事业的非专业型从业人员提供在岗培训。鼓励从业人员间的交流，促进形成旅游从业人员取长补短、相互交流、相互学习的良好氛围，促使从业人员提高工作效率、服务质量。充分调动从业人员的积极性、主动性和创造性，提升其获得感和认同感。另一方面，针对从业素质不高的人员开展专业培训，切实提升其职业技能。比如对一些村委自营景点开展旅游业相关法律法规培训与游客接待经验交流；采用“以大带小”的方式，鼓励发展较成熟的景区为周边小规模景区提供人力资源支持，并在政策与资金方面给予一定的支持。②

① 黄志鹏：《全域旅游背景下浙江省旅游人力资源发展问题及对策研究》，湖北工业大学硕士学位论文，2020。

② 黄志鹏：《全域旅游背景下浙江省旅游人力资源发展问题及对策研究》，湖北工业大学硕士学位论文，2020。

第六章　中部临空经济高端人才发展状况

按照《京津冀人才一体化发展规划（2017—2030 年）》中提出的“一体、三极、六区、多城”京津冀人才一体化发展总体布局，以中部核心功能区为载体，重点服务北京新机场临空经济合作区建设，加快航空、现代物流、商务会展、临空高技术等产业人才集聚，建设临空经济高端人才发展示范区。京津冀三地结合临空经济区产业与生活区域的规划，优先储备、引进和培养一批航空、现代物流、商务会展等高端产业人才，加强区域内临空经济区产业人才互动融合。

本章以中部临空经济高端人才发展为核心，着重就京津冀区域人才集聚、人才政策及体制机制展开研究，分析存在的问题，并提出有针对性的对策建议。

一　中部核心功能区概况

（一）中部核心功能区概况

中部核心功能区是按照《京津冀协同发展规划纲要》中“一核、双城、三轴、四区、多节点”的空间发展布局所确定的四个功能区之一。

中部核心功能区主要由北京、天津、保定、廊坊组成，疏解北京非首都功能，率先实现京津保三地联合协同发展。与北京、天津距离最近的河北区域是廊坊和保定，两地有着得天独厚的区位优势，都与北京、天津有着密切的经济联系。随着京津冀协同发展向纵深推进，该地区将成为北京生活功能的延展地与流通服务的接纳地。

从产业上讲，北京重点疏解的对象包括工业、物流、教育等。工业是首要的疏解对象。北京工业总量 4000 亿元左右，占 GDP 的 20%，相当于一个中型城市，但北京的环境空间容量不大，并不适宜发展工业，尤其是一般制造业。物流产业主要是仓储和批发，不仅就业岗位多，而且道路占用频繁，如铁路货运，从全国各地运来，再由货车运到全国各地，因此部分物流产业完全可以转移到其他城市。教育、培训和医疗等社会公共服务业，如本科教育，并不一定都要办在北京。通过产业转移，一方面可减少北京人口压力；另一方面也能拉动其他城市的市场需求，促进当地经济发展。

京津冀协同发展的突破口是非首都功能转移。先从产业移出、功能外导做起，之后是互联互通，如交通一体化，发展建设轨道上的“京津冀”，再之后是发展区域一体化的公共服务，缩小城市间差距，最后利用市场配置资源，循序渐进，有序转移。而要实现互联互通，推动交通一体化，发展建设轨道上的“京津冀”，航空业应优先发展。航空业有运输速度快、不受地面条件影响、破损率低、安全性高等特点。鉴于首都机场已处于超饱和运行状态（2018 年旅客吞吐量突破 1 亿人次），国际航线需求有较大缺口，北京乃至京津冀地区的航空服务能力亟待提升。

（二）中部核心功能区新建设——大兴国际机场

大兴国际机场处在中部核心功能区的中心位置，是当今体量最大、水平最高的综合性国际枢纽机场，位于北京市大兴区和河北省廊坊市交界处，地理位置优越，北距天安门 46 千米、距北京首都国际机场 67 千米、南距雄安新区 55 千米，为 4F 级大型国际枢纽机场。

大兴国际机场于 2014 年 12 月开工建设，2019 年 9 月正式通航。2020 年，共完成旅客吞吐量 1609. 1 万人次，同比增长 413. 3%，排全国第 17 位；货邮吞吐量 77252. 9 吨，同比增长 949. 3%，排全国第 35 位；飞机起降 13. 3 万架次，同比增长 532. 4%，排全国第 18 位。据预测，2025 年旅客总吞吐量将达到 7200 万人次，货邮吞吐量达到 200 万吨。

素有“国际航空之父”称号的约翰·卡萨达曾说到，“在速度经济时代，城市的机场正升华成机场的城市。依托综合航空运输体系迅速崛起的未来城市形态，已成为城市化的新模式”。可见，机场对城市而言的重要性。

北京市规划大兴新航城面积达到 57 平方公里，计划容纳 30 万就业人口与 50 万以上居住人口。与此同时，河北省的涿州、永清、固安等地区也制定了经济布局规划，积极推进大兴机场快速发展，同时注重提升新机场周边配套水平，极大地促进产业升级与区域经济发展，成为京津冀地区经济发展的新增长极。

（三）临空经济

进入 21 世纪，在国际贸易与快捷交通方面，机场发挥着越来越重要的作用。临空经济旨在发挥机场的聚集作用，依托与航空相关的经济活动，促进人力、物力、财力向机场周边聚集，进而形成中心经济空间与产业集群。更多的产业和生产要素聚集会产生巨大的带动辐射作用，临空经济成为新经济的主流模式。

临空经济的显著特点是“小、轻、高”，涵盖航空制造业、航空运输业、高科技产业及其相关服务业。世界各个临空经济区有着不同的竞争优势和经营选择，如阿姆斯特丹史基浦机场目标为创建多元型航空枢纽，西雅图、图卢兹重点发展航空制造业（飞机制造集团），爱尔兰香农、新加坡樟宜依靠区位优势、良好的商业环境和高水平的配套服务。我国的双流临空经济区是最早建立的。顺义临空经济区的制造业和服务业发展较快，是北京市六大高端产业功能区之一。上海虹桥临空经济区则建立在工业区的基础上，现今已形成信息服务业、总部经济和现代物流业三大产业集聚态势。

临空经济对区域经济有直接和间接影响。直接影响是指临空经济区内的机场以及机场内部和周边地区形成的主导产业，能够为机场旅客以及货物提供产品和服务。机场为旅客提供飞行服务，为货物提供运输服务，其他临空产业的有关企业为机场提供有关的产品和服务，为该区域的劳动力创造就业岗位，产生经济效益，促进区域经济发展等。间接影响是指为机场的运输以及临空产业提供产品和服务的商业活动。例如，在机场新建一个指挥塔，就需要很多建筑材料，而这些建筑材料需要由建筑商和供应商来提供。建筑商和供应商会根据机场的订单要求，通过自身的渠道来采集这些建筑材料，并配置技术人员，这样就会增加许多就业机会，给劳动力带来经济收益。

临空经济区还对地区经济结构有重要影响，如推动地区经济结构升级，加速区域间生产要素流动，促进城市空间资源合理配置，促进投资环境改善与城市品牌力提升等。

（四）大兴国际机场临空经济区

2018 年国家发改委印发《北京大兴国际机场临空经济区总体规划（2019—2035 年）》，明确提出为发挥北京新机场大型国际航空枢纽辐射作用，北京市将与河北省合作共建新机场临空经济区，以此来促进京冀两地深度融合发展。

大兴国际机场临空经济区的总体定位为国际交往中心功能承载区、国家航空科技创新引领区、京津冀协同发展示范区。计划于 2025 年，建成与临空经济密切相关的配套设施，逐步发展成为京冀共建共管、经济快速发展、产业高端集聚、交通发达便捷、生态优美宜居的现代化临空经济区。临空经济区总占地面积约为 150 平方公里（其中北京地区占地约 50 平方公里、河北地区占地约 100 平方公里），涵盖三个功能片区（服务保障区、航空物流区和科技创新区）。其中，航空物流区主要是航空物流、国际会展、电子商务、航企服务等，科技创新区的发展方向主要是航空导向的研发创新、科技孵化、高端制造、科技金融等，服务保障区则是将特色金融、航空科教、科技创新服务等纳入重点保障范围（见图 6-1）。

北京大兴国际机场临空经济区有着很明显的区位优势，是京津冀协同发展的战略前沿区和试验区，是北京市构建“4+N”产业合作格局中的四个战略合作功能区之一，是京津冀协同发展的先行试验区，并将对京津冀协同发

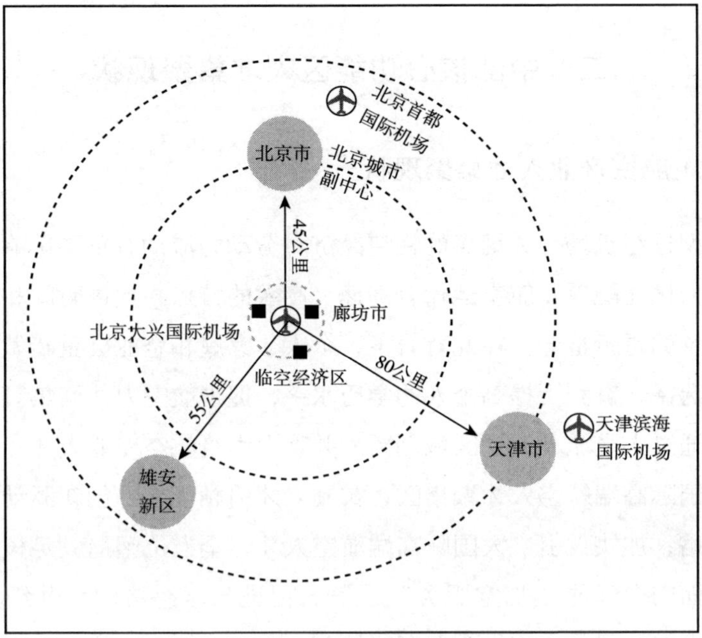

图 6-1　大兴国际机场临空经济区地理位置示意

资料来源：《北京大兴国际机场临空经济区总体规划（2019—2035年）》。

展产生示范效应。基于协同发展的基础框架，实现交通协同、产业协同和机制协同，在要素市场和公共服务一体化、区域产业转型升级、协同发展体制机制构建方面发挥辐射作用。如在京津冀交通协同发展方面，新机场的建设与运营可以加强京津冀城市群之间的交通联系，打造世界级机场群，强化互联互通。在发展产业协同方面，积极发展临空经济，建构基于临空经济的产业系统，围绕与航空相关的核心产业、引致产业与关联产业，以大项目促进产业化，以产业化促进集群化，以集群化促进产业生态系统，并且可以促进产业结构调整升级，进而关联协调整个京津冀产业布局，真正助推京津冀全面协同发展。大兴机场临空经济区的地理位置决定了其在京津冀协同发展战略下将迎来突破性发展。

二　中部核心功能区人才集聚现状

（一）航空产业人才集聚现状

以大型枢纽机场为关键点的临空经济对劳动力流动有重要影响，将促使区域劳动力优化配置。航空运输有高速、高效的特点，促进时间和空间的压缩以及市场的重新整合。在此背景下，个人、家庭和企业会重新做出符合自身利益的选择，有利于提高个人的学历水平，促进航空人才聚集。可见，临空经济会通过人员流动促进区域创新，并吸引大量航空专业人才。

建设国际高端航空人才聚集区，实施人才引领创新、创新驱动发展的人才强区战略，加快吸引广大国际高端航空人才，全方位塑造立足核心区、服务全国、面向全球的“临空服务”品牌，促进区域经济转型升级，助力外向型经济发展，强化北京作为全国科技创新中心的核心功能。

临空经济区是北京市重点建设的六大高端产业功能区之一，区内汇集了众多知名的航空运输类企业、战略性新兴产业企业、产业金融类企业以及会展类企业。近年来，北京市不断发展壮大临空经济，建设以高端现代制造业和现代服务业为支撑的国际流通网络重要节点和国内外交往的枢纽区域，专业人才、信息、技术、资金等不断流入。京津雄区域的中心城市廊坊作为环京唯一的百万人口城市，2019 年 GDP 跻身全国百强，比肩长三角城市群的苏州、杭州和珠三角城市群的东莞、佛山，聚焦京津雄区域发展，有力承接外迁企业及人才。

天津航空产业人才逐步聚集。天津航空是天津市政府与海航集团共同组建的区域航空公司，未来定位是成为亚太乃至全球有影响力的干线精益型航空公司。在人才选拔过程中，天津航空不仅关注工作业绩，而且考察价值标准，利用人才测评工具从素质以及发展潜力等维度严格选拔人才，建立不同的人才池。遵循“70%实战+20%辅导+10%课堂培训”的开发结构，提供技能培训、挂职、轮岗等机会，加速人才发展。其中，天津市航空航天人才创新创业联盟是由东丽区人民政府、中国民航大学、北京航空航天大学、天津港保税区管委会联合天津市120余家企业共同发起成立的。在第五届世界智能大会期间，联盟各成员单位积极参与、主动融入，在智能大会多个会场举办交流活动，展现天津市航空航天产业的风采，助力航空航天产业人才引育。中关村E谷（东丽）航空产业智创中心项目一期、中国民航大学科技园集体入驻项目、爱思达航天科技天津总部基地、海承科技研发及生产基地、航天天美科技整体迁入项目、天津市无人机协会无人机孵化器6个项目集体签约落地东丽区；聘任中国工程院院士、西安交通大学教授为联盟特聘专家，为天津市航空航天产业发展注入新智慧，为航空航天人才创新创业联盟高质量发展增添新动力。该联盟已产生项目与人员的“虹吸效应”，累计汇聚126家知名企业、15家高校院所、8位院士特聘专家、2900多名航空航天科研人员和700多名高层次人才。联盟围绕航空航天产业发展，实施一批重大项目，深入推进校地融合发展，促进航空航天产业和上下游企业产业衔接，精准支持科研、人才和产业深度融合，加快打造航空航天产业优势集群和人才高地，成为支持航空航天产业规模化发展的强大动力。

（二）现代物流产业人才集聚现状

按照《京津冀人才一体化发展规划》中提出的“以中部核心功能区域为载体，重点服务北京新机场临空经济合作建设，加快现代物流产业人才聚集”的要求，中部核心功能区注重现代物流产业人才集聚并取得初步成果。2014~2018年各地物流业从业人数如表6-1所示。

北京物流港投资100多亿元，汇聚大型物流、绿色产业、高级酒店、展览场所与高档社区，建筑面积达300多万平方米。朝阳口岸对接直通天津港口岸，使北京有了顺畅的“出海口”，为区域经济快速发展插上翅膀。但同时，物流产业人才增长比较缓慢，根据《北京物流蓝皮书》，北京物流人才缺口20万人，高级管理层人才缺口高达6万人，且北京现代物流产业人才主要集中在物流园区。

表 6-1 中部核心功能区各地物流业从业人数情况

单位：万人

区域	2014 年	2015 年	2016 年	2017 年	2018 年
北京	66.60	66.80	64.10	63.60	66.30
天津	43.26	50.03	52.12	53.63	52.55
石家庄	8.01	7.57	7.37	6.45	10.31
保定	16.21	16.44	16.34	17.19	17.25
廊坊	10.37	9.75	10.13	9.57	9.89

资料来源：根据各地统计局资料整理。

天津位于环渤海经济圈的中心，是近代北方最早对外开放的沿海城市之一，拥有中国第四大工业基地和第三大外贸港口，有着巨大的物流需求。天津物流企业主要集中分布在天津港以及各地区物流园，天津港的物流加工区占地面积大，企业众多，滨海新区物流园发展迅速。目前，天津高校也在为培养现代物流人才而努力，如天津交通职业学院现代物流管理专业秉承坚守职教初心、践行职教使命的原则，以“双高”建设为契机，深化产教融合校企合作办学模式，其专业综合竞争力连续两年被专业机构评为全国第一，学院正在基于现代物流管理专业打造全国职业教育领域规模最大、智能化水平最高的生产性实训基地。

廊坊在发展现代物流方面采取了诸多措施，稳步建设 6 个省级物流园区和环首都现代物流园区，进一步加快物流项目建设，如燕郊空港、邮政仓储等项目，促进物流全产业链发展。同时廊坊距离北京大兴国际机场近 24 公里，有着得天独厚的区位优势，大兴国际机场 2025 年货物吞吐量将达 200 万吨，飞机起降 62 万架次，廊坊的现代物流产业在临空经济快速发展的大背景下面临前所未有的机遇。

京津冀地区综合物流发展与全国其他地区相比具有较大优势，在环渤海地区长期处于领先位置。从物流企业数量来看，北京物流企业 2021 年共有 1000 余家，呈现集约化发展趋势，天津、河北的物流企业数量逐步增加，其中天津增速更快，这和天津迅速增长的物流需求有直接关系。从物流人才聚集情况来看，中部核心功能区物流业从业人数逐年增长，为服务北京新机场临空经济合作、推动物流产业发展提供了人才支撑。

（三）商务会展业人才集聚现状

商务会展业是一个朝气蓬勃的新兴产业，具有跨行业、多元化等特点，涉及经济、管理、物流、艺术等诸多领域。中部临空经济区近些年会展业发展迅速，但与此同时会展业从业人员处于严重短缺状态。最急缺的当属会展策划与运营管理人才，从相关岗位分析来看，该类人才应具备本科学历水平。另外，对会展设计、推广宣传、展馆管理、物流安排、场馆接待等方面人才也有不同程度的需求。

然而，当前从业人员学历普遍不高，80%以上的从业人员没有接受过会展专业的正规学历教育培训，也缺乏系统的相关职业培训。而会展专业不仅要求从业人员具备较强的学习能力、沟通能力、创新能力及执行能力，还要求从业人员熟悉会展项目运营规律，拥有较完备的知识结构，具备良好的设计策划能力。另外，会展业从业人员收入水平偏低。以天津为例，2017 年在不同类型的会展企业中，毕业生月收入为 2500~3500 元。根据天津市人力资源和社会保障局发布的数据，全市职工月均工资为 5607 元，会展人才的收入明显低于全市平均工资水平，具体情况如表 6-2 所示。

表 6-2　2017 年天津会展企业中毕业生月收入情况

单位：%

企业	2500 元以下	2500~3500 元	3500~4500 元	4500 元以上
会展核心企业	6.25	75	6.25	12.5
会展配套企业	0	60	10	30
会展支撑企业	25	50	0	25

资料来源：佀妲、乔小燕、薛维忠：《基于天津市场需求的高职院校会展人才培养建议——以天津中德应用技术大学为例》，《职业技术教育》2019 年第 26 期，第 29~33 页。

会展业人才供给端以高等院校为切入口，本科与专科院校在专业教育上各有侧重，本科重运营管理，专科重策划设计。本科院校设有会展经济与管理、会展策划与管理、会展艺术与技术等专业，其中会展经济与管理专业所占比例较大；高职高专院校设有会展策划与管理、广告与会展等专业，主要侧重点在会展策划与管理专业。这有利于提升从业人员学历水平，提高人员能力素质，改善会展专业人才现状。

（四）临空高技术产业人才集聚现状

临空经济作为依托机场资源的一种新型高端区域发展模式，对地方经济有着非常重要的促进作用。临空高技术产业具有高端性，这也就决定了其对高层次人才以及相关产业链人才的需求十分旺盛。因此，足够数量的专业人才是临空经济高速发展并保持良性循环的重中之重。不管是临空经济的优化升级，还是向临空高技术产业企业注入高端生产要素，都离不开人才的有效供给。

临空高技术产业人才主要来自高等教育。天津高等教育资源充沛，拥有多所高等院校与航空领域的科研机构，科研力量雄厚，不仅拥有天津大学、南开大学、天津财经大学等一批实力突出的高校，还拥有中国唯一的民航学科齐全的综合性高等学府——中国民航大学。中国民航大学是中国民用航空局直属、以培养高级工程技术和管理人才为主的民航领域高等学校，也是我国唯一的民航学科专业门类齐全、将航空宇航科学技术与交通运输工程两大学科群交叉融合的高等学府，为地区发展提供了强有力的人才支撑。天津临空高技术专业人才培养目标是开展与国内外航空院校合作办学项目，推动中国民航大学和本地高校民用航空产业相关专业、学科建设，丰富专业领域，提升学科层次，增强办学的专业化能力，增强职业素质，将天津建设成为全国航空教育培训的高地和临空高技术产业人才培养的摇篮。

除了高等教育，临空高技术产业人才积累还要依靠市场化引才新机制。大力引进国内外知名人才和中介机构，着力引进临空高技术产业发展急需的高、精、尖、特等紧缺实用人才和团队。通过市场化、专业化的方式为企业定向引才，提高引才精准度。加强制造业人才科研平台建设，建设或升级企业技术中心、工程研究中心、重点实验室、博士后站院士专家工作站，建立人力资源公共服务平台，培养储备技能人才。以廊坊为例，全市共有专业技术人才 20 余万人，拥有各类专家级人才 450 人、国家级高层次人才 16 名，居全省首位，包括临空高技术专家。市人社局努力把人才载体建设作为人才聚集、产业转型、城市发展的新引擎，积极优化各类平台，使高级人才能够各尽所能、实现价值。目前，廊坊共有各种高级人才载体 55 家，包括博士后科研工作站 7 家、园区类博士后科研工作站分站 11 家、博士后创新实践基地 13 家、国家级博士后成果转化基地 1 家。

三　中部核心功能区人才政策

（一）航空产业人才政策

北京针对航空产业人才出台了一系列政策。发展航空服务产业，创新集聚平台，支持航材、文化等方面的特色功能平台建设，构建航空科技国际交流合作平台，搭建便捷、开放的国际人才服务平台，建立健全国际航空服务人才来京对接服务机制，推动建设国际人才引进平台，打造国家级适航审定科技平台和民航科技创新中心，引导搭建人才创新发展平台，打造具有航空、临空特色的国际化社区，营造“类海外”人才生态环境。

廊坊出台《廊坊临空经济区智慧城市顶层设计》，深入贯彻落实习近平总书记关于京津冀协同发展和视察大兴机场建设时的重要指示，按照国家有关部门、北京市、河北省推进大兴机场临空经济区建设的安排部署，依据《北京大兴国际机场临空经济区廊坊片区智慧城市专项规划》，坚持世界眼光、国际标准、中国特色、高点定位，充分结合廊坊临空经济区着力打造开放创新、人才汇聚、智慧生态、产城融合、宜居宜业的世界一流航空城。通过新型智慧城市建设，以数据流引领资金流、人才流、物资流，构建数字化、智能化基础设施，培育更多的临空经济，发展航空人才集群。

广大驻区单位企业纷纷出台适合自身发展的人才政策。例如，北京航空航天大学制定了北航新时代人才战略。该战略从航空航天优势出发，将探寻学术前沿和落实国家战略统筹考虑，聚焦国际尖端科研领域，全方位培养专业人才。北京航空航天大学近年来获得15项国家级科技奖励一等奖，其中国家技术发明一等奖9项，基于一大批自主创新成果打造精品课程和精品教材，2009~2019年产生12位两院院士，打造拥有顶尖科研实力的师资队伍，铸就人才培养的雄厚基础。

北京航空航天大学在培养航空产业人才方面，进一步加强专业建设、突出专业特色、拓展专业内涵，新设智能飞行器技术、智能感知工程、虚拟现实技术、网络空间安全四个专业。四个新专业立足北航特色，面向国家重大需求，解决“卡脖子”问题，主动服务国家战略和产业发展需求，适应新工科工程教育改革要求，推进本科人才培养质量持续提升。

河北航空将人才队伍建设置于企业发展的首要位置，制定人才发展政策，优化人才发展空间，重视员工职业规划，设立“H”形“管理+技术”晋升双通道，员工既可以走管理通道晋升，也可以走技术通道获得晋升，使每个人的能力都得以施展。同时，河北航空为员工提供科学的人才培养计划、省市区三级人才补助政策，打造最具竞争力的薪酬体系、公平公正的用人环境，为每一位河北航空的员工创造更多、更大、更好地提升平台，努力做到人尽其才、才尽其用、用尽其惠。

（二）现代物流产业人才政策

中部核心功能区以物流业供给侧结构性改革为重要抓手，按照“外向拓展合作，加强产业承接，内向强塑内功、加强能力提升”的导向，积极落实《河北省建设全国现代商贸物流重要基地“十四五”规划》，参与京津的产业分工，主动承接京津物流产业转移。北京构建先进的现代物流体系已成为现代物流业迅猛发展的迫切需要。其中，物流人才更是推动物流业发展不可或缺的重要因素。

在人才交流方面，京津冀人力资源和社会保障部门联合举办一系列区域人才交流洽谈活动和人才协同发展论坛。河北省现代物流协会承办的“京津冀物流协同高质量发展峰会”在邯郸市举行，会上探讨了京津冀物流行业发展的新阶段、新理念和新趋势。来自京津冀三地的大型国企、物流名企聚焦打造低碳环保物流园区、海外仓运营、利用 RCEP 政策红利助力传统物流发展、绿色城市配送、物流园区招商等内容。

在人才政策与发展协同方面，京津冀三地党委组织部门达成了“1+9”工作共识，在中央政府的支持下，成立人才协同发展小组。京津冀“人才共享”成为区域协作扶贫的重要组成部分，不断向地区输送物流技术人才。廊坊市充分发挥紧临京津的区位优势，全面深度融入京津冀协同发展战略，加快完善全市物流空间发展格局，加强与北京市副中心、北京大兴国际机场临空经济区、雄安新区联动发展，实现物流区协同发展。

在高等教育与人才培养方面，京津冀三地开展交流活动，加强跨区域校企合作，建立智库交流平台，院校成为培养专业物流人才的主力军。例如，百世集团与天津交通职业学院签订战略合作协议，在产教融合、物流业人才培养方面展开全方位深度合作。双方联合共建的“百世物流科技产业学院”、物流专业群“双师型”教师培训培养基地等相继挂牌成立。

（三）商务会展产业人才政策

河北省为着力解决人才不足问题，构建会展人才培养体系，遵从“引培并举、紧缺优先”的基本原则，加大会展实用型人才和高端知识型人才的引进规模与力度，加快构建政府、科研院校、企业对接的人才联合培养机制，打通河北省会展专业人才和高层次人才服务“绿色通道”。符合河北省人才引进标准的，在工作创新、居住落户、子女教育、创业融资等方面给予充分的政策优待，实行“一张绿卡全程服务”政策。

为搭建会展从业人员成长成才通道，会同省人社厅开展会展设计师职业技能等级认定，遴选第三方评价机构执行。将会展设计师纳入《河北省职业技能培训目录培训课时培训补贴标准（试行）》，并列为急需紧缺工种，对参加会展设计师培训的最高给予 2500 元培训补贴。这些人才政策为河北省会展业健康有序发展、全省经济高质量发展提供了强有力的支撑。

另外，各地制定的综合性人才政策也对商务会展产业人才发展产生了积极的作用。2018年廊坊市委、市政府发布《廊坊市引进高层次创新创业人才暂行办法》，引入100名左右海内外高级“双创”人才及其所在的团队，并吸引大批产业人员，为城市全面发展打下坚实的基础。2020年7月，大兴国际机场临空经济区廊坊片区规划建设领导小组出台《关于促进廊坊临空经济区（自贸区）高质量发展的若干意见》，提出鼓励创新人才机制，实施更为开放积极、高效的人才政策，助力大兴国际机场临空区集聚全球人才。

（四）临空高技术产业人才政策

中部核心功能区在高端人才引进政策的指引下，按照地区人才发展纲要的相关规定，积极做好创新创业人才、高级人才、科研团队的引进扶持工作，并制定相关政策激励技术与管理创新。

北京大兴区持续推进建设高端产业领军人才发展示范区，先后颁布“兴十条”“青年人才十四条”等一系列人才政策，同时开展“新创工程”领军人才评选活动。大兴将发展目标瞄准首都南部发展新高地，快速且高水平地推进大兴机场临空经济区建设，以科技创新为抓手着重培育高精尖产业聚集群，使得人才汇聚效应显著增强。目前，大兴区聚集了来自北京“海聚工程”“高创计划”等的创新创业人才与专家，是推动临空产业快速发展的强大“动力源”。

天津实施“海河英才”行动计划。截至2021年11月底，“海河英才”行动计划累计引进各类人才42万，平均年龄32岁，本科以上学历者占比71%，人工智能、生物医药、新能源新材料等战略性新兴产业人才占比26%。天津市航空航天人才创新创业联盟落户东丽区。东丽区深入实施高新技术企业倍增计划，新增国家高新技术企业72家、增长18.3%。科研院所衍生孵化28家创新型企业，其中瑷车众创空间、执信孵化器获评科技部中国百家特色载体。此外，与清华大学签订深化合作备忘录，构建“一院一园一基金”发展新模式，为吸引临空产业人才提供良好的条件。

河北省“三三三人才工程”政策面向国有企业、事业单位、非公有制组织以及中直驻冀单位中青年专业技术人员开展选拔工作。瞄准国际、国内科技前沿，重点选拔能引领和支撑全省重大科技、关键领域实现跨越式发展的高层次中青年专业技术人才。廊坊临空经济区在人才引进方面，全面放开落户条件，实行灵活的用人机制，对专业技术人才实行聘用制和协议年薪；建立人才跨区域资质互认、柔性引才机制；对来临空经济区发展的海外人才提供工作许可便利，对符合条件的海外人才，协助申请在华永久居住资格；给予人才个人贡献奖励、租购房补贴，在子女入学、入园、就医等方面提供支持；建立人才发展服务机制，为海外人才提供金融、法律、离岸创新创业等配套服务。2020 年 7 月，大兴国际机场临空经济区廊坊片区规划建设领导小组出台《关于促进廊坊临空经济区（自贸区）高质量发展的若干意见》，提出鼓励创新的人才机制，实施更为开放积极、高效的人才政策，推动大兴国际机场临空产业集聚全球人才。

四　存在的突出问题

（一）航空产业人才发展方面

对航空产业来说，人才和创新是产业发展的第一动力，而人才又是创新的载体和基础。航空产业实现高质量发展，取决于强有力的人才支撑。当前航空产业对职业需求的特征非常明显，同时人员供给欠缺问题也十分突出。

1. 航空产业人才需求明显，但人才培养导向较为混乱

航空产业人员需求涉及第二、三产业，从劳动密集型、知识密集型到资本密集型、服务密集型。这使得概括总结航空产业职业需求共性比较困难，各航空产业企业招工难、院校毕业生就业难，也造成了航空产业人才培养导向性混乱的现状。

2. 航空产业就业岗位指向明显，但员工适岗能力欠缺

航空产业的高阶性和多元性决定了职位的多样性与复杂性，其中既有一般性就业职位，又有航空产业独特的职位。航空产业中很多岗位人员不足，

而在岗人员的适岗能力较差。这些多样性的岗位人员从哪里招、怎么招，困扰着航空产业人力资源部门。

3. 航空产业发展的国际趋势明确，但对接国际标准不够

在分析航空产业职业特征和人才供应基础之上，航空产业优质人才画像是“临空指向+航空技术+国际能力+职业素养”，强调人员的国际化趋势。航空产业与其他产业最大的优势就是企业高度参与国际分工，深度融入国际产业链和供应链。航空产业企业希望员工能和境外上下游企业进行有效沟通和妥善对接，但目前员工的这种能力还较欠缺。走出国门、走向世界是航空产业发展趋势，要积极对接世界职业标准，培养国际化航空产业高级人才。

4. 航空产业的人才标准提高，但高技能应用型人才缺乏

对于人才的要求，航空产业的标准越来越高，急需大量的高技能应用型人才。比如航空物流运输速度快，时间、地域跨度大，运输质量要求也高，迫切需要供应链管理等一些高技能应用型人才，这使航空产业对人才有了更高的要求。2021 年，航空航天产业本科生就业人数占比 34.6%，电子通信产业本科就业人数占比 42.4%，高新技术产业本科就业人数占比 24.7%，而这三个行业本科以下就业人数的占比分别为 62.4%、17.4%、68.4%。由此可见，低学历从业人员占比相对较高，航空产业缺乏既懂技术又懂管理的人才，高技能应用型人才需求量较大。

5. 高校难以抓住发展契机，航空人才培养质量不高

航空产业的发展必须依靠人才支撑，要使人力资源转化为具有高附加值的人力资本，进而增强产品优势、技术优势及竞争优势。这其实也为各地高校的专业转型升级提供了机遇，但目前一些高校缺乏科学的发展规划，欠缺转型的勇气。在高等教育普及化的背景下，新建本科航空专业院校的办学软硬件缺乏，出现了学科结构不合理、规模扩张过快的现象，在办学定位上也呈现趋同倾向，人才培养与社会需求脱节，难以满足区域经济发展需要。

（二）现代物流产业人才发展方面

物流业发展取得了较大成就，但整体来看，仍处于由传统物流向现代物

流转型的起步阶段，总体发展水平较低，依然存在较多问题，需要在发展过程中予以改善。

1. 各地情况不同，物流专业人才配置失调

物流产业人才培养滞后，主要表现在：一是关于物流产业人才培养方案，各学校不统一；二是师资缺乏；三是教学知识和社会需求脱节；四是职业教育及培训未与时俱进。

廊坊具有较好的区位优势，但劣势也较明显：一是区域内各种资源相对缺乏；二是城镇人口增长快速，但文化素质整体有待提高，高技能人才欠缺。

北京、天津有相对较多的高技能物流人才，相比之下，河北省就难以吸引到高素质的物流专业人才。当前，京津地区对人才有较大的虹吸效应，人员流动有着明显的地域性和方向性。河北的物流人才流向北京、天津，物流专业人才也大多流向石家庄、唐山等城市。当前物流企业大多数是由原来传统的物流企业转型而来，与现代物流企业要求相比有一定差距。

2. 制度性障碍尚未突破

现代物流产业发展还面临产业人员跨地区流动的制度性障碍。一是户籍和社保有关制度在京津冀三地之间不能衔接。北京和天津的入户政策严控，不利于专业人才按需流动。三个区域的社保水平不统一，社保的跨地区接续存在困难。二是京津冀三地尚缺乏有关物流产业人才发展方面的深度协作，在一定程度上制约了人才的自由流动。

（三）商务会展产业人才发展方面

1. 人才培养目标定位不明确

当前一般把会展人才划分会展核心型人才、会展辅助型人才和会展支持型人才三类。会展核心型人才是指会展项目策划、营销和运营人才；会展辅助型人才具体指精通大型展会设计、布置、搭建、器材生产和销售的专业性人才；会展支持型人才是能为大型展会提供翻译、旅游接待、会务接待等其他相关产品和服务的人才。从需求量来说，企业对会展核心型人才的需求相

对较少，但会展核心型人才作为专业人才，不可或缺。其他两类人才有较多的共通特点，可以通过培训来满足岗位要求。综上，应首先搞清会展企业需要什么样的人才、会展人才应具备哪些技能和知识，从而明确培养目标，避免盲目跟风。

2. 会展专业课程设置与教材不完善

会展行业是近几年的新兴产业，相关知识体系还比较欠缺，理论基础还比较薄弱。例如某些高校的会展专业课程不是以实际需求为导向，而是根据本校的师资力量而设置，这使得不同学校的课程有很大的差异，缺乏系统规划，关联性、整体性较弱，影响学生的职业发展规划。

3. 企业人才培养的目标和理念有些偏颇

对较多企业而言，高层管理者注重技术研发，忽视了员工软实力的提升，这样不仅会影响人才综合素质，而且不利于企业的长久发展。目前，人才培养系统还处于片面化状态，强调知识技能，忽略个人技能、分析理解能力、创新能力等。人才事关企业长久发展，是企业长期健康发展的核心要素，必须从根本上扭转企业在培育理念上的偏颇。

4. 高校实践教学安排不到位

学校教育偏重于理论知识传授，学生实践机会偏少，校企合作没有真正发挥作用。而会展专业对学生的实际操作能力有很高的要求，二者差距将使学生进入工作岗位后较难达到企业和产业的要求。

（四）临空高技术产业人才发展方面

1. 临空高技术产业的科技创新能力受限

京津冀地区的临空高技术产业还处于发展初期，处于全球价值链中低端，科技创新能力较弱，掌握的大多是外围技术，缺乏核心技术，并且科研机构与专业院校较少，无法与快速发展的临空高技术产业形成良性互动。临空高技术产业高速发展的方向是向价值链高端延展、产业结构优化升级，这需要数量巨大的创新型应用人才。若能在临空高技术产业发展初期积极引进高层次人才、加大科研创新投入，那么就能极大地促进临空高技术产业发展。但当前围绕临空高技术产业缺乏高效的人才引进政策和切实可行的人才培养体制，产业科技创新能力较弱。

2. 人才培养教师队伍素质有待提升

教师队伍素质亟待提升是多数临空高技术企业面临的主要问题，这在很大程度上影响了企业的核心竞争力增强。具体而言，一是临空高技术企业过多寄希望于员工的自主学习，忽略了专业、正规的人才培训，造成员工技能较低，不利于向企业人员传输先进的理念；二是在教师队伍选拔上，很多教师并不精通相关技能知识，对所服务的企业缺乏长远的认知，这在很大程度上影响了培训教师的理论水平。总而言之，只有提高培训教师的专业性、事业心及其与企业的紧密关联性，同时促进企业人员培训机制的建立健全，才能从根本上促进企业发展转型。

3. 缺失科学有效的企业人才评价机制

完善科学的人才考评机制，可以激发人才的主动性和创造力，促进人力资源的有效整合，推动企业发展。据调查，一些临空高技术产业缺乏科学有效的人才评价体系，只是强调业绩与工作成果，致使员工忽略自身综合能力的增强，这对企业的长远发展而言极为不利。为此，要从根本上促进临空高技术企业健康发展，就必须构建完善的企业人才考评机制，从人才评估、人才考核、人才培育、企业发展等方面革新突破、深化改革。

五　对策建议

（一）航空产业人才发展方面

1. 提升航空产业配置开放度，加快人才汇聚

建设航空管理中心，积极争取国际性航空组织、国内民航管理部门、国内外大型航空公司等入驻临空经济区；发展航空服务中心，加大航空培训、航空维修、航空信息、航空租赁以及航材供应等航空服务项目引进力度，完

善航空产业链条；建设具有国际影响力的航空技术研发和适航审定基地，掌握国际核心航空技术，构建制定及发布国际适航标准的开放平台；加强航空产业智库平台建设，成立航空产业发展研究院，聚集国内外航空产业高端研究人才和实战人才，加强对产业发展路径、方向的前瞻性研究，为航空产业发展提供智力保障。

2. 形成产业需求导向的航空产业人才培养思路

航空产业需要的优质人才仅靠高校“闭门造车”是无法培养出来的。高校应始终面向航空产业发展需求，紧跟世界航空产业各细分领域的发展前沿，结合自身办学资源和优势，关注航空产业相关岗位要求，明确航空产业人才培养方向。

3. 搭建航空产业人才互动交流平台

根据航空产业及人才梯队的特点，成立人才俱乐部或联合会，促进人才信息、管理理念、创新意识、企业资源等共享；举办航空产业发展论坛、全球性或区域性航空相关会议、特色航展；支持各类社会组织、行业协会在临空经济区举办航空产业、战略性新兴产业高峰研讨会，为高端人才与用人单位之间搭建更高效的交流平台。

4. 强化区域公共服务功能，加强商务配套设施建设

科学规划临空经济区内的公共教育、文化、医疗、体育设施建设，鼓励航空及综合类高等院校建立分校，注重开展具有临空指向性的职业技术教育，如机务维修、安检、值机地服等。加快引进优质医疗资源，满足高端人才医疗服务需求；高标准建设图书馆、体育馆、博物馆、展示展览中心、文化公园等公共文化娱乐设施；参照国际航空枢纽标准，全力打造机场立体综合交通体系，加快机场周边高速路外延规划建设以及临空区断头路和联络线建设。立足机场周边，规划建设一批大型购物中心、高端商务酒店、商务会所等商务配套设施，重点引进品牌折扣店、免税店等生活性商贸设施项目，开设西餐厅、咖啡馆、酒吧等，满足外籍人士和高层次人才需求。

（二）现代物流产业人才发展方面

1. 加大物流产业人才培养力度

推动物流行业产学研用相结合，促进科研成果转化。高等院校要强化物流课程设计，加强师资队伍建设，建立分层次高等教育体系，建设物流产业相关技术实训平台。要开展物流产业的职业教育，建立物流行业从业资格认证制度，明晰物流各种岗位的培养要求与目标，利用外出学习、短期培训、跟班操作等形式提高物流产业人员的在职培训水平，把物流专业人员培养成熟悉物流技术、物流供应链环节并掌握最新信息技术的专家。

2. 强化物流产业人才管理与激励

在物流产业人员管理方面，需要全面筛选、跟踪、落实和评估，并强化人才激励。京津地区国有企业的外迁，北京城市副中心、雄安新区的建设，可以引领并带动大量人才在京津冀区域流动。要以京津冀协调发展、区域人才一体化建设为契机，尽早构建“引得来、留得住、用得妥、流得顺、管得好、出得去、绩效优”的物流人才全环节管理方式和流动机制，充分促进物流产业人才潜力发挥。

3. 开拓京津冀人才合作发展平台

组建物流产业战略联盟，建立京津冀物流人才大市场，定期召开人才工作研讨交流会，举办项目推荐会、洽谈会，完善三地人才信息库、产业项目库，建立人才合作长效机制，打造互联互通、共建共享的区域人才共同体，实现京津冀物流产业的协同发展。

4. 建立物流产业人才创业发展平台

通过提供政府相关部门认定的科技企业孵化器、众创空间、共享办公资源等，打造一批创业创新孵化基地，降低创业者成本，推进“大众创业、万众创新”。与重点高校建立战略合作关系，设立优秀大学生创业扶持基金，实施在校学生定向培养及创业人才成果的定向孵化；加强创业技能培训和创业服务指导，聘请专家担任创业企业顾问团队，围绕项目运营、资金运作、市场前景、团队建设等方面，开展物流产业人才项目评估，定制个性化扶持方案。

（三）商务会展产业人才发展方面

1. 突出应用型和实践型人才培养理念

对于商务会展企业来说，重视培养应用型人才十分重要。从思想上、理念上加以科学有效的指引，制定切实可行的会展人才培养方案。传统的人员培训重视理论体系、忽略实践应用，重视知识传授、忽略服务意识，造成培训内容与实际需要相脱节。在实际中，应结合会展企业人员现有的知识水平、学习水平、认知能力、综合素质等开展有针对性的培训，保证培训内容的适用性，培养真正符合商务会展产业发展需求的实践型人才。

2. 优化课程设置，完善教材体系

深入分析商务会展产业的现实需求与发展趋势，梳理会展人才应具备的专业能力，结合高校学科专业背景和优势，调整优化课程设置体系。专业技能类的课程旨在通过多种形式的实践，既传授给学生会展专业的基本知识，又提升学生的专业素质和技能、实际动手能力。高校应根据自身资源灵活设计专业技能课，明确会展专业定位，助力学生的素质提升。

3. 建立全区域会展人才大数据信息平台

应用现代信息技术以及大数据技术建立全区域的会展人才信息平台，将各地区人才信息收集整理归纳入库，整合区域内人才需求，评估人才供给，统筹区域人才规划，力求建成与商务会展产业发展相适应的人才供需框架体系，搭建合理培养、科学使用与流动的人才信息共享平台。

4. 打造商务会展产业支持配套体系

发展新兴金融，着力倡导新兴金融业态聚集，大力发展商务金融产业、功能性金融总部和多层次资本市场，探索建立离岸金融中心；做大做强商贸会展，构建国际贸易采购中心和电子商务平台，积极推进文化贸易建设，打造高端商务会展平台。

5. 加强区域联动机制，提升行业发展速度

探索组建会展产业人才专业委员会，实行京津冀区域联动发展制度，共同商议制定各项人才政策，日常保持高效的联系，切实为协同发展添砖加

瓦。开展创新管理，实行“引才、荐才、育才”模式，细化不同类型人才的评定、培育、选拔、考评、激励和服务等机制。总结其他地区人才建设的宝贵经验，在一定的范围内建立多类型的专业人才特区。完善人才政策、优化人才环境，创新引智、人才服务、人才管理机制，促进人才总量提升、层次递增、结构分布合理化。

（四）临空高技术产业人才发展方面

1. 构筑临空经济科技创新平台

着力发展临空高技术产业，以重大项目为着力点推进创新成果产业化。加快推动新一代信息技术、新能源新材料、高端制造等新兴产业健康发展，加强航空设备制造、信息技术、生物医药、新材料新能源等研发机构的建设，支持企业与高校、科研院所联合协作，共建共享，推动一批临空产业技术研究院、重点实验室、重点科研基地、工程技术研究中心、企业技术中心建设，促进科技创新机构集群发展。要建立临空经济共享实验室体系，支持中小企业开展科技研发和创新，鼓励高校、科研院所的科研团队带项目整体转化，引导科技人才向关键行业、重点企业、科研和生产一线集聚。另外，应大力发展知识产权代理机构和科技金融机构，为临空高技术产业的科技研发和成果转化提供全方位服务。

2. 完善临空高技术产业人才发展服务平台

整合现有人才信息、政策发布渠道，吸引知名猎头机构等高层次人才中介服务机构落户临空经济区。着力解决临空高技术产业人才在临空经济区的生活配套问题，出台人才吸引、子女入学、家属就业和社会保障等方面的优惠政策。

3. 推动高技能人才与工程技术人才职业互通

在航空高新技术产业方面，专业技术人才取得职业资格即可认定其具备相应系列和层级的职称。采取措施推进职业资格与职称、技能有效衔接，拓宽临空高技术人才的职业发展路径，实现技能等级与管理、技术岗位序列相互比照。

4. 全力塑造高素质的师资队伍

高水平的培训教师队伍，对临空经济区的企业发展有着重要的推动作用，打造一支有高素质的师资培训团队是重中之重。对企业来说，人员素质是关乎企业生存的大事，而人员的素质很大程度上受到培训教师水平的影响。企业应定期实施师资培训计划，对现有培训教师的深造给予经费支持，使培训教师“走出去”，积极了解当前发展趋势、技术要求、经营理念等重要内容，还可以聘请各领域的专家学者。积极邀请本行业的模范到企业从事人员培训工作，通过举办讲座等方式，提升培训教师素质。

5. 构建科学多元的人才考评体系

科学的考评能促进企业人力资源整合，同时促进人才的自我价值实现。对于人员考评，要注重从创新能力、业绩、实践能力、专业知识等方面进行评价，这对调动人员的积极性有重要的作用。考评形式上，可以采用自我评价、部门评价、领导评价、客户评价等多种方式，以实现人员评价手段多元化，充分挖掘人员发展潜力。

第七章
河北雄安新区高端创新创业人才发展状况

按照《京津冀人才一体化发展规划（2017—2030 年）》中提出的“一体、三极、六区、多城”京津冀人才一体化发展总体布局，一是以雄安新区为载体，重点服务北京非首都功能集中承载地建设，加快高端高新产业、高端服务业、公共服务等领域人才集聚，建设高端创新创业人才发展示范区。二是京津冀三地围绕雄安新区建设目标任务，支持制定人才发展计划，集聚规划建设、城市管理、环境保护、产业发展、公共服务等领域高端人才。三是京津冀三地共同持续强化雄安新区人才对外开放力度，实施海外人才汇聚计划，打造区域内国际人才密集区，助力雄安新区开放发展先行区建设。

本章以高端创新创业人才发展为核心，着重就河北雄安新区人才集聚、人才政策及体制机制展开研究，分析存在的问题，并有针对性提出对策建议。

一　河北雄安新区概况

（一）河北雄安新区的定位

2017 年 4 月 1 日，中共中央、国务院决定在河北省的雄县、容城、安新三县及周边部分区域设立国家级新区——雄安新区。这是以习近平同志为核心的党中央深入推进京津冀协同发展作出的重大决策部署，是继深圳经济特区和上海浦东新区之后又一具有全国意义的新区，是千年大计、国家大事。习近平总书记在党的十九大报告中对京津冀区域协同发展的阐述是"以疏解北京非首都功能为'牛鼻子'推动京津冀协同发展，高起点规划、高标准建设雄安新区"。雄安新区未来有两大任务，一是帮助北京非首都功能疏解，解决人口膨胀、住房紧张、环境恶化、资源短缺等"大城市病"；二是规划建设好新城区，避免产生"大城市病"。

（二）河北雄安新区的人才定位

按照《京津冀人才一体化发展规划（2017—2030年）》中提出的"一体、三极、六区、多城"京津冀人才一体化发展总体布局，一是以雄安新区为载体，重点服务北京非首都功能集中承载地建设，加快高端高新产业、高端服务业、公共服务等领域人才集聚，建设高端创新创业人才发展示范区。二是京津冀三地围绕雄安新区建设目标任务，支持制定人才发展计划，集聚规划建设、城市管理、环境保护、产业发展、公共服务等领域高端人才。三是京津冀三地共同持续强化雄安新区人才对外开放力度，实施海外人才汇聚计划，打造区域内国际人才密集区，助力雄安新区开放发展先行区建设。

人才是创新的根基，创新驱动实质上是人才驱动。可见，具有高水平专业知识、意识、能力的人才将是新区发展的根本驱动力。2018年4月10日，雄安新区管委会和河北省人社厅提出"创新引智引才机制，坚持'靠事业聚人、靠公平选人、靠机制用人、靠服务留人'"。[①] 2018年4月20日，中共中央、国务院在对《河北雄安新区规划纲要》的批复中强调，集聚高端创新人才，培育创新文化和氛围。要创新政策环境，制定实施一揽子政策举措，确保疏解对象来得了、留得住、发展好。因此，紧紧围绕新区功能定位

① 《雄安新区引才提出"四靠"总要求》，http://hebei.hebnews.cn/2018-04/10/content_6841513.htm，2018年4月10日。

和发展需要，坚持“世界眼光、国际标准、中国特色、高点定位”，通过建立可持续的人才机制，引进适应性强、专业性强、创新转化能力强的人才，加快专业化、创新型人才队伍建设，打造具有雄安特色的人才机制长廊，将是实现雄安新区创新高地和创业新城的战略需要。

《河北雄安新区规划纲要》提出，瞄准世界科技前沿，面向国家重大战略需求，积极吸纳和集聚创新要素资源，高起点布局高端高新产业，大力发展高端服务业，构建实体经济、科技创新、现代金融、人力资源协同发展的现代产业体系。可以看出，“高精尖缺”领域人才是制约当今雄安新区发展的短板，人工智能、生物医药、装备制造、现代金融、人力资源管理等行业的人才是短期内急需吸纳的对象。同时，根据《关于加强京津冀产业转移承接重点平台建设意见》，行政事业单位、总部企业等服务型机构也是雄安新区需要承接的重要方面，这将促使北京大批人才转移，随着这些机构的不断发展，还会创造行政管理、高新技术、教育、金融等新的就业机会，从而催生对人才需求的井喷效应。因此，为了适应新区快速发展需求，科技创新人才、专业领军人才、具有国际视野的综合型人才的大力引进将是未来雄安新区人才政策的重心。①

二　雄安新区人才集聚现状

（一）高端高新产业人才集聚现状

1. 高端高新产业布局及发展现状

2017 年 12 月 20 日，京津冀共同发布《关于加强京津冀产业转移承接重点平台建设的意见》，对雄安新区高端高新产业进行了整体布局，初步明确了京津冀“2+4+46”产业转移承接重点平台，即北京城市副中心和河北雄安新区 2 个集中承载地、4 个战略合作功能区，以及 46 个专业化、特色

① 曾红颖：《雄安新区人才发展战略思考》，《前线》2018 年第 5 期，第 79~81 页。

化承接平台。平台紧紧围绕北京城市副中心、河北雄安新区功能定位，吸纳和集聚创新资源要素，打造创新产业集群，促进产城融合、职住平衡。河北雄安新区重点发展高端高新产业，打造创新高地和科技新城。

按照现代制造业、服务业、农业等领域，沿京津、京保石、京唐秦、京九方向，合力共建现代制造业承接平台，加快推进环首都承接地批发市场、冀中南承接地批发市场聚焦带、环首都一小时鲜活农产品流通圈等一批服务业承接平台建设。目前46个承接平台中，共涉及协同创新平台15个，现代制造业平台20个，服务业平台8个，农业合作平台3个。①

2. 高端高新产业人才聚集现状

根据对雄安新区高端产业的布局，雄安新区人才工作也紧锣密鼓地展开。作为高端人才聚集的机构，中国科学院雄安创新研究院发布招贤纳士信息：建立绩效和股权激励相结合的薪酬体系，为员工提供具有竞争力的薪酬保障，录用后，不仅为员工提供科研办公用房、食堂等保障，还协助解决员工住宿、子女入学入托等问题。

此外，雄安新区根据建设发展需要，不断发布面向全国机关事业单位和国有企业的“选调人才”信息，旨在建设高端高新产业集聚区，“聚天下英才而用之”，吸引了一批批高端高新产业人才。“人才不振，无以成天下之务。”毋庸置疑，要实现高质量发展，创新是第一动力，人才是第一要素。新区始终按照“世界眼光、国际标准、中国特色、高点定位”要求，坚持创新选人用人机制，通过打破地域和身份界限广揽英才，持续提升软硬环境吸引力，全力打造高质量发展人才高地。为建设新时代高质量发展的全国样板，雄安新区自设立以来，积极协调各方人才的参与。规划阶段，聚集了全球3500多名专家和技术人员，高标准高质量编制形成了“1+4+26”规划体系。5年多来，雄安柔性引进中国工程院院士、国务院政府特殊津贴专家等高端高新人才12名。新区、三县及雄安集团通过社会招聘、校园招聘、定

① 梁林、武晓洁：《治理群簇视阈下国家级新区人才流动预测及治理研究——以雄安新区为例》，《科技管理研究》2020年第17期，第88~96页。

向招录等方式，面向清华大学、北京大学等“双一流”高校择优选录或招聘1000余名高学历人才。①

引才政策的实施虽然引入了大量急需人才，但仍难以满足新区高端高新产业快速发展的需要。《2021年雄安新区急需紧缺人才目录》发布了364家用人单位、1697个工作岗位、1.1万条急需紧缺人才信息，同比分别增长91%、50%和45%。诸多高新技术产业的人才需求旺盛，如软件和信息技术服务业人才需求为356人，占3.29%；互联网和相关服务业人才需求为151人，占1.39%；科技推广和应用服务业人才需求为138人，占1.27%；非金属矿物制品业人才需求为105人，占0.97%；科学研究和技术服务业人才需求为50人，占0.46%；生态保护和环境治理业人才需求为22人，占0.20%；信息传输、软件和信息技术服务业人才需求为21人，占0.19%；农副食品加工业人才需求为5人，占0.05%（见表7-1和图7-1）。目录从行业类别、专业要求、薪酬待遇、引才来源、引才方式、急需紧缺程度等多维角度，清晰反映了当前新区人才需求情况。雄安新区急需紧缺人才目录的发布，对全国高端高新产业人才形成了强大的吸纳效应，雄安新区高端高新产业人才聚集态势已初步形成。

从引才来源看，2021年新区人才目录显示，新区面向国内引进高端高新产业人才仍是主旋律。坚持人才来源于国内的岗位1556个，占比91.69%（需求人数10049人，占比92.8%），明确提出在新区内引才的岗位6个，占比0.35%（需求人数9人，占比0.08%），引才来源中仅为雄安本地的岗位39个，占比2.29%（需求人数101人，占比0.93%）。既可接受雄安本地也可接受国内其他地区的岗位仅5个，占比0.29%（需求人数27人，占比0.25%）。明确要求在国内一线城市的岗位为4个，占比0.23%（需求人数6人，占比0.06%）。空白和不限区域的岗位为87个，占比5.13%（需求人数637人，占比5.88%）。从技术职称来看，2021年新区人才目录中标注无（不限）职称的岗位1499个，占比88.33%，副高以上职称的岗位38

① 刘鑫：《雄安新区高层次人才引进问题及对策研究》，燕山大学硕士学位论文，2021。

表 7-1　2021 年雄安新区高新技术产业所需人数及占比

单位：人，%

所属行业	所需人数	占比
软件和信息技术服务业	356	3. 29
互联网和相关服务业	151	1. 39
科技推广和应用服务业	138	1. 27
非金属矿物制品业	105	0. 97
科学研究和技术服务业	50	0. 46
研究和试验发展	49	0. 45
电信、广播电视和卫星传输服务	43	0. 40
电气机械和器材制造业	25	0. 23
生态保护和环境治理业	22	0. 20
信息传输、软件和信息技术服务业	21	0. 19
有色金属冶炼和压延加工业	17	0. 16
计算机、通信和其他电子设备制造业	16	0. 15
金属制品业	11	0. 10
农副食品加工业	5	0. 05
通用设备制造业	5	0. 05

资料来源：根据《2021 年雄安新区急需紧缺人才目录》发布的数据整理。

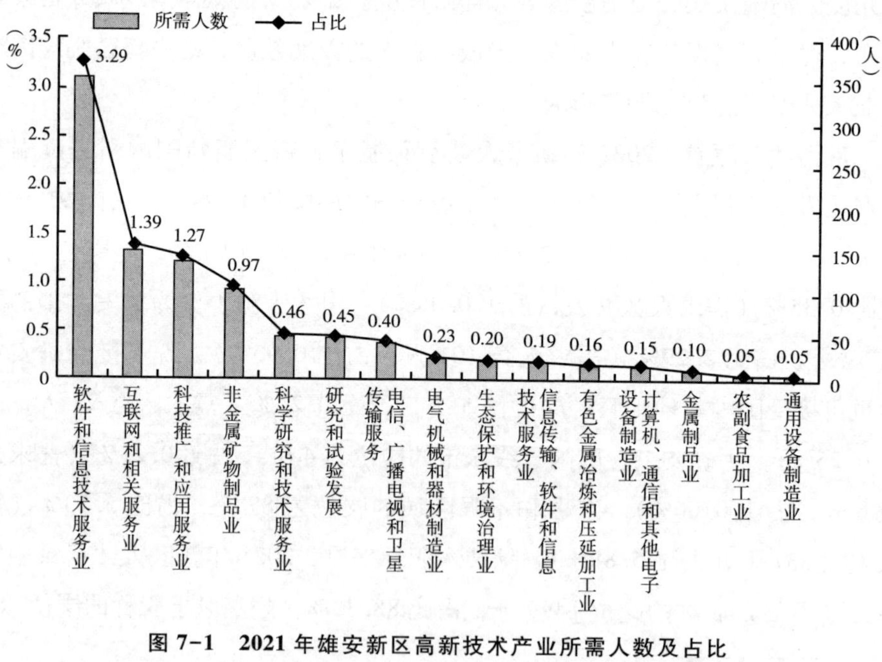

图 7-1　2021 年雄安新区高新技术产业所需人数及占比

资料来源：根据《2021 年雄安新区急需紧缺人才目录》发布的数据整理。

个，占比 2. 24%，其他职称要求的岗位合计 160 个，占比 9. 43%。考虑到雄安新区当前处于承接北京非首都功能疏解和建设同步阶段，需要职称的单位数量较少，符合实际情况。

同时，以上数据还表明，对人才职称要求放宽，注重能力、业绩、价值成为新区引进人才的评价标准。从 2016 年《关于深化人才发展体制机制改革的意见》出台到职称制度改革，以及人才分类评价制度不断完善，新区更加注重各类人才的实绩和能力，这是契合当前人才评价制度发展需求的突出特征。

综上所述，根据“绿色生态宜居新城区、创新驱动发展引领区、协调发展示范区、开放发展先行区及贯彻落实新发展理念的创新发展示范区”的功能定位及重点建设任务，雄安新区未来将形成以高新技术产业和现代服务业为主导的现代化经济体系。这一阶段新区将更加依赖于各类高端人才，其中以自主创新为核心的高新技术产业人才、各类海内外高端技术人才以及各类经营管理和急需紧缺人才将受到青睐，人才自主创新创业的规模效应将使人才引领产业发展成为可能，更加需要与产业及科技创新紧密衔接的国内外高端人才、紧缺专门人才和领军人才。产业体系初步形成和功能提升阶段则需要大批推动产业高质量发展的各类高端人才，这有助于新区成为我国高端高新产业人才的一个新的聚集高地。①

（二）高端服务业人才集聚现状

根据中央对雄安新区的规划建设意见，其中在发展高端服务业方面，要重点承接北京的软件、信息以及咨询等领域的优势企业，还有现代物流、电子商务等企业的北京总部。经过一段时期的建设，雄安新区金融服务、科技创新、智慧医疗以及智慧物流等行业取得了长足的发展。中国人保在雄安新区的业务发展最为迅速，京东金融为雄安新区金融业的发展贡献了重要力量。同时，科技创新企业也呈现出蓬勃发展态势。作为互联网创新企业的知

① 田恬：《雄安新区全力打造适应高质量发展人才高地》，《河北日报》2022 年 5 月 17 日。

名公司，百度率先在雄安设立机构并积极开展相关业务。河北雄安玖壹生态科技有限公司作为河北企业也积极投身于推动新区的科技进步。菜鸟雄安网络科技的入驻为推动雄安新区智慧物流发展提供了强大的动力。

基于高端服务业发展趋势，到 2021 年末，雄安新区高端服务领域人才急需紧缺程度居高不下。从各单位发布的岗位信息看，教育培训、医药卫生等岗位的人才急需程度较高，商业服务、教育、医学、市场营销等领域的人力资源需求很大。根据《2021 年雄安新区急需紧缺人才目录》，商务服务业类岗位需求人才 1486 人，占比 13.72%；教育类岗位需求人才 909 人，占比 8.39%；医疗卫生/护理/保健类岗位需求人才 603 人，占比 5.57%；公关/市场营销类岗位需求人才 576 人，占比 5.32%（见表 7-2 和图 7-2）。雄安新区高端服务业人才聚集效应已经凸显。

表 7-2　2021 年雄安新区高端服务业所需人数及占比

单位：人，%

岗位所属类别	需求人数	人数占比
商务服务业类	1486	13.72
教育类	909	8.39
医疗卫生/护理/保健类	603	5.57
公关/市场营销类	576	5.32
贸易/销售/业务类	507	4.68
行政/人力资源管理类	415	3.83
财务类	310	2.86
综合管理类	203	1.87

资料来源：根据《2021 年雄安新区急需紧缺人才目录》发布的数据整理。

（三）公共服务人才集聚现状

设立雄安新区是集中疏解北京非首都功能，探索人口经济密集地区优化开发新模式，调整优化京津冀城市布局和空间结构，培育创新驱动发展新引擎的历史性战略选择。

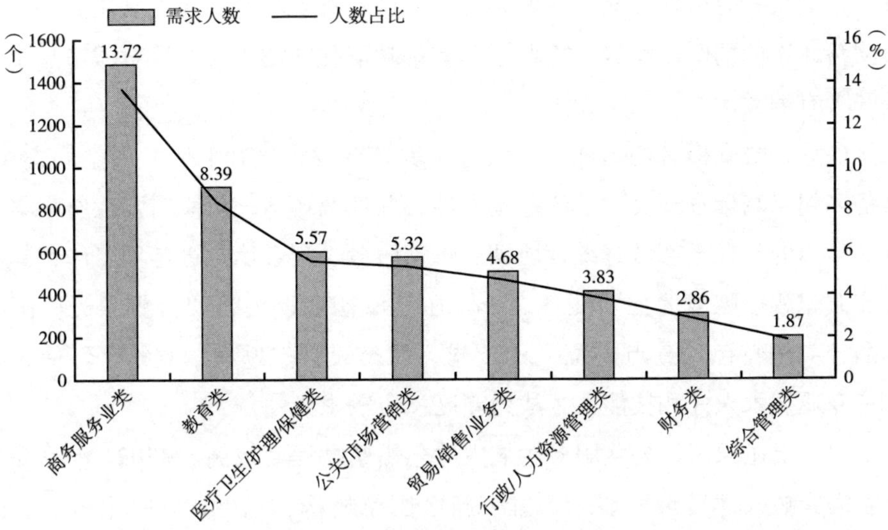

图 7-2　2021 年雄安新区高端服务业所需人数及占比

资料来源：根据《2021 年雄安新区急需紧缺人才目录》发布的数据整理。

首先，雄安新区以打造样本性公共服务体系为目标，力图通过雄安新区的示范效应，引领我国公共服务体系科学化和规范化，使雄安新区成为高质量公共服务的高地。在此过程中，坚持民生民本理念，从切实需求出发，面向未来着重完善公共交通等基础设施，为高质量服务体系的建立夯实基础。完善社会保障制度，为人才引进提供优质的软环境。[①] 加大教育、文化、医疗等领域的投入，搭建高质量服务体系的基本框架。在全国率先打造多层次、多主体、网格化、人性化的公共服务合作网络，为全国高质量公共服务探索与发展提供可借鉴可复制的“雄安经验”。

其次，雄安新区高质量公共服务合作网络体系的建构契合了京津冀区域协调发展的现实要求。党的十九大报告进一步强调从京津冀区域协调发展的战略高度推进雄安新区的高质量建设。雄安新区高质量公共服务体系的建构依赖于京津冀协同发展的土壤根基，仰赖于京津冀区域价值理念、制度安

① 张可云、孙鹏：《雄安新区城市发展、空间作用演化与冀中南地区协同》，《河北学刊》2020 年第 6 期，第 139~146 页。

排、政策工具等合作要素的深度融合。此外，雄安新区在建构高质量公共服务网络体系的同时，积极承接北京非首都功能疏解的优质资源对城市品位的提升大有裨益。

最后，雄安新区的选址主要考虑了现有开发程度较低、发展空间充裕、具备高起点高标准开发建设的基本条件，前期准备这一阶段需要政府集聚大批高素质的党政干部做好统筹协调、管理服务、社会稳定等各项工作，其中干部调配和招聘成为主要任务之一。在建设初期，按照“世界眼光、国际标准、中国特色、高点定位”的要求，城市设计、勘察、测绘、环保、建设等专业技术人才和技能人才成为新区重点需求人才。

基于上述原因，公共服务领域人才急需紧缺程度较高。《2021 年雄安新区急需紧缺人才目录》显示，雄安新区国家机构、卫生、居民服务业、公共管理、社会保障和社会组织等行业的人才需求最大。其中，国家机构需要人才总量 2428 个，占比 22.42%；卫生需要岗位总量 691 个，占比 6.38%；居民服务业需要岗位总量 180 个，占比 1.66%；公共管理、社会保障和社会组织需要岗位总量 44 个，占比 0.41%；社会保障需要岗位总量 30 个，占比 0.28%；公共设施管理业需要岗位总量 28 个，占比 0.26%（见表 7-3 和图 7-3）。随着雄安新区建设的推进，会有更多的各级各类公共服务人才流入，雄安新区将成为中国公共服务人才聚集地。

表 7-3　2021 年雄安新区公共服务业所需岗位数及占比

单位：个，%

专业类别	岗位数	占比
国家机构	2428	22.42
卫生	691	6.38
居民服务业	180	1.66
公共管理、社会保障和社会组织	44	0.41
社会保障	30	0.28
公共设施管理业	28	0.26

资料来源：根据《2021 年雄安新区急需紧缺人才目录》发布的数据整理。

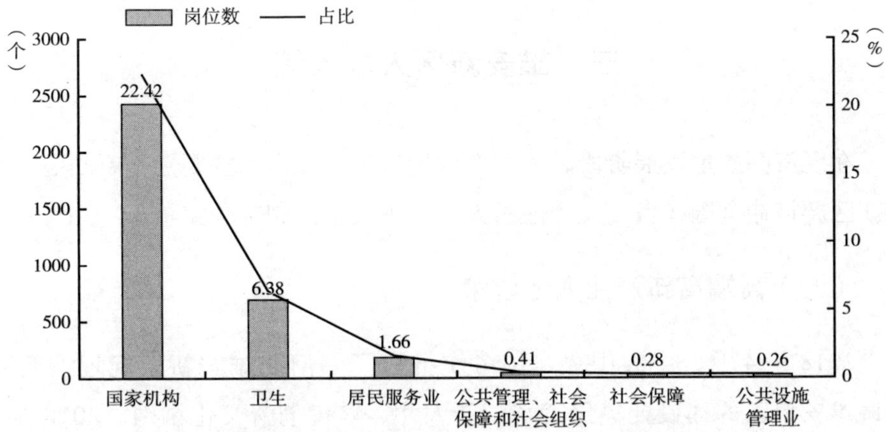

图 7-3　2021 年雄安新区公共服务业所需人数及占比

资料来源：根据《2021 年雄安新区急需紧缺人才目录》发布的数据整理。

（四）服务北京首都功能集中承载地建设的人才集聚效应

随着雄安新区的迅速发展和北京非首都功能疏解有序推进，北京的大批产业、创新基地、企业总部、部分高校和事业单位等有序疏解到雄安新区。新区成为北京外溢人才的集聚地。来自产业、基地、企业总部、高校、科研机构等领域的人才成为支撑新区稳定发展的重要力量。因北京非首都功能疏解而迁移到雄安新区的各类人才，是雄安新区所需要的重要人才。

雄安新区适时制定《关于加快聚集支撑疏解创新创业新人才的实施方案》并提出“新人才”理念。“新人才”指的是符合新区发展需要的各类人才，并非等同于高端人才。雄安新区当前和今后一段时间将处于边建设边发展的时期，第一类是随着大规模开发建设全面展开，迅速引入懂规划、懂设计、懂施工、懂监理、懂智慧城市等方面的专业人才。第二类是随着新建片区的陆续建成，引进安全监管、综合执法、城市管理、园林绿化、生态环保、社区服务等方面的管理人才。第三类是立足新区高端高新产业定位，逐步吸引新一代信息技术、现代生命科学、新材料、高端现代服务、绿色生态等领域的研发和经营人才。

三　雄安新区人才政策

在经济高质量发展阶段，人才作为发展第一要素的重要性不断凸显，雄安新区要打造全国样板，尤为注重人才引进政策的制定和完善。

（一）高端高新产业人才政策

2018 年 4 月，中共中央、国务院批复了《河北雄安新区规划纲要》，强调雄安新区的建设要集聚高端创新人才，培育创新文化氛围。2018 年 9 月，《中共中央 国务院关于支持河北雄安新区全面深化改革和扩大开放的指导意见》指出，要加强新区的人才建设，制定符合当下发展环境的人才引进机制，打造高端人才聚集区，汇聚世界各地高层次人才，将人才优先发展作为核心的战略目标，建立符合自身发展需求及用人需求的选用人才机制，并完善相应的配套激励体系，不断改善就业及创业环境，形成独具优势的人才制度。2019 年 1 月，国务院发布《关于河北雄安新区总体规划（2018—2035 年）的批复》，指出雄安新区要实施创新驱动发展战略，对标国际大力发展高新技术产业，创新人才引进体制机制，借鉴全球创新驱动发展经验。

河北省人社系统围绕雄安新区需求，引进高端人才，以实际行动支持雄安新区构建具有国际竞争力的人才工作机制。比如，通过实施“百人计划”、举办各类招才引智大会和专家联谊会等方式，引进一批国家级高层次人才；充分发挥省驻外引智工作站等的渠道作用，引进新区急需的“高精尖缺”海内外高端人才；通过顾问指导、短期兼职、候鸟服务、对口支持等方式柔性引进海内外高层次人才；围绕新区需要，重点引进规划设计、城市规划、生态环保、高新产业等方面的海内外高端人才。

具体措施主要包括：完善人才子女入学政策，为高层次人才子女入学提供便利；设立出入境服务站，为外籍人才提供全面的出入境和居留便利服务；大力搭建人才载体平台，对新区创新创业者，加大服务保障力度，实现人才“拎包”创业；对在雄安新区工作的外省市专业技术人才的职称将直接认定；支持雄安新区企事业单位设立博士后科研流动站、博士后科研工作站，共建雄安新区留学人员创业园。①

2017 年 12 月 4 日，国家外专局与省政府在石家庄签署《引进外国人才智力支持雄安新区建设和冬奥会举办合作框架协议》，通过建设国际化高标准引才引智平台，精准引进外国高端人才和智力，打造国际化高层次人才队伍，推动教育机构实施“111 计划”，开展引才引智系列高端活动。根据框架协议，国家外专局和省外专局将支持雄安新区打造全球人才服务中心，支持和引导国内外知名人力资源服务机构总部落户雄安新区，引进一批诺贝尔奖获得者等外国高端高新产业人才，并为每一位高端高新产业人才的成长搭建平台，为来新区的各类人才创造良好的工作生活环境。

（二）高端服务业人才政策

近年来，河北省政府十分重视高层次人才相关工作，认真落实以质量为核心的人才强冀新战略，启动和实施了“全球高端人才延揽计划”“京津冀协同发展引智计划”“冬奥人才发展工程”“引智共建蓝天计划”“民生引智计划”等，逐年加大对人才开发的专项投资，优化人才生态环境，为雄安新区建设初期高层次人才的引进搭建平台，提供机遇，并将雄安新区人才引进工作作为重点内容，纳入省人才引进政策，如出台《引进外国人才智力支持雄安新区建设和冬奥会举办合作框架协议》，实施“雄安新区人才集聚工程”等。

河北省不断强化公共服务供给机制改革，大力推进现代教育体系建设，不断创新医疗卫生体系和制度，着力完善社会保障和就业创业体系，有效保障和改善民生。同时，强化选人用人机制改革，建立高端服务业人才引进与激励政策体系，优化就业创业、成长成才环境，形成具有国际竞争力的人才

---

① 《雄安新区引进高端人才将实行一人一策特事特办》，https：//tj. focus. cn/zixun/b64e4f631926b86d. html。

政策优势。

《2019年河北省引才引智工作要点》指出，要为雄安新区规划建设提供人才和智力支撑。河北省制定了多项人才引进措施，举办以“智慧雄安”为主题的高端外国专家论坛等系列活动；以“外国院士工作站”为切入点，主动拓展国际资源，主动邀请各国的知名人力资源机构在雄安新区建设总部；建设国际化高标准引才引智平台，精准引进教育、医疗、创新创业等方面的高端人才，打造国际化高层次人才队伍。

（三）公共服务人才政策

为了推进雄安新区公共服务质量提升，吸引各方人才扎根雄安创新创业，有序承接北京非首都功能疏解，合理控制人口规模，不断优化人口结构，留足城市发展所需人才的“弹性空间”，2021年1月1日雄安新区管委会出台了《河北雄安新区居住证实施办法（试行）》《河北雄安新区积分落户办法（试行）》（以下简称“两个办法”），自2021年起在雄安新区试行居住证和积分落户制度。

《河北雄安新区居住证实施办法（试行）》适用于雄安新区内居住证的申领、发放、使用等相关服务管理活动，包含政策制定依据、适用范围、申领条件、权益保障、积分管理等内容；《河北雄安新区积分落户办法（试行）》面向在雄安新区合法稳定就业并居住的非雄安新区户籍人员，包含政策制定依据、积分落户条件、积分标准、北京非首都功能疏解转移人口落户积分、办理程序等内容。两个办法的制定出台，向五湖四海的英才投身“千年大计、国家大事”敞开了大门。

根据雄安新区积分落户办法，积分落户计划不设定值，按年度进行调整，富有更多弹性和可能性。[①] 雄安新区将贯彻中央对新区规划建设、社会经济发展节奏的统筹安排，落实河北省委、省政府要求，结合基础设施、公

① 朱叶珊：《雄安新区人才资源重构机理与治理策略研究》，河北工业大学硕士学位论文，2019。

共服务水平等保障能力实际情况，综合考量新区人口规模、结构等因素，制定积分落户年度计划。雄安新区现行的落户渠道主要有雄安新区生源大中专应届毕业生回原籍、直系亲属投靠、人才引进落户等。对于符合北京非首都功能疏解要求、雄安新区特别需要的产业和人才，还将开通人口管理服务“特别通道”。

2021 年 12 月 31 日，雄安新区进一步印发《河北雄安新区积分落户实施细则（试行）》，提出坚持总量调控、结构优化、公平公正、规范有序的原则，合理控制雄安新区人口规模，优化人口结构，全力做好新区积分落户工作。

（四）服务北京首都功能集中承载地建设相关人才政策

2020~2021 年雄安新区先后出台《河北雄安新区居住证实施办法（试行）》和《河北雄安新区积分落户实施细则（试行）》。两项实施办法的推出，标志着新区在户籍制度上取得新的突破。取得居住证的人才在子女教育、就业服务、文体服务等方面可适用优惠政策，在出入境、身份证办理、职业资格认定和计划生育等方面享受便利，为人才扎根雄安提供了坚实的制度保障。居住证的申请条件也体现了新区人才政策的开放性和包容性。在新区居住满半年，且在就业、住所和就读等方面满足要求的，即可获得居住证的申请资格，甚至对于符合北京非首都功能疏解的人才，可不必审核上述条件，直接申请。

与之相配套，雄安新区的居住证积分制度则体现了对人才的人文关怀。居住证持有者可根据各项条件积分，当分数达到规定数额时，持证者可享受相应的便利条件和福利。各项便利和福利涉及住房、教育、养老等，切实保障了迁入人才的工作生活需求。同时，积分制度还与落户制度挂钩，当居住证持有者积分累计达到落户条件后，可获得落户资格。这一政策的实施极大地拓宽了雄安新区引才、用才的渠道，保证了新迁入人才“来得了、留得住、发展好”。雄安新区正处于城市和产业布局阶段，居住证和积分制度的实施增加了新区对各类人才的吸引力和凝聚力，“属地化管理、市民化待遇”使迁入人才能够较快地融入城市，增强归属感和认同感。同时，人才政策的实施也是雄安新区打造人才高地，树立引才、用才标杆的体现。

四　存在的突出问题

（一）高端高新产业人才发展方面

1. 雄安新区人才聚集力不足

就产业集聚与人才集聚的互动来说，产业集聚能够引致人才集聚。从产业布局来看，雄安新区未来的发展方向应是央企总部的聚集地。雄安新区有来自在京高校和研究院所的人才和技术支撑并且有大量央企开展试点，理论上是“产研结合”的完美方式。但是，单纯以行政划拨方式向雄安新区置入创新要素，远远不能保证高端人才和产业落地生根。雄安新区从规划到实践之路依然漫长。由此，雄安新区人才集聚存在阻碍，人才生态系统的人才要素短板明显。

通过对雄安新区人才生态系统的研究，从存量人才、引才特征等视角发现雄安新区人才存量小、质量低，人才基础薄弱。[①] 此外，从人才籍贯来源或现居住地来源、学历构成等角度，雄安新区除了对京津冀地区的人才吸引力较大外，仅对东三省、中部地区个别省份的人才有一定的吸引力，而对东南沿海、西北、西南地区的人才吸引力较弱。结合雄安新区产业发展目标分析，发现高端高新产业发展所需人才大多集中在北上广深等发达地区，然而，雄安新区对上海等长三角地区、深圳等粤港澳大湾区等发达地区的人才吸引力较弱，无法满足用人需求。人才集聚水平不高是阻碍产业发展的重要障碍，现有人才集聚能力不能为雄安新区产业高质量发展提供人才支撑。

2. 高端高新产业人才总量不足

雄安新区所辖三县的总人口数共计 115. 25 万人，可推算出雄安新区现

① 武苏粉、杨艳杰、郭全芳、边圆围：《雄安新区高层次人才柔性引进政策研究》，《商展经济》2022 年第 8 期，第 114~117 页。

具备大专学历以上水平的人数超过 7 万人，但依照本研究的标准，大专学历不能算作高端高新产业人才范畴，可见雄安新区大学及以上学历人员会更少。根据《河北科技统计年鉴 2021》，2020 年河北省研究与试验发展人员共有 168954 人，折合成全时人员的话，为 103274.7 人年。其中保定市为 30062 人，占保定市常住人口的 0.3%。按此比例来推算雄安新区，雄安新区研究与试验发展人员大致为 3457 人，而北京市 2020 年研究与试验发展人员为 39.7 万人。目前，在新区开展研究的高端高新产业人才不多，主要采用人才共享模式，如雄安设计中心等单位通过采用与一流高校、规划设计企业合作入驻的方式，专家学者在开展研究项目过程中在新区工作，项目结束便离开。这种方式有利于缓解新区对高端高新产业人才的迫切需求，但新区高端高新产业人才存量没有真正增长，本质上高端高新产业人才仍供不应求。

3. 高端高新产业人才满意度低

人才满意度是评价一个地区人才引进成效的重要指标。新区成立以来，引进了大批高端高新产业人才，人才数量显著增加，但是存在“重引不重留”的问题。对新区工作的高端高新产业人员的满意度调查结果显示，大部分高端高新产业人才对工作的满意度偏低，这也是新区在引入人才成效不佳的最主要原因。高端高新产业人才对当前服务保障机制、工作上升空间、价值发挥等的满意度基本都在均值以下，尤其是对医疗、住房的满意度最低，而这两项是高端高新产业人才在选择工作地点时优先考虑的因素。高端高新产业人才对人才政策、交通条件、人文科技环境等指标的评价中等，相对认可。通过交叉统计发现，在人才政策、薪酬福利、人才价值发挥、工作上升空间方面，学历层次越高的人，满意度越低，总体上呈反比关系。对人才引进政策的评价，硕士及以上学历的人才大部分认为政策出台慢、政策体系不健全，其对薪酬福利和社会保障的满意度普遍低于大学本科学历人才。

总体来说，高端高新产业人才对现状的满意度偏低，对人文环境、交通条件、自然环境的评价较高。其中在关乎人们日常生活的方面，高端高新产业人才比较注重的医疗、住房和社会保障等方面的评价不高，减弱了高端高新产业人才迁入雄安新区的意愿。[①]

（二）高端服务业人才发展方面

1. 高端服务业人才供给量严重不足

首先，雄安新区人才供给增速略慢于行业需求，且高学历者增长速度放缓。高端服务人才的积累需要一定的时间，尤其是高技术人才、核心人才和国际化人才。今后一段时间内，雄安新区对具备国际视野和经营管理能力的高素质人才的需求将达到 10 万人以上。其次，人才在数量和结构上与高端服务业发展的匹配度低。现有人才结构难以适应雄安新区快速发展的需要，许多高端服务行业的优势难以发挥。如原本具有特色的电子信息产业和金融行业，由于人才缺乏，许多业务无法展开、增长速度放缓。而现代物流、新能源、科技咨询等新兴服务业所需人才更是供不应求。高精尖及核心人才储备不足，领军人物难以发挥价值。缺乏人才培养环境，未形成梯队制度，缺少对人才引领。在人才引进方面，对人才的奖励更多偏向于采取传统手段，大环境有待优化。[②]

2. 高端服务业人才培养体系不完善

高端服务业对从业人员的综合素质和能力要求较高，从业人员不仅要掌握专业知识，还要有丰富的行业经验。雄安新区所需人才不仅要有专家级知识储备，还要有国际视野，更要懂金融、会外语、通晓国际规则和管理，但目前这类人才大多集中在北上广深等一线城市。通过实施人才引进政策虽然在一定程度上缓解了燃眉之急，但如此大量的人才需求仅靠外部引进是远远不够的，内部培养才是长久之道。雄安新区高质量服务人才培训体系尚未建立，人才培养缺乏层次性，区域内高校、科研院所和高端培训机构严重不

---

① 张慧芳、王新雷：《雄安新区应用型技术技能型人才培养模式探析》，《就业与保障》2020 年第 4 期，第 12~13 页。

② 周爱军：《雄安新区人才生态环境评价与涵养路径》，《河北学刊》2021 年第 6 期，第 147~152 页。

足，与雄安新区产业对接的培训系统还处在缓慢发展阶段。此外，针对高端人才的培训需要大量的资金支持，企业难以负担。

3. 高端服务业人产匹配性有待提高

创新与高端服务业人才集聚存在互动关系，两者可正向作用于区域经济发展，即创新与高端服务业人才集聚在促进区域经济发展过程中存在共轭效应。总体来说，创新与高端服务业人才集聚的相互影响程度、协调一致程度对区域经济发展都会产生影响，相对而言，创新与高端服务业人才集聚的协调一致程度对区域发展的意义更为关键。在相互作用并共同促进区域经济发展的过程中，区域经济发展可能受到积极影响，但两者的协调一致程度若低于特定水平则反而可能不利于区域经济发展。目前，雄安新区高新技术产业对于服务人才的需求量较大，且呈现增长态势。而现有雄安新区对于高端人才的吸引措施仍停留在顶层设计层面，在产业发展与创新培育方面的吸引力不足。

（三）公共服务人才发展方面

1. 公共服务人才政策体系不够完善

公共服务人才资源是地区经济发展的支撑。雄安新区公共服务人才严重短缺最关键的是公共服务人才引进政策不完善、落实不彻底，并且人才政策的全面性和影响力远低于一线城市。很多毕业生在选择就业地点的时候，是非常看好新区的发展前景的，但因政策不完善而产生了一些顾虑，导致人才引进工作难度加大。雄安新区自成立以来，加强人才引进，着力吸引适应高质量发展需要的人才，着力打造人才特区。但综观政策的数量与内容，集中于高端产业和高端服务业，公共服务人才政策过少，指导性政策和细化政策、引进政策和服务保障政策等尚未形成体系，导致公共服务人才流入缓慢。①

2. 公共服务发展水平制约人才聚集

雄安新区正处于快速发展过程中，经济发展水平不高，公共服务水平有

① 熊兴国：《雄安新区创新创业人才政策研究》，《经济论坛》2021 年第 3 期，第 138~142 页。

待提升，社会保障体系不健全。大型超市、娱乐设施等服务场所相对较少，城市的整体建设，包括基础设施、道路交通等不完善，住房、医疗、养老等社会保障不足，尚未形成对公共服务人才流动的吸引力，且不能够满足高层次公共服务人才职业发展需要。相较于北上广、长三角、珠三角等发达地区对公共服务人才的吸引力，雄安新区所吸引的人才主要来自环雄安新区周边省市及个别中部地区省市。

3. 公共服务行业教育培训资源不足

雄安新区缺乏重点高校，常住人口文化水平偏低，支撑公共服务行业发展的教育资源不足。同时，新区内针对公共服务行业的培训机构数量有限，难以通过当地培训、当地就业的方式满足雄安新区对公共服务人才的需求。此外，新区高新技术产业数量较少，尚未形成集聚效应，相关人才平台没有搭建完成。特别是在服务保障方面，尚未形成完善的公共服务体系，致使公共服务人才职业发展受限、满意度降低，这些不利于人才价值的发挥，降低了雄安新区对人才的吸引力。

（四）重点服务人才方面

1. 人才管理机制需进一步完善

引进人才的最终目标是留住人才，有效的人才管理会使人才充分发挥价值。根据需求层次理论和双因素理论，要充分激励人才，使其忽略满意度较低的因素，选择留在新区为经济发展作出贡献，实现个人价值。人才“留不住”的一大原因是人才管理和人才激励不到位。人才管理机制贯穿于人才入职、就职、离职这一体系的全过程，包括薪酬水平、管理制度、人才培养、资源配置、考核评估、奖励激励、发展前景、组织文化建设等，人才管理机制完善与否是发挥人才价值的关键。

分析雄安新区现有人才政策可以发现，存在“重引不重留”的现象。大部分政策强调引进人才，而对于人才引进成果转化、高层次人才考核评价、人才长期发展融合的激励机制等关注较少，相关机制和政策出台相对滞后。在发挥人才价值上，有的人才引进了，却不能合理地进行配置。一些高层次人才难以融入新环境，人才价值发挥不显著；一些人才培养不到位，用人单位只注重人才引进而没有考虑人才的长远发展，交流进修机会较少，后续政策没有及时跟进，限制了人才的发展空间，无法满足人才更高层次发展需要。[①] 考核与激励制度不完善会影响人才公平竞争，挫伤人才的积极性。引进成果没有及时转化，容易造成人才浪费。

2. 人才引进措施待进一步加强

一是缺少人才分级分类认定标准。出现高层次人才结构与新区发展需求不匹配的问题，原因之一就是缺少高层次人才分级分类认定标准，对引进什么样的高层次人才，各用人单位没有清晰的标准，只有专业、年龄等一般性条件限制，没有良好的规划导向。高层次人才分级分类认定标准是开展人才引进工作的重要依据，可以清晰地反映出当地的人才需求和发展定位。只有明确高层次人才标准，才能有的放矢地开展人才引进工作。目前，河北省和雄安新区均未出台本地高层次人才分级分类认定标准，不利于优化高层次人才结构。

二是对人才需求缺乏精准分析。新区连续三年出台《雄安新区急需紧缺人才目录》，包含了新区急需人才用人单位对需求信息指标（行业、岗位、专业、薪酬待遇、引才方式、急需紧缺程度等）的具体要求，较为清晰地反映了新区人才需求状况，对短期内吸引一定数量的人才起到促进作用。但是从岗位分布看，招录的岗位大部分为一般性岗位，对高层次人才的引进相对较少，未真正解决高层次人才供不应求和高层次人才结构不合理的问题。同时，大部分用人单位存在“缺什么就招什么”的现象，用人单位对本年度拟招录岗位的学历、专业等只顾满足当前刚需，缺乏精确的统计分析和长远的科学规划，往往产生某些专业招录过多的现象，用人单位对于未来发展所需的专业人才也应提前谋划和储备。

3. 人才引进渠道需进一步拓宽

当前新区执行的人才政策偏行政，缺少市场需求调研支撑，通过这种方

① 梁林、武晓洁：《治理群簇视阈下国家级新区人才流动预测及治理研究——以雄安新区为例》，《科技管理研究》2020 年第 17 期，第 88~96 页。

式吸引的高层次人才，大部分是在党政机关、企事业单位工作的地方拔尖人才和高层次人才储备，人才结构较为单一。而科研机构、高新技术企业等诸多用人单位比较依赖政府的指导调控，不能够积极主动地“走出去”宣传和招揽所需的高层次人才。此外，人才中介服务机构虽然活跃在各个人才市场，但以招聘中小型企业和服务行业的人员为主，对引进高层次人才的参与度最低。可见，新区高层次人才引进的主体并没有充分发挥主观能动性，人才引进渠道较为单一，在一定程度上导致人才引进结构不够合理，容易出现与新区人才需求匹配度不高、专业要求不切合等问题。

五　对策建议

（一）高端高新产业人才发展方面

1. 建立高端高新产业人才供求信息库

建立人才供需监测评估决策模型和信息库。信息库主要包括搜索信息、位置信息和招聘信息，并划分为通用人才供需、潜在意愿、地域分布和职业选择等板块，以通用人才供需模型为核心，整合分析全网相关信息。通用人才包括雄安新区建设所需要的各级各类人才，人才的需求方是雄安的企业。在招聘数据中识别“雄安新区”，能比较完整地勾画雄安新区人才流动的动态供需情景。要建立雄安发展急需的高精尖领军人才需求精准数据库，建立高端人才能力评估模型，为雄安人才引进提供决策支持。①

2. 搭建高端高新产业人才共享平台

人才共享平台的建立可以使人力资源提供者和需求者对接，迅速而快捷的传递供需信息，极大地减少双方信息不对称。雄安新区可以依托京津的人才优势和先进的信息技术，建立并不断完善人才资源信息库、人才资源交流

① 王娟、贾冀南：《人才共享——雄安新区人才集聚新方式》，《价值工程》2020 年第 3 期，第 24~25 页。

平台、人才资源公共服务平台等一系列基础性平台，形成人力资源聚集，实现规模化、信息化和网络化。雄安新区以各地现有人事部门的信息机构为依托，构建互联网人才共享平台，从而实现对京津冀三地乃至全国的人力资源整合，进而达到集聚人才的目的。

3. 构建高端高新产业人才培育机制

《加快推进教育现代化实施方案（2018—2022 年）》明确提出，要高起点高标准规划发展雄安新区教育，构建自主的创新人才培育体系。现有教育体制被很多人诟病，不适应大数据时代创新发展需求。可考虑以雄安新区为试点，推进教育制度改革，从娃娃抓起，培育大数据时代的创新人才。一是在义务教育阶段普及大数据教育，按年龄段增加人工智能等大数据知识内容，增加体验和操作课程，改变以学习成绩为依据的传统学生评价方式，制定以综合素质为核心的评价体系。二是构建自主培育创新人才的高等教育体系，以开放的视野和观念，建立优势资源聚集的“学科—人才—平台”制度，大力开展社会办学，支持国内外机构和个人到雄安新区办学兴教，允许其根据市场需求自主制定录取标准和办学方式，鼓励类似“西湖大学”的民办高校在新区发展壮大，大胆探索在大数据交叉学科应用、尖端科技转化等方面的教学改革，培养具有创新精神和创新能力的高层次人才，使其成为支撑、推动雄安新区高质量发展的原动力。

4. 优化高端高新产业人才政策管理

一方面，不断打破区域及行政壁垒，消除属地化管理的桎梏和体制机制障碍，加强政策扩散与创新，构建人才发展治理体系。将雄安新区建设作为人才发展引擎，加强与周边地区的联系与合作，形成人才合力，以协同环境凝聚人才、用机制激励人才、用法制保障人才。为增强政策开放度，可以逐渐探索增强政策间的协同性及政策效力。另一方面，人才建设包括选、育、用、管等多个环节，需要完善跟踪与落实机制，加强人才管制与激励。当前，京津人才流动具有显著的地域性特点。京津国企的外迁、北京城市副中心及雄安新区的建设，能带动一定范围内的人才向河北及周边地区流动。以京津冀一体化建设为契机，在人才管理方面，尽快建立人才“引得来、留得住、用得妥、流得顺、管得好、出得去、绩效优”的全流程管理模式和共享机制，促进人才效益的发挥。[①]

5. 建立高端高新产业人才建设委员会

实行区域间联席制度，共商制定雄安新区高端高新产业人才政策，并建立日常联系机制，切实推进协同发展；创新管理，以才引才、以才荐才、以才育才，制定不同层次的人才评定、培养、选拔、考核、激励、服务等机制，加强人才流动及合理化开发利用；积极总结各地人才特区建设经验，在一定的政策领域和空间范围内，建设多层次、多类型、专业化的高端高新产业人才特区；完善政策、优化环境，创新引才引智策略与人才管理、服务措施，解决高端高新产业人才总量不足、高层次人才缺乏、人才结构和分布不合理等问题。

（二）高端服务业人才发展方面

1. 提升高端服务人才政策吸引力

细化发展规划，增加配套政策，通过制度创新深度开发高端服务业人力资源。首先，针对各类高端服务人才制定细则。根据雄安新区产业发展重点，确定所需高端服务业人才的种类、数量等，构建有针对性的、更加细化、更加精准的高端服务人才政策体系。其次，在政策制定过程中，重点关注高端服务业人才中的领军人才。领军人才是一个行业的标杆，其流动将影响整个行业的人才流动趋势。因此，雄安新区应针对各服务行业的领军人才制定专门的人才吸引政策，在发展机会、社会保障、子女教育等方面给予更大力度的政策支持，吸引领军人才流向雄安新区，加强雄安新区高端服务人才的吸引力。最后，积极绘制针对高端服务人才的人才地图和人才画像。运用调查和统计手段实时追踪高端服务人才分布动态，绘制高端服务人才地图

① 周爱军：《雄安新区人才生态环境评价与涵养路径》，《河北学刊》2021 年第 6 期，第 147~152 页。

和人才画像。通过人才地图和人才画像，用人单位和部门可以及时了解与掌握高端服务人才的流动趋势，根据自身发展需要吸引人才，从而实现高端服务人才的优化配置。

2. 多渠道吸引培养高端服务人才

首先，继续加大研发投入，创新工作机制。高端服务人才的就业领域大多是具有创新性的。只有加大研发投入，推动创新行业发展，才能带动高端服务业发展，从而使得高端服务人才拥有更广阔的发展空间。因此，雄安新区应在研发领域引入市场机制，按照市场运作规则积极发展科技金融行业，提高研发经费的使用效率，增强高端高新产业发展动力，为高端服务业发展注入活力。其次，狠抓高端人才、领军人才的原始创新和关键核心技术创新，大力发展与之相关的服务业。高端、领军人才对整个行业发展具有引领作用，应通过大力吸引和培养高端、领军人才，加速行业创新和迭代，从而为其他高端服务人才创造更多的就业机会和发展平台，加速人才积累。再次，不断完善创新性行业的孵化体系，通过培育创新企业，带动高端服务业发展，不断增强雄安新区对高端服务人才的吸引力。最后，大力发展各类国际化培训，开阔高端服务人才的国际化视野。雄安新区所需要的高端服务人才不仅要满足现在行业发展的需要，还应具备国际视野，为我国高端服务人才国际化提供窗口。因此，高端服务人才的国际化培训也应成为雄安新区人才工作的重要内容。通过开设培训机构、与国际知名培训组织建立联系等方式，提升雄安新区高端服务人才的技能，为高端服务业与国际接轨做好准备。

3. 加强高端服务型人才聚集力度

加快雄安新区与周边地区的高端服务业融合发展，通过对口学习培训、双向挂职锻炼、课程联合攻关、项目合作等方式，实现雄安新区与周边地区在高端服务人才资源上的交流共享、投资建设上的合作共赢。成立区域人才资源合作组织，加强人才资源战略合作，推动区域人才资源开发一体化，加强与东部沿海发达地区间的人才交流，围绕高端服务业发展推进人才资源一体化。依托高端人才资源的高效流动，加快国际技术转移，形成物流、信息流、资本流，大力引进海外科技和创新要素，畅通雄安新区与世界联系的人才通道。①

（三）公共服务人才发展方面

1. 制定配套的公共服务人才政策

在遵循人才自由流动规律的基础上，结合雄安新区发展需求，制定科学的公共服务人才引入机制，并借助互联网信息平台，调整供需关系，优化人力资源配置，同时通过产业结构升级吸引公共服务人才。所谓“良禽择木而栖”，人才聚集的首要条件是基础设施完善，重点突出“软文化”影响力。在实践中，新区政府要充分发挥职能作用，最大限度地发挥区位优势，整合既有资源，在国家政策方针的指引下，高质量建设基础设施，改善公共服务人才的生活环境和工作环境。与此同时，以市场需求为导向，加速雄安新区产业结构调整，依托“互联网+”技术，发展绿色生态，对公共服务人才产生持续吸引力。基于此，还需进一步加强雄安新区的“软环境”建设，从实际出发，制定宏观调控政策，实行公共服务人才吸引政策，打破地域限制，形成“以人为本”的文化生态格局，加大对雄安新区政策的宣传力度，重视人才、尊重人才，以品牌效应增强人才优势。

2. 以产业集聚带动公共服务人才集聚

在全面建成启动区和起步区之前，按照雄安新区规划的重点发展产业，开展产业引导和相关产业组织招商、科研创新机构引进等工作。在雄安新区内寻找合适的办公区域或实验室场地，为规划重点发展的产业企业、机构提供办公场所。积极寻找规划重点发展产业领域的科研人才团队或创业团队，制定相应政策，提供科研创新或企业发展平台等。不断通过产业集聚引导相关公共服务人才流入雄安新区，发展壮大公共服务人才队伍。建设交通基础设施，吸引公共服务人才流入。雄安新区正在建设京雄高铁等交通基础设施，

① 赵新峰、王鑫：《雄安新区高质量公共服务体系何以实现——合作网络视角的分析建构》，《甘肃行政学院学报》2021 年第 3 期，第 82~92+127 页。

打造30分钟京津都市圈，为此，不仅要构建高铁网络、高速公路网络、航空网络，实现与京津的紧密联系和高速通联，更应该畅通雄安新区与沿海发达地区的交通，从而为公共服务人才流入雄安新区提供更快捷的方式，增强雄安新区对人才的吸引力，持续扩大公共服务型人才流入规模。

3. 以教育培训实现公共服务人才回流

雄安新区毗邻北京、天津，其对人才的吸引也会受到这两大城市的影响。北京本科及以上学历的人数约是天津的3倍、河北的7倍，为此，要想实现雄安新区的健康发展，必须先把人才吸引过来。[①] 而吸引公共服务人才的关键是城市公共服务资源的整合，子女教育、房价、收入差距、社会保障等多方面问题的对接。完善雄安新区人才政策，加大在教育、培训、医疗、社会保障等方面的投入，对公共服务人才实行当地培训当地就业政策，一方面可以提升现有服务人才的能力和水平，另一方面也可以吸引更多的公共服务人才。总之，就是要结合现代城市发展特色，着力构建更适合城市建设需要的公共服务人才政策。

（四）重点服务人才发展方面

1. 深入推进雄安人才战略

雄安新区人才战略初步得到落实，引才、用才的制度和措施初见成效。但人才制度仍需不断完善。不同行业的人才的具体需求短期内仍难以精准满足，留住人才方面的政策力度仍需要持续加大。尤其是服务领域的人才，涉及行业多、来源广泛、技能多样化。因此，需要更为具体的人才措施以满足人才差异化的需求。不同行业、不同领域以及行业内部人才间的合作与配置也需要更为细化的政策和措施，以搭建交流和沟通的平台。

2. 承接产业调整人才结构

雄安新区要有序承接北京非首都功能疏解，创新体制机制，完善基础设

① 杨学智、苏永军：《雄安新区建设与京津冀协同发展背景下对河北高校人才培养要求的调研分析》，《环渤海经济瞭望》2019年第10期，第82页。

施，进一步优化营商环境，积极主动对接疏解需求，科学规划功能布局，重点对接高校、科研院所、医疗机构、企业总部、金融机构、事业单位等，促进生产要素合理有序流动，增强内生发展动力。

目前，雄安新区的主导产业是第二产业，经济基础薄弱成为新区与京津冀地区融合发展的障碍，需要优化产业结构。雄安新区在承接产业转移的过程中要制定产业规划，建立健全知识产权保护制度，组建智能化的产业服务机构，同时对市场环境进行优化，营造良好的制度环境。因此，发挥市场的作用，使人才结构调整和产业发展相结合，依据引进的产业类型，分层次、分类别制定人才政策。同时借助大数据、“互联网+”以及区块链等技术，为雄安新区承载地功能的实现提供人才交流服务平台，实现雄安新区内人才结构的优化升级。①

3. 建设高效人才生态系统

雄安的发展离不了人才的支撑，人才政策必定会成为接下来需要重视的环节。人才有着较高的价值，是推动社会发展的关键。需建立有效的激励机制，最大限度地发挥人才价值。宏观维度上，完善的激励机制应包括物质奖励和精神奖励两方面内容，以产生巨大的人才聚集驱动力。其中，物质激励是基础，在具体设计上应保证人才流动效益高于流动成本。而精神奖励应致力于满足人才的情感体验、社会地位以及自我实现等方面的需求。

实际中，雄安新区应结合自身情况，深入解读国家战略方针的要义，逐步加大投入，采取积极有效的方式吸引社会资本，推动国内外风投机构对人才项目的投资，并设置专项奖励，促进整个区域的人才发展。与此同时，面向高素质的人才群体，建设适合不同层次人才的公共服务设施及休闲娱乐设施，丰富其业余生活，提升其精神道德修养，在优良的社会文化氛围下，吸引更多的人才集聚。除此之外，以行业协会为载体，由组织部

① 赵新峰、王鑫：《雄安新区高质量公共服务体系何以实现——合作网络视角的分析建构》，《甘肃行政学院学报》2021 年第 3 期，第 82~92+127 页。

门指导协调，搭建高层次的人才交互平台，深度分析人才流动规律，指引企业建立完善的人才薪酬制度，优化其治理结构，建立完善的激励机制，继而吸引更多的人才参与企业建设与发展。通过制度建设和渠道创新为雄安新区构建一套完整的人才生态系统，推动实现人才在雄安新区的良性循环。

第八章 南部科技成果转移转化人才发展状况

按照《京津冀人才一体化发展规划（2017—2030 年）》（以下简称《规划》）中提出的“一体、三极、六区、多城”京津冀人才一体化发展总体布局，以南部功能拓展区为载体，重点服务石保廊全面创新改革试验区域建设，加快技术交易、中介服务、科技金融等领域人才集聚，建设科技成果转移转化人才发展示范区。

本章以科技成果转移转化和人才发展为核心，着重就南部人才集聚、人才政策及体制机制展开研究，分析存在的问题，并有针对性地提出对策建议。

一 南部功能拓展区概况

南部功能拓展区是按照《京津冀协同发展规划纲要》中提出的“一核、双城、三轴、四区、多节点”空间发展布局所确定的四个功能区之一。

（一）基本概况

南部功能拓展区包括河北省石家庄市、邯郸市、邢台市及衡水市。该地区发展基础良好、自然资源丰富、增长潜力较大，是推动京津冀协同发展的战略腹地和城乡统筹的重要示范区，总面积 49136.8 平方公里，其中，石家庄市 15848 平方公里，邯郸市 12073.8 平方公里，邢台市 12400

平方公里，衡水市 8815 平方公里。根据河北省 2021 年统计年鉴，南部功能拓展区 2021 年地区生产总值 14735. 3 亿元，占河北省生产总值的 36. 5%。

（二）人口概况

根据第七次全国人口普查数据，河北省常住人口 7461 万人，居住在城镇的人口为 4481. 6 万人，占 60. 07%，与 2010 年相比城镇人口比重提高 16. 13 个百分点。2020 年末，南部功能拓展区常住人口 3137. 8 万人（第七次人口普查数据），占河北省总人口的 42%，南部功能拓展区四个地市中，石家庄人口超过 1000 万，邯郸和邢台人口为 500 万～1000 万人。就专科及以上学历的人才拥有量而言，全省常住人口中，拥有大学（指大专及以上）文化程度的人口为 926. 5 万人；南部功能拓展区大专及以上人口 387. 3 万人，占全省的 42%，其中石家庄大专及以上人口 220. 7 万人，邯郸大专及以上人口 73. 4 万人，邢台大专及以上人口 58. 1 万人，衡水大专及以上人口 35. 1 万人。

（三）教育资源状况

可从“211”“985”“双一流”三个维度和“本科”“专科”两个层次分析南部功能拓展区高校质量和数量情况。河北省共有 125 所高校，其中民办高校 37 所，专科院校 64 所，本科院校 61 所。从质量上来看，河北虽是高考大省，但高校资源一直处于比较尴尬的境地。作为唯一的“211”“双一流”高校，河北工业大学坐落在天津，河北省内没有“985”高校。整个南部功能拓展区共有高校 54 所，占河北的 43. 2%，其中，石家庄市作为河北省省会城市，有 43 所高校（专科院校 24 所、本科院校 19 所），邯郸市有 5 所高校（专科院校 2 所、本科院校 3 所），邢台市有 4 所高校（专科院校 3 所、本科院校 1 所），衡水市有 2 所高校（专科院校 1 所、本科院校 1 所）。南部功能拓展区常住人口、专科及以上学历人口及高校数量均占全省的 40%以上。其中，石家庄市整体教育资源占南部功能拓展区的一半左右，而邯郸、邢台和衡水的专科及以上学历人口数量明显不足。

（四）功能定位

南部功能拓展区重点承担农副产品供给、科技成果产业化和高新技术产业发展功能，其主要任务：一是提升石家庄市省会功能，抓好正定新区建设，打造京津冀城市群南部中心城市，把石家庄市发展成为全国重要的战略性新兴产业和先进制造业基地、国家级综合交通枢纽和国家级商贸物流中心，同时重点服务好石保廊全面创新改革试验区域建设。二是依托冀南新区把邯郸市打造成为京津冀南部门户和省际合作交流桥头堡，发展成为全国重要的先进制造业基地、晋冀鲁豫四省交界的综合交通枢纽。三是加快邢台市、衡水市特色产业发展，打造区域重要节点城市，形成新的经济支撑带。把邢台市发展成为国家新能源产业基地、产业转型升级示范区和冀中南物流枢纽城市、新型城镇化与城乡统筹试验区和京津冀南部生态环境支撑区。把衡水市发展成为京津冀区域绿色农产品供应加工基地和特色产业基地、生态宜居的滨湖园林城市、冀中南综合物流枢纽、安全食品和优质产品保障基地。

南部功能拓展区发展还要依靠培育“石—衡—沧发展轴”，建设省会出海口，辐射带动衡水市发展；依靠培育“沧—邢—邯发展轴”，促进冀中南地区更加开放发展。

二　南部功能拓展区人才集聚现状

（一）南部功能拓展区的人才定位

按照《规划》提出的“一体、三极、六区、多城”京津冀人才一体化发展总体布局，南部功能拓展区在重点服务石保廊全面创新改革试验区域建设基础上，加快技术交易、中介服务、科技金融等领域的人才集聚，建设科技成果转移转化人才发展示范区。结合河北省转型发展需要，强化政策激励，大力引进培养高层次创新创业领军人才和团队，积极承接京津创新成果，发挥雄安新区创新发展示范作用和石家庄承接转化带动作用，形成京津冀创新转化人才发展极。

河北省印发《河北省促进科技成果转移转化行动计划（2016—2020年）》，制定《支持五十四所等三所中央驻冀科研机构科技成果转化专项计划（2018—2020年）》等，积极推进驻冀院所科技成果在河北转化落地，聚焦科技成果转移转化这一主攻方向，通过实施一批重大科技成果转移转化引导项目，建设一批科技成果转移转化平台，创新科技成果转移转化工作机制，完善科技成果转移转化政策措施，建立市场导向、政府服务、企业主体、产学研结合的科技成果转移转化推广体系，推动科技金融融合，推动科技成果商品化、资本化、产业化，为加快推进创新型河北建设、全面建成小康社会提供有力支撑。在南部功能拓展区，主要聚焦加快技术交易、中介服务、科技金融等领域的人才集聚，建设科技成果转移转化人才发展示范区，并重点服务石保廊全面创新改革试验区域建设。

在国家相继推出《促进科技成果转化法（修正案）》《实施〈促进科技成果转化法〉若干规定》《促进科技成果转移转化行动方案》等科技成果转化“三部曲”基础上，根据《规划》对三地的定位，河北定位之一是“产业转型升级试验区”，产业转型升级的动力则更多地来自科技成果转移转化，这就需要集聚技术交易、中介服务、科技金融等领域的人才。

（二）南部功能拓展区的人才集聚现状

1. 技术交易规模持续发展，技术交易人才不足

以南部功能拓展区为重点的河北技术合同成交额持续增加，但仍有很大发展空间。河北省积极推进“京津研发、河北转化”，印发《河北省科技创新三年行动计划（2018—2020年）》，采用“八大抓手”积极吸引北京优势科技成果到河北转化孵化，形成了以企业技术创新需求为导向、以市场化交易平台为载体、以专业化服务机构为支撑的科技成果转移转化新格局。在重点服务石保廊全面创新改革试验区域建设基础上，建立了全国首批国家科

技成果转移转化示范区——河北·京南国家科技成果转移转化示范区。示范区主要包括石家庄国家高新区、保定国家高新区、固安高新区、白洋淀科技城、亦庄·永清高新区、霸州开发区、长城汽车科技园、高碑店国际创新园、涿州国家农业科技园和任丘开发区等10个园区，形成“一区十园”模式，面积约为500平方公里。

技术合同成交额是衡量科技成果转化的重要指标。近年来，河北累计吸纳北京技术合同成交额持续增加，从2016年的58亿元增加到2020年的225亿元。2021年9月23日，河北省政府新闻办召开新闻发布会通报称，整个“十三五”期间，河北吸纳北京技术合同交易额达到853亿元（人民币），是“十二五”时期总量的4倍以上（见图8-1）。据此判断，京津冀协同发展战略实施以来，“京津研发、河北转化”初见成效，科技成果“河北飞”的局面逐渐形成，科技成果转移转化工作取得明显成效。但从科技部火炬中心2020年技术合同登记情况来看，北京流向河北技术合同成交额远低于广东省（302亿元）、四川省（279亿元），“京津研发、河北转化”仍有较大的合作空间。

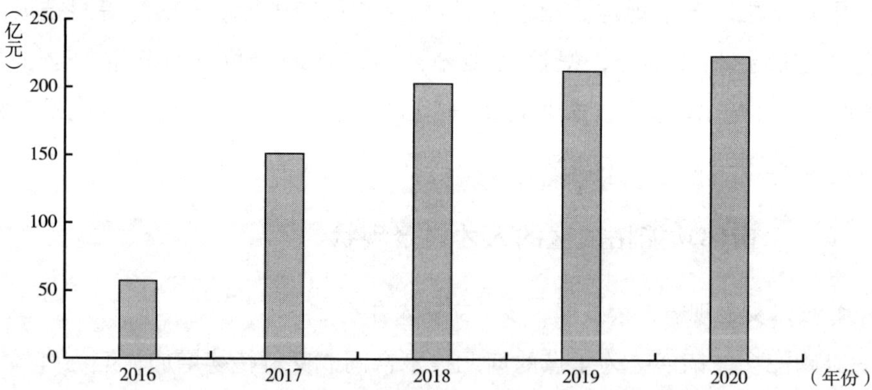

图8-1 “十三五”期间河北吸纳北京技术合同交易额

资料来源：科技部火炬中心2016~2020年技术合同登记情况报告。

截至2020年，河北已培育壮大15家省内区域性常设技术市场和5家行业性常设技术市场，省级以上各类技术转移机构增加到138家，建成10家省级技术转移人才培养基地，培养500名以上技术经纪人、技术经理人等专业化人才，并积极鼓励有条件的企业、高等学校、科研院所、科技社团等建立专业化技术转移机构，采取多种形式吸引海外高层次技术转移人才和团队。从河北一些中小型科技企业的反馈来看，他们对京津高水平科技成果十分感兴趣，但找不到成果对接渠道；从对京津部分高校和科研机构的调研来看，成果供给方与河北高质量企业的合作愿望十分强烈。技术交易人才是加强京津高水平科技成果与河北产业资源精准对接和有效转化的关键因素。[①]

调研显示，现有京津科技成果供需对接，大多数是京津冀三地科技主管部门定期进行对口会谈对接，以科技成果推介会、咨询会等方式对接和承接科研院所与企业的科技转化成果。当前，河北省尤其是南部功能拓展区尚未将技术交易人才列入当地重点领域（科技创新类）"十四五"紧缺人才开发目录；拥有生物医药、人工智能、集成电路、智能制造、节能环保、医疗器械、新能源等专业技术的推广经验，熟悉知识产权及成果转化政策、专利管理和成果转化相关财税政策的各类技术交易人才、专利成果代理人才、科技成果评估人才、技术转移谈判人才依然不足，并且各行业相关技术交易人才的专业度也有待进一步提升。

2. 科技中介服务人员增加，高端专业人才不足

科技中介服务人才实际上是一种复合型人才，特别是技术成果转化人才，既要懂技术，又要懂市场，还要懂金融。随着"京津研发、河北转化"模式的推进，河北省科技中介服务业加快发展，生产力促进中心、孵化器中心、大学科技园等迅速增加，有力地促进了技术创新活动和科技成果转化。截至2020年，河北省科技中介服务公司突破1000家，省级科技企业孵化器单位达到165家，[②] 其中，南部功能拓展区占70%以上。2016年，河北省备案通过的省级科技企业孵化器单位仅有28家，从事科技中介服务人员达到3万人以上。但是从业人员中具有本科及以上学历的占比不到40%，人员专

① 陈璐主编《京津冀协同发展报告（2020）》，社会科学文献出版社，2020，第88~100页。

② 《河北省科学技术厅关于公布河北省省级科技企业孵化器名单的通知（2020年）》。

业背景相对单一，专业对口度不足 50%。可以说，目前南部功能拓展区中，科技中介服务人员比较缺乏科技、金融、法律等方面的专业知识，与既要懂技术又要懂市场还要懂金融的专业人才要求相比差距较大。

3. 金融人才集聚效应明显，科技金融人才不足

科技金融是由政府、企业和社会中介机构等科技金融主体，将科技创新活动的产出成果资本化并获取高附加回报的过程。技术创新与金融资本相互依存、相互融合的发展范式即科学技术创新在发展过程中因获得金融资本的支持，从而促进了科技创新成果的高效转化和产业化（见图 8-2）。[①]

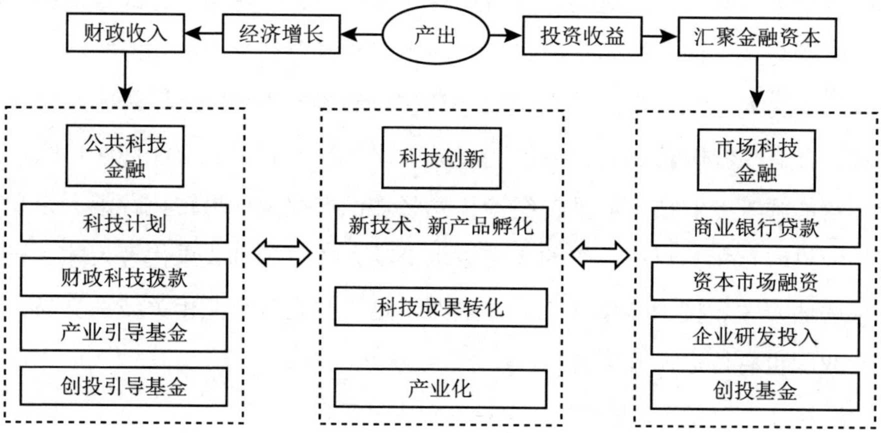

图 8-2　科技成果转化与科技金融良性互动循环示意

资料来源：《河北省人民政府关于促进科技金融深度融合的意见》（冀政字〔2015〕41 号）。

为进一步推动科技成果转化，2015～2018 年河北省相继发布《河北省人民政府关于促进科技金融深度融合的意见》《河北省人民政府关于印发河北省科技创新三年行动计划（2018—2020 年）的通知》，明确提出加大科技企业融资力度、拓宽科技企业融资渠道，提升科技创新能力，打造创新驱动新引擎。河北省通过推进科技金融供给侧改革，引导金融资源向科技创新领

① 韩景旺、陈小荣：《河北省科技金融与科技创新互动发展关系的实证研究》，《河北经贸大学学报》2020 年第 3 期，第 72～81 页。

域配置，初步建立起科技金融与科技创新优势互补的良性互动机制。根据2015～2019年《河北统计年鉴》，在研究中考虑到部分指标缺失状况，对指标体系做了相应调整情况下，采用熵值法确定各测量指标权重，计算出河北省2015～2019年科技金融综合指数。[①] 可以看到，2015～2019年河北省科技金融综合指数呈上升趋势，科技金融综合指数由2015年的0.3291上升到2019年的0.7776，年均增长率约为11.2%，说明河北省科技金融水平大幅提升（见表8-1）。

表8-1　河北科技金融综合指数

序号	年份	科技金融综合指数
1	2015	0.3291
2	2016	0.6186
3	2017	0.5721
4	2018	0.7730
5	2019	0.7776

资料来源：根据2015～2019年《河北统计年鉴》资料计算整理。

但据清科研究中心发布的《2021年中国城市科技金融发展指数报告》，中国城市科技金融综合指数前30名中河北省仅石家庄上榜，综合指数为70（见图8-3），较2019年综合指数（66）有所提升，排名由第29位提升至27位，但依然远落后于西部省会城市西安，甚至落后于郑州和沈阳。[②]

新科技、新技术助力产业发展，不仅需要新制度、新资本业态的支撑，更需要人才的支撑。环境决定人才能否留下，而资本跟随着人才、科技而来。2019年河北省银行业营业机构数（含国有商业银行、股份制商业银行、

① 吴平雄、王震：《河北省科技金融与经济高质量发展研究》，《合作经济与科技》2022年第3期，第4～7页。

② 清科研究中心：《2021年中国城市科技金融发展指数报告》。清科研究中心选取了政策环境上具备优势、创新创业服务潜力较大、金融活跃度较高、科技金融发展成果显著的30个城市进行研究评价，制定了中国城市科技金融发展指数体系，用以综合衡量区域科技金融发展水平和服务能力，通过该指数可以对科技和金融政策实施成效进行动态评估。

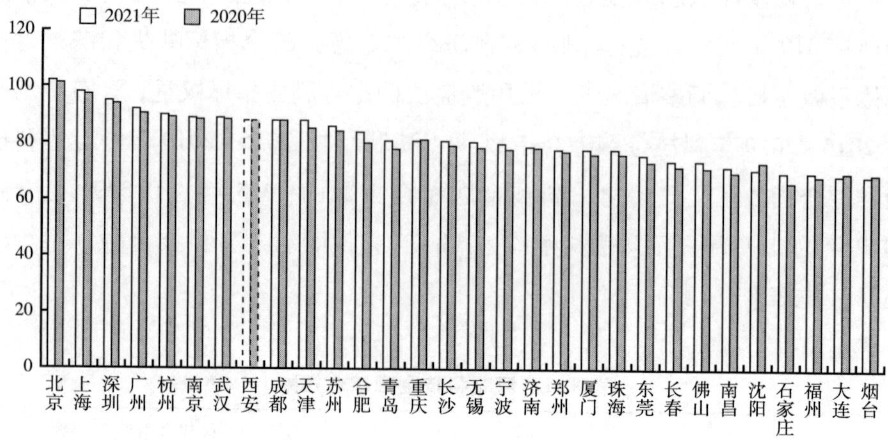

图 8-3　中国城市科技金融发展指数

资料来源：清科研究中心：《2021 年中国城市科技金融发展指数报告》。

财务公司、信托公司等）12000 余家，从业人员 19 万人，但与中国城市科技金融综合指数排名靠前的城市的金融从业人数相比还存在较大差距，金融人才不足，科技金融人才依然短缺。从长远教育角度来讲，当前南部功能拓展区 54 所高校中，有 32 所学校设有金融类专业，金融类专业学生人数达到 14 万人，他们是未来促进金融发展的生力军。

三　南部功能拓展区人才政策

2021 年，河北省科技成果转化步伐加快。科技部火炬中心数据显示，河北省与京津共设科技专项，吸纳京津技术合同成交额超 300 亿元，增长 40%以上，全省技术合同成交总额超过 1000 亿元。河北省举办创新创业大赛等活动，新增省级以上孵化器、众创空间、星创天地 127 家。为进一步促进科技成果转化，加快推进“京津研发、河北转化”模式，更好地服务石保廊全面创新改革试验区域建设，南部功能拓展区出台了一系列引才留才政策，主要表现在以下几个方面。

（一）南部功能拓展区整体引才政策

“问渠那得清如许？为有源头活水来。”建设科技成果转移转化人才发展示范区战略目标的实现，离不开高层次战略级人才保障。近几年，为推进京津冀协同创新共同体建设，共建京津冀技术创新中心，打造一批技术转移机构、中试孵化基地，南部功能拓展区围绕高水平人才引进，紧锣密鼓地出台了一系列政策，力求全力拓宽引才路径，不拘一格吸纳人才，为科技成果转移转化发挥重要的制度保障和智力支撑作用。

1. 石家庄市人才引进政策

围绕着力实施现代产业人才集聚工程，积极打造良好人才生态、构建人才友好型城市，石家庄 2015 年发布《关于大力引进高层次科技创新创业人才的意见》，2018 年发布《石家庄市人才发展促进条例》，2019 年制定出台《石家庄市柔性引才实施办法（试行）》，2021 年发布了《关于高质量建设人才强市的实施意见》，推出了打造人才绿卡升级版、加大海外引才力度、加强人才金融支持、构建人才住房保障体系、项目落地支持等一系列务实管用的政策措施，吸引各类人才来石创业发展。例如，对新引进的掌握国际领先技术、生成重大项目并带动新兴产业、做出重大贡献的领军人才或团队，给予的项目支持资金额度由 1000 万～5000 万元调整为 1000 万元至 1 亿元。这是石家庄市围绕“高质量发展、全方位提升”总体要求，牢固确立人才引领发展战略地位，深入实施人才强市战略的重要举措，为新时代建设现代省会、经济强市提供了强力的人才智力支撑。①

2. 邯郸市人才引进政策

近年来，邯郸市高度重视人才引进工作。为加大人才强市建设力度，吸引和集聚更多人才来邯创新创业，邯郸市 2019 年制定了《关于支持人才创新创业服务邯郸绿色崛起若干意见》，从经费资助、科技奖励、创新奖励、

① 张爱华：《京津冀一体化背景下石家庄市聚集人才机制研究》，《科技风》2018 年第 20 期，第 245～246 页。

创业奖励到融资扶持、税收优惠、生活保障，乃至对做出成绩的人才中介等制定了较为详细的规则，使更多符合条件的高层次人才在到岗工作前便有了明确且具体的政策保障，宜于其到岗后更踏实地开展工作。邯郸市面向社会及2019年应届硕博毕业生公开招聘450名高层次人才；2020年，为满足教育、卫生、环保等事业发展需求，邯郸市继续加大高层次人才引进力度，通过一系列政策，营造“人才高度聚集、体制机制科学、创新创业活跃、人才生态优良、服务保障优先”的良好引才环境，为建设新时代宜居宜业宜游的富强邯郸、美丽邯郸提供了人才支撑和智力支持。

3. 邢台市人才引进政策

为激发人才活力助推经济转型升级，邢台市2020年制定出台《关于高标准打造人才生态的实施意见》，细化6个方面20条具体举措，配套制定20余项实施细则，形成了具有邢台特色的“1+N”政策体系，提供全方位全链条全周期的支持。如实施万名大学生招引计划、加大国内高层次人才引进力度、积极推进海外专家引进计划等。坚持不遗余力、不惜工本、不拘一格，全方位引进各类人才，做大人才“基本盘”，吹响人才加速集聚冲锋号，为全市高质量发展提供强有力的智力支撑和人才保障。

4. 衡水市人才引进政策

为实现产业创新发展、绿色发展、高质量发展，衡水市加大了对转型升级科技计划项目的资助力度，优先资助新旧动能转换方面的科技项目。同时，实施战略性新兴产业人才引进计划，充分发挥区位优势，主动承接京津人才和项目落地，大力引进高层次人才，尤其是战略性新兴产业急需的高层次创新创业人才（团队），充分激发了战略性新兴产业的引才聚才动力。

（二）南部功能拓展区整体留才政策

“人能尽其才则百事兴”，人才“引进来”更要“留得住”。留才须留心，留住人才，单凭高薪是远远不够的，需要深入调研各类人才的需求，分类制定和明确人才支持政策，针对性地制定人才晋升计划、培训计划等，让人才真正安心、安身、安业。近几年，南部功能拓展区围绕留住人才、用好人才，制定了一系列政策，充分做好人才引进“后半篇”文章。

1. 石家庄市人才发展政策

2018年中共中央印发的《关于分类推进人才评价机制改革的指导意见》指出，要建立科学的人才分类评价机制，鼓励各单位结合自身特点建立健全涵盖品德、知识、能力、业绩和贡献等要素的人才评价标准。画好一幅人才的“标准像”，对人才的发现、评价、使用和发展起着至关重要的作用。2021年石家庄颁布《关于高质量建设人才强市的实施意见》，强调完善以创新能力、质量、实效、贡献为导向的人才评价体系，进一步激发人才创新活力；要坚持以人才所在领域地位、取得的代表性成果、创造的市场价值和享受的薪酬待遇为标准认定高层次人才；要通过创新人才评价方式，在人才管理中充分发挥人才评价“指挥棒”的导向作用。

2. 邯郸市人才发展政策

近年来，邯郸市积极发挥企业的主体作用，多措并举引进培养科技领军人才、高端技术人才和高层次创新创业人才，优化创新创业生态环境。2020年，邯郸市永年区通过实施科技人才培养工程，依托辖区内26个科技研发平台开展研发创新、培训等活动。截至2020年12月，已培养10123名实用型科技人才，选拔了1200名科技型创新人才。结合主导产业、项目建设、乡村振兴、招商引资、民生事业、洺州新城建设等，开展了万名科技人员孵化行动，利用1年时间培养1万名科技人员。在各行业组织科技人才开展以“创新发明”为主题的科技比武、练兵、创新、创造等选拔专项行动，选拔了1000名“土专家”“发明家”“创客”，并对其发明创造进行成果转化。组织骨干企业100名优秀科技人才，分批次到全国重点大学进修学习，为企业转型升级打好人才基础。

3. 邢台市人才发展政策

邢台市坚持“突破条条框框、打破坛坛罐罐”的创新精神，以务实举措加快本土人才培育。通过关注不同类型、不同领域人才创新创业需求，构建多层级人才培育“谱系”。通过实施“企业领军人才培养计划”，利用3年时间，引进培育20个领军型创新创业团队、15名技术精英人才、15名新兴产业技术人才。紧扣经济社会需求和产业集群特点，分级分类实施重大人才工程项目。其中，14 个创新创业团队及其领军人才入选河北省“巨人计划”，12 个人才项目立项“人才强冀”工程，在科技创新、成果转化、产业发展等方面取得显著成果。坚持“一县一业一特色”，谋划实施 70 余项县域特色人才工程，带动了人才、技术、资金等要素向产业集聚。此外，在体制机制激励上，出台《关于深化科技改革创新推动高质量发展的实施意见》等，加大绩效工资分配激励力度、落实科研成果性收入激励措施，赋予科研机构和科研人员更大自主权，充分激发人才创新创业的内生动力。

4. 衡水市人才发展政策

在加强人才培养方面，衡水市 2019 年出台了《衡水市人才助力产业发展行动计划》，实施传统产业转型升级人才素质提升计划，围绕全市传统产业转型升级和创新发展，坚持“缺什么、补什么，干什么、学什么”的原则，加大对传统产业领域人才的培训力度；利用省专业技术人员继续教育网络平台，深入实施专业技术人才知识更新工程；鼓励企业与高等院校、科研院所联合培养人才，加快培育传统产业领军人才（团队）。通过实施一系列培育人才的举措办法，为衡水市产业创新发展、绿色发展、高质量发展提供有力的人才保障和智力支持。

（三）南部功能拓展区特色人才政策

1. 重视技术转移体系建设与交易人才吸引

河北省积极建立技术产权交易平台，搭建技术产权交易市场。支持中国国际技术转移中心、中国技术交易所和北京中关村技术交易中心等在河北省设立分支机构。河北省“十三五”规划纲要指出，打造京津冀协同创新共同体，充分利用京津创新资源，与京津共建一批科技园区、基地和创新服务平台，共建一批成果转化基金，共建一批区域性技术交易市场和产业技术创新联盟，完善区域创新体系，推进区域创新资源互联互通和开放共享。其中，以南部功能拓展区为重点，建立区域性技术交易市场，加快发展京津冀统一的区域性技术产权交易市场、统一的交易标准和程序，建立京津冀技术交易联盟和报价系统，促进国家和京津冀科技资源共享、重大科技成果在河北省转化。

石家庄市通过鼓励市企业与京津科研院所开展深度合作，以及支持京津企业来石家庄市建设众创空间、科技企业孵化器等举措办法，引导京津科技成果与人才向石家庄市同步转移。例如，出台柔性引才办法，鼓励企业采取挂职兼职、技术咨询、项目合作、周末工程师等方式引进人才智力，支持人才带科研成果到石家庄市转化落地，在科研立项、技术入股、产权收益、奖励荣誉等方面，享受石家庄市人才同等待遇。同时，对柔性引进的院士和国家相关专家等产业高精尖人才，根据其贡献情况，经市人社局认定后，按其所付薪酬的 20%，给予用人单位单人最高 10 万元补助，同一单位每年最高补助 50 万元；对签订 3 年以上合同的，根据专家本人在石家庄市实际工作月数，每月分别给予 1.5 万元、5000 元的工作津贴。通过抢抓京津冀协同发展重大机遇，石家庄市把引进京津人才智力作为引才工作重点，将承接京津产业外溢与人才对接有机结合，统筹推进产业对接和人才引进工作，人才支撑高质量发展的作用进一步凸显。截至 2021 年 11 月，开展京津院士、专家“石家庄行”活动，先后邀请 66 名院士、专家与石药集团、科林电气、森思泰克等企业深度对接，解决技术难题 318 个；建立京津冀产学研联盟、中关村科技园石家庄分园、中关村鹿泉协同发展中心等平台，在教学、科研、产业、人才等方面，引进京津专家人才智力 4700 多人次；柔性引进诺贝尔奖获得者、院士等高层次人才 81 名。

邯郸市于 2018 年印发《邯郸市技术转移体系建设实施方案》，加快构建技术转移体系，着力做大做强技术转移主体，努力打造具有邯郸特色的技术转移区域生态系统，促进科技成果资本化、产业化。通过构建成果转化流通的硬件支撑体系，在市科技中心建设“展示、交易、转化、服务”“四位一体”科技成果展示交易中心。通过互联网技术手段连接技术转移机构、投融资机构和各类创新主体，集聚成果、资金、人才、服务、政策等创新要素，开展线上线下相结合的技术交易活动。强化创新创业载体技术转移功能，优化众创空间、孵化器、加速器、科技园区等各类孵化载体功能。融入一体化的京津冀技术市场大局，加强与中关村国家技术转移北方中心等国家级技术转移平台的互联互通，实现技术转移、投融资等服务机构的协同互动，构建全链条、多要素线上线下协作网络。通过畅通军民两用科技成果转移通道，强化军民技术供需对接，加强军民融合科技成果信息互联互通，建立军民技术成果信息交流机制。瞄准智慧城市、环境污染治理等领域的创新需求，支持技术转移机构与企业建立常态化科技成果精准推送机制。通过基础架构、转移通道、政策环境和支撑保障等一系列措施，为奋力开创新时代，全面建设富强邯郸、美丽邯郸提供人才技术支撑。

衡水市的《关于落实〈河北省技术转移体系建设实施方案〉工作意见的通知》指出，发挥企业、高等学校、科研院所等创新主体在技术转移中的重要作用，以衡水科技成果转移转化促进中心（衡水市科技大市场）、中关村天合（衡水桃城）科转交易中心为纽带，以技术转移机构和创新平台为支撑，建设技术转移体系基础构架。壮大企业技术转移主体，发挥企业技术转移主体作用，实施高新技术企业和科技型中小企业双倍增计划。创建科技成果转移转化平台，加强中科衡水科技成果转化中心建设，共建一批以京津冀协同创新为主体的科技成果中试孵化基地、产业园和产业技术创新战略联盟。通过颁布一系列政策举措，推动京津冀科技成果在衡水市转移、转化，促进科技成果实现资本化、产业化，更好发挥科技人才在经济社会发展中的支撑引领作用。

邢台市的《邢台市技术转移体系建设实施方案》指出，打造邢台市科技成果转移转化示范区，致力于打造承接京津产业转移的战略发展平台，推进形成“京津研发、邢台转化”创新模式。加快区域技术市场发展，建设“展示、交易、共享、服务”“四位一体”区域交易大市场，鼓励省级以上园区和有条件的县（市、区）建设技术交易工作站和具有本地经济特色技术市场，打造线上线下互动融合的技术交易体系。培育一批公共服务平台，强化政府在科技成果转移转化中的服务职能，建立健全科技咨询、信息技术、专利代理、技术评估、科技金融、法律法务等专业服务平台和中介机构。对接国家、省级科技成果信息平台，开展科技成果信息汇总、发布，完善科技人才库、科技企业项目库、科技成果专利库、技术创新需求库和成果转化案例库，推动科技成果与产业、企业技术创新需求有效对接，加强科技成果的宣传与展览展示，实现区域内科技成果转移转化一站式公共服务全覆盖。这一系列围绕科技成果转移转化的措施办法，打造了具有邢台特色的技术转移生态系统，推动了科技成果商品化、资本化、产业化，为实现经济社会高质量、可持续发展提供了强大动力，为加快推进新时代创新型邢台建设提供了人才技术支撑。

2. 加大中介服务人才吸引与培育力度

开展技术交易工作，必须依靠技术交易中介来提供相应的服务，为技术需求者与技术提供者提供技术交易的平台。通过协调、协商、沟通等达成协议的过程，都属于技术交易中介服务的重要内容。中介服务又称技术经纪人，是指在技术市场中，以促进成果转化为目的，为促成他人技术交易而从事中介居间、行纪或代理等，并取得合理佣金的经纪业务的自然人、法人和其他组织。技术中介组织能够为用户提供所需的信息、技术交易平台，能够让众多用户参与平台，实现服务共享。技术经纪人无疑将成为企业和科研单位之间的桥梁，成为两者之间联系的纽带。基于南部功能拓展区建设成为科技成果转移转化人才发展示范区的战略目标，吸引和培育此类人才群体是重要的一环。

石家庄市为加快推进科技成果向现实生产力转化，提高科技成果转化质量与效率，加快建立科技成果转化“经纪人”机制，2022 年研究制定了《关于建立完善技术经纪服务体系促进科技成果转化的实施方案》，对技术转移机构、技术经纪人、科技成果受让企业及技术合同认定登记机构都提出了相关要求。围绕市主导产业和传统优势产业的科技成果转化服务，构建科技成果转化技术经纪“331”服务体系，即实施技术经纪服务机构引育、技术经纪服务平台建设、技术经纪服务人才支撑等三大工程；开展技术经纪人员素质提升、技术经纪特派服务、科技成果转化促进服务等三大专项行动；建立完善的技术经纪服务激励机制，以完善科技成果转化技术经纪服务体系。其中，技术经纪服务人才支撑工程中，明确要打造高素质专职技术经纪人才队伍、壮大兼职技术经纪人才队伍、优化技术经纪人才发展机制；技术经纪人员素质提升行动中，明确以石家庄科技大市场、国家技术转移人才培养基地等为依托，联合市内外高等院校、科研院所、科技服务机构，组织开展多渠道技术经纪人员培训，培养一批以提高信息增值、技术增值、服务增值能力为目标的技术经纪人，为供需双方提供科技咨询、科技评估、科技代理、技术转移等科技服务。通过一系列务实有效的举措办法，石家庄市坚持市场主导、政府引导、激励引领，以建设技术经纪服务机构及平台、发展壮大技术经纪人队伍、建立技术经纪服务激励机制为核心，进一步完善科技成果转化技术经纪服务体系。

邯郸市针对科技服务中介机构规模小、数量少、专业人员结构不合理等问题，加强技术转移服务机构等建设和技术经理人等培训，完善科技成果转移转化推广体系，促进高水平科研成果和尖端技术与市场有效对接。截至2021年10月，已建成国家和省级技术转移机构17家，市技术交易中心技术项目入库2000余项，涵盖智能制造、新材料、生态环保等多个领域。通过培训技术经理人、技术经纪人，邯郸市着力于打通科技成果转化“最后一公里”，努力实现聚集创新资源、壮大创新主体、打造科技创新高地、优化创新生态等目标。

邢台市坚持产业链与服务链融合，大力发展研究开发、技术转移、检验检测认证、创业孵化、科技金融、知识产权等中介机构，一站式提供政策解读、品牌培育、形象策划、业务培训、法律咨询、标准信息咨询、质量管理咨询、信息数据、工程建设、节能降耗等服务。通过加强专业化实验支撑和科研辅助人才队伍建设、加快中介服务人才队伍建设，发展壮大科技成果推广和转移转化人才队伍，培育一批懂技术、善经营的技术经纪人。

3. 强化科技金融人才集聚与发展

京津冀协同发展的定位是成为全国创新驱动经济增长的新引擎，一方面发挥北京作为首都的科技创新发展引领作用，另一方面带动京津冀相邻地区的科技创新发展，这都离不开金融的大力支持。随着京津冀一体化进程的快速推进及科技进步，金融为科技成果转化提供了更好的条件，成为京津冀三地科技发展的重要支撑。京津冀协同发展战略实施背景下，三地逐渐形成比较成熟的人才、资本和科技交流体系。

2021 年 7 月 22 日，为深化科技金融双向融合发展，激发企业创新发展“金动力”，用好国内科技金融市场化服务手段，推动前沿科技在冀转移转化产业化，在河北省科技成果展示交易中心召开了河北科技金融融合发展金企对接会。这次会议立足于构建高质量科技金融生态圈，服务于科技成果转移转化和产业创新升级，对于推进科技金融研究和应用、加强金融科技经验分享、加快行业融合创新、促进资本市场更好地服务于河北实体经济而言具有重要意义。

河北省政府 2015 年印发《关于促进科技金融深度融合的意见》，2016 年印发《关于加强全省金融人才队伍建设的实施意见》，推动在高新技术产业开发区和国家高新技术产业化基地等设立集科技金融高端人才、技术转移和投贷联动等多功能服务于一体的金融超市。2016 年由国家科技成果转化引导基金、京津冀三地引导资金和国投资金共同出资设立国投京津冀科技成果转化创业投资基金，推进科技成果转移转化。

2016 年，石家庄市出台《关于加快科技金融融合发展的意见》，加快建立健全科技金融人才引进、培养、任用、评价和激励制度，加强市专家库建设。在高新技术产业开发区和国家高新技术产业化基地等设立集科技金融高端人才、培训咨询、知识产权、技术转移和投贷联动等多功能服务于一体的金融超市。支持从事成果孵化、科技咨询、技术检测、创业投资等专业化、综合性的科技中介机构发展。为金融科技生态体系培养和聚集更多的“金融+科技”复合型人才。2019 年，石家庄市发布《石家庄市科技金融深度融合行动方案（2019—2021 年）》，从完善科技信贷支持体系、完善科技企业投融资体系、完善科技金融组织服务体系等方面制定了相关行动方案，旨在充分发挥金融服务作用，支持石家庄市科技创新，促进科技金融深度融合，提升科技成果转化效率，加快产业结构升级。

近年来，邯郸市通过设立创业引导基金、开展科技增信贷款、搭建科技投融资服务平台，结合科技型中小企业发展需求，积极探索科技金融服务模式，推动全市科技金融发展，有效缓解科技型中小企业的“融资难”等问题。汇集银行、保险公司、创投公司、高新技术企业及科技型中小企业共同组建邯郸市科技金融联盟，联盟成员单位达200家。联盟汇聚了一批既懂科技又懂金融的服务机构、专业人才，促进了科技金融资源的有效对接与互动。

四　存在的突出问题

（一）区域内人才一体化发展体制机制不健全

为了完善区域创新环境，发挥人才在科技创新、产业转型、成果转化等方面的引领作用，南部功能拓展区从各个层面发布了科技创新人才（团队）政策，但是区域内部科技成果转化人才体制机制不健全，一体化工作机制有待进一步完善，各地市在科技成果转化人才一体化发展上分散决策现象明显，人才政策“碎片化”现象突出，科技成果转移转化人才政策缺乏。

石家庄、邯郸等制定的人才政策中，明确指出高层次科技创新创业人才或团队是掌握具有自主知识产权核心技术，具备市场化、产业化条件，其科技创新成果能在本地转化落地，并取得明显经济效益的人才或团队。人才政策虽涵盖了落户居住、医疗教育、专项资金、股权激励与财政税务等方面，但受惠对象主要是科学家和高端创业人才（“长江学者”和河北省“百人计划”等人才），对于从事科技服务的人才的支持政策则散落在各类人才计划之中。对于从事技术交易、中介服务、科技金融、专利成果代理、科技成果评估等促进科技成果转化的人才，并没有针对性的人才支持政策及配套措施。这就意味着，科技服务人才所从事的技术转移、知识产权服务与科技咨询等工作，无法被纳入各地市人才计划的申报与评审范畴，难以与其他高端科研人才享受同等待遇。

通过分析各类人才政策发现，各地市并没有将技术转移等科技成果转化类人才列入本地区“十四五”紧缺人才开发目录，与“建设科技成果转移转化人才发展示范区”的功能定位要求还存在较大差距。同时，南部功能拓展区内部科技成果转移转化人才一体化市场配置程度低，尚未建立区域一体化人才市场，区域内部没有形成政策共享、人才共享、信息共享的良好机制。

（二）区域内人才集聚能力不足且发展不平衡

就产业集聚与人才集聚的互动规律来说，产业集聚能够引致人才集聚。南部功能拓展区科技成果转移转化人才集聚不平衡主要表现在两个方面：一是产业分布不均衡，南部功能拓展区产业主要是生物医药、机器设备制造、重工业等，承接京津科技成果转化领域以现代交通、城市建设与社会发展、环境保护与资源综合利用等为主，近几年也在电子信息、生物医药、新能源、新材料领域有所发展，但是承接规模相对较小，没有形成深度对接，在相关领域科技成果转移转化人才有待进一步集聚。[①] 二是区域内发展不平衡，南部功能拓展区的四个地市中，受经济发展水平、社会公共服务功能及特色行业发展等因素影响，各地市人才发展不平衡问题加剧。《河北省第七次全国人口普查公报》显示，石家庄作为河北省省会城市，汇聚了全省近40%的博士人才、37%以上的硕士人才，远远高于功能拓展区内部其他城市。在尚未建立区域内政策共享、人才共享、信息共享机制的前提下，石家庄会对区域内部人才形成较大虹吸效应，不利于其他地市的成果转化。

（三）科技成果转移转化人才培养体系需完善

科技成果转化服务涉及面非常宽广，客观上讲要求相关从业人员具备技术、法律、经济、知识产权与金融等知识储备或实践经验。国际上专业咨询公司员工大多是名牌大学的 MBA 毕业生，或者具有多学科的专业背景，并有企业工作的经历。在发达国家，科技成果转化中介服务机构多会投入巨资用于内部人才的培养和培训，且年均培训费占其年营业额的 5%~6%。目前

① 陈璐主编《京津冀协同发展报告（2020）》，社会科学文献出版社，2020，第 31~40 页。

表 8-2　2020 年南部功能拓展区人口受教育状况

单位：人

区域	15 岁及以上人口	大学专科	大学本科	硕士研究生	博士研究生
河北	59521267	5270408	3708978	260942	24269
石家庄	8567673	1204797	896527	95738	9528
辛集	498716	35736	16902	852	78
邯郸	6997805	446660	276343	14602	1259
邢台	5396681	354813	212176	13116	1094
衡水	3395376	208583	136811	5458	474

资料来源：《河北省第七次全国人口普查公报》中人口受教育情况。

市场上大多数中介机构尚处于初创阶段，风险高且赢利难，一些小型科技中介机构并没有开展科技服务人才的相关培训或培养工作。

高校在科技成果转移转化人才培养上扮演着重要角色。上海交通大学 2021 年发布《招收“技术转移”专业学位硕士研究生招生简章》，开设技术转移专业，采取以理论为基础、以实践为导向的培养方式，搭建起科技成果、技术转移、金融投资三者之间的桥梁，着重培养技术战略规划、科创融资两大方向的专业人才。南部功能拓展区虽有高校 54 所，占河北的 43.2%，但在学科和专业设置上，所有高校并没有开设科技成果转化类专业。

目前，南部功能拓展区科技成果转化中介机构规模尚未形成，优秀人才相对集聚的研究院、研究所和高校是科技成果转化的主力军。但高校、科研院所长期重科研教学，相对忽略科技服务，相较于研究员、教授而言，科技服务者并不被认可。同样受人才评价体系影响，高校、科研院所的人才评价体系以论文、专利为主要指标，尽管北京、上海等城市的部分高校、科研院所将科技成果转化、新药品研发等纳入人事评聘体系，但就河北省而言，依然缺少专门针对科技服务者的职称评定办法。单一的唯科研评价体系在一定程度上影响了青年科技服务人才的积极性。调研发现，青年科技服务人才将时间、精力大量投入到科技服务当中，且缺少论文发表渠道，导致职称评定困难、职业晋升空间受限。在一些高校、科研院所，技术转移部门的科技服务人员甚至没有晋升“高级”的通道，“天花板”现象严重制约着科技服务人才队伍的发展壮大。这些因素都限制了科技成果转化服务业人才培养向高端化发展。

五　对策建议

（一）立足功能定位，推动人才共同发展

立足《京津冀协同发展规划纲要》中对南部功能拓展区的功能定位，建立区域内上下联动、条块结合的一体化人才发展体制机制，引导科技成果转移转化人才在区域内部的合理布局。区域内各地市要把贯彻落实《京津冀人才一体化发展规划（2017—2030 年）》作为人才工作的重中之重，根据功能区定位，发挥各地组织、人事、科技、教育等部门在科技成果转移转化人才集聚中的重要作用，建立科学有效的政府引导机制、规范有序的市场主导机制、灵活多样的社会参与机制等，构建区域人才政策网络，推动区域内人才政策互联互通，畅通人才信息网络渠道，促进人才要素在区域内自由流动，最大限度激发人才活力。同时建立区域人才培养的市场化调节机制，依据区域内产业布局、企业发展需要，动态调整培养方向，形成市场决定人才培养新格局。要充分发挥石家庄高等院校教育资源集聚优势，完善区域教育合作机制，搭建人才信息共享平台。

（二）优化人才发展政策，吸引优秀人才集聚

将科技成果转移转化人才列入南部功能拓展区各地市“十四五”紧缺人才开发目录。河北省对外开放度低，人才跨国双向流动较少，中外合资的中介机构发育需求不足。在重点服务石保廊全面创新发展上，要充分利用全球科技成果和高端人才，开展更高层次的国际创新合作，加快推动建立深度融合的开放创新机制，深化外商投资和对外投资管理体制改革。实施国际人

才集聚工程，大力实施海外高层次人才引进计划，以雄安新区国家人才特区建设为支撑，吸引战略性新兴产业和世界先进制造业领域科技人才和科技成果转移转化人才。

各地市要积极制定有针对性的人才计划，通过团队整体、核心人才、项目合作或邀请讲学、兼职等引进方式，集聚国内外复合型人才、高端急需人才，以带动行业全面提升。在财政上，鼓励新兴科技服务机构及从业人员的发展，扩大科技发展基金和科技风险基金的支持对象范围；在税收上，给予税收优惠，提高科技服务业人才的计税工资基数；同时，允许科技服务业人才从服务项目中提取一定比例的“服务费”作为绩效奖励。同时建立柔性引才机制，定期举办院士河北行、专家服务基层、京津冀人才供需对接等活动，建设一批技术转移人才培养基地、海外科技人才离岸创业基地，实现人才与人才、人才与企业、人才与资本之间的互动与跨界协作。

（三）完善人才培育模式，提升人员素质能力

按照《京津冀人才一体化发展规划（2017—2030 年）》中提出的“以雄安新区为载体，重点服务北京非首都功能集中承载地建设，加快高端高新产业、高端服务业、公共服务等领域人才集聚，建设高端创新创业人才发展示范区”，加快雄安新区国家人才特区建设，对接科技部火炬中心，谋划建设国家科技成果转移转化人才培养基地，发挥京津研发引领作用，共同建设科技成果转移转化人才培养基地和实训基地，建立“基地+教材+师资+管理”“四位一体”的技术市场人才培养体系，统筹推进初、中、高级技术转移人才梯队建设，探索建立国际高端技术转移人才培养机制，推动形成职业化、规范化、制度化的技术市场人才队伍，促进科技成果资本化和产业化。依托高等学校和骨干企业建立一批技术转移人才培养基地，新建一批院士工作站，培养一批技术经纪人和既懂科技又懂市场的创新型企业家队伍。

针对科技服务业发展特点，以石家庄为首的南部功能拓展区内部各高等院校，要积极探索开展科技成果转化专项改革试点，发挥学校的学科优势，加强人才培养，探索建立科技成果转化相关专业硕士人才培养机制，结合综

合性大学经管类、金融类、法学类、公共管理类、理工类、医学类等学科优势，培养一批对接国家和行业需要，懂技术、懂产业、懂金融的高层次科技成果转化服务的复合型人才，为强化国家战略科技力量、提升企业技术创新服务，用好多种金融工具、实现科技成果转化，从而更好地促进国民经济发展。

（四）完善人才评价机制，激发人才的积极性

建立以能力、业绩、贡献为主要标准的科技成果转移转化人才评价体系，在研究课题和科技项目等申报时，逐步降低职称、学历等权重。完善科技成果转移转化人才分类评价体系，针对基础研究人才，弱化中短期目标考核，突出学术、技术水平评价，注重研究成果质量及其对国家、社会的影响力；针对应用开发人才，强化创新创造业绩贡献评价，注重创新能力、创新成果、产学研结合等，调整不恰当的论文要求；针对科技成果转移转化实践人才，突出转化的效益效果评价，注重产值、利润等经济效益和吸纳就业、节约资源、保护环境等社会效益。对于在科技成果转移转化工作中业绩成就突出、成果显著的优秀中青年工程技术人员，在申报高一级专业技术职称时可放宽学历、任职资历要求。引导高等学校、科研院所根据科研工作需要，设立一定比例的流动岗位，吸引有创新实践经验的企业家和企业科技人才兼职从事教学或科研工作，探索将企业任职经历作为高等学校新聘工程类教师的必要条件。

（五）关注人才合理需求，优化人才发展环境

做好人才工作，不仅要善于吸引人才，更要留住人才、用好人才。做好人才工作，“事业留才”是关键，搭建人尽其才、才尽其用的干事创业平台，创造条件实现人才与产业发展“同频共振”，围绕河北在京津冀协同发展战略中的战略优势、区位优势，聚焦科技成果转移转化产业特色，搭建科技成果转移转化人才发展与地方特色产业匹配共生平台，打造最具活力的人才高地，促进人才进一步发展。

一流的发展环境对于吸引和留住人才而言至关重要。南部功能拓展区要实施人才服务保障工程，不断完善人才关怀机制，建好“人才之家”，妥善解决人才安居住房、配偶就业、子女入学等“关键小事”，当好“后勤部长”“店小二”。对自带高技术成果来拓展区实施转化或从事高新技术项目研发的高层次人才，各有关部门要开辟绿色通道，不受编制结构、工资总额、户口等限制，特事特办。加大资源整合力度，加快建设科技基础条件平台，大力改善科研条件，为科研人员创造良好的科研环境。

第九章　通武廊人才一体化发展状况

按照《京津冀人才一体化发展规划（2017—2030 年）》（以下简称《规划》）中提出的“一体、三极、六区、多城”京津冀人才一体化发展总体布局，以北京市通州区、天津市武清区和河北省廊坊市（以下简称“通武廊”）毗邻区域为载体，重点服务北京城市副中心建设，开展人才一体化发展政策先行先试，加快高端商务、金融、文化、健康服务等领域现代服务人才集聚，建设京津冀人才一体化发展综合示范区。

本章以人才一体化发展为核心，着重就通武廊人才集聚、人才政策及体制机制展开研究，分析存在的问题，并有针对性地提出对策建议。

一　通武廊区域概况

通武廊是指由北京市通州区、天津市武清区、河北省廊坊市组成的自然地域。随着京津冀协同发展的推进，因地缘关系，三地自然而然形成了一个京津冀的缩影，成为京津冀一体化发展的试验田。

（一）通武廊区域综合介绍

通州区位于北京市东南部、京杭大运河北端，是北京市市辖区、城市副中心，总面积 906 平方公里。截至 2021 年 12 月，通州区下辖 11 个街道、10 个镇、1 个民族乡。根据第七次全国人口普查数据，截至 2020 年 11 月 1 日零时，通州区常住人口 184 万人。与第六次全国人口普查的 118.4 万人相比，增加了 65.6 万人，增长 55.4%，年平均增速为 4.5%。全区常住人口中，外省市来京人口为 89.8 万人，占常住人口的 48.8%。2020 年，通州区地区生产总值 1103 亿元，按可比价格计算，比 2019 年增长 3.4%。其中，第一产业增加值 13 亿元，同比增长 2.3%；第二产业增加值 410.5 亿元，同比下降 3.1%；第三产业增加值 679.5 亿元，同比增长 7.8%。三次产业结构由 2019 年的 1.2∶39.7∶59.1 变化为 2020 年的 1.2∶37.2∶61.6。

武清区位于天津市西北部，海河水系中下游，隶属天津市。北与北京市通州区、河北省香河县为邻，南与天津市北辰区、西青区和河北省霸州市相连，东与天津市宝坻区、宁河区搭界，西与廊坊市安次区接壤，总面积 1574 平方公里。2020 年，武清区户籍人口 107.7 万人。截至 2021 年 10 月，武清区共辖 6 个街道 24 个镇。2020 年，武清区地区生产总值 815.5 亿元，按可比价格计算，同比下降 4.8%。其中，第一产业增加值 40.6 亿元，第二产业增加值 273.1 亿元，第三产业增加值 501.8 亿元，同比下降 6.6%。三次产业结构为 5.0∶33.5∶61.5。

廊坊市是河北省辖地级市，位于河北省中部偏东，北临首都北京，东交天津，南接沧州，西连保定，地处京津冀城市群核心地带、环渤海腹地。廊坊市辖两个区、两个县级市及六个县，总面积 6429 平方公里。根据第七次全国人口普查数据，截至 2020 年 11 月 1 日零时，廊坊市常住人口为 546.4 万人，占河北省总人口的 7.3%，较 2010 年上升 1.3 个百分点，过去的十年人口增加逾百万，增速居河北第一。2020 年，廊坊市生产总值 3301.1 亿元，同比增长 3.5%。其中，第一产业增加值 221.5 亿元，与上年持平；第二产业增加值 1022.0 亿元，同比增长 2.6%；第三产业增加值 2057.6 亿元，同比增长 4.3%。2021 年上半年，廊坊市三次产业结构比重为 6.8∶25.7∶67.5，呈现一产稳、二产降、三产涨的态势。

（二）通武廊区域合作情况

通州区、武清区、廊坊市同处京津冀协同发展的核心区，三地地缘相接、人缘相亲，地域一体、文化一脉，具有优势互补、协同发展的基础优势和良好条件。早在2018年北京通州区、天津武清区与河北廊坊市就在共同签署的通武廊战略合作发展框架协议推动下，不断创新区域协同沟通机制，在基础设施、产业对接、生态环保、文化旅游等诸多方面开展密切合作。

2017年2月，通武廊三地签订了《推进通武廊战略合作发展框架协议》，重点在加强顶层谋划和规划对接、构建便捷高效交通网、深化科技创新、公共服务和人才合作等8个方面，深入开展对接合作，更好承接非首都功能疏解项目，以实际行动落实京津冀协同发展战略，打造协同发展试验示范区，助力京津冀协同发展向纵深迈进。2019年4月，三地规划兴建通武廊产业共同体，主要承接北京高端产业、高科技研发机构和相关项目。通过共建产业共同体，三地整合资源，扩大规模，发挥各自优势，使承接非首都功能疏解项目能力迅速提升，实现共赢。通武廊产业共同体还在跨行政区域税收政策、产业政策、利润分成等多方面积极探索。整合三地资源，共同打造共建共享的示范样板，打造通武廊青创、科技、人才聚集高地和创新创业示范区。2019年5月，京津冀三地在河北廊坊举办通武廊产业协同创新发展恳谈会，北京通州、天津武清、河北廊坊三地在科技创新、文旅交流、交通互联、人才发展、教育合作、生态环境保护、气象灾害预警、医疗卫生、北运河生态文化、市场监管等方面开展合作。2022年5月，《北京城市副中心（通州区）“十四五”时期公共服务发展规划》明确要拓展通武廊三地人力资源服务合作成果，以园区为桥头堡持续推动京津冀人力资源服务市场一体化发展。探索跨区域人口人才管理政策创新，结合需求开展再就业与专业技术人才培训，加快推进区域人才资源共享工程。落实京津冀劳动人事争议协同处理机制，推进监管事项标准化和监管流程规范化，促进跨地区劳动争议有效化解。

二　通武廊人才一体化发展现状

通武廊人才一体化发展，即以实施京津冀协同发展战略为根本出发点，立足通州、武清、廊坊三地人才比较优势、区域功能定位及产业分工要求，以人才发展体制机制改革及政策创新为主线，坚持统筹协调、重点突破、分步推进，大力推动人才一体化发展管理改革与政策先行先试，具体包括：推动通州、武清、廊坊三地人才引进互融互通、人才培养共育共培、人才评价互认互准、引才平台共建共享，着力打造跨区域人才一体化发展格局，实现区域人才管理一体化、人才开发一体化、人才服务一体化、人才产业适配化、人才配置市场化及人才效能最大化，为通州、武清、廊坊打造京津冀协同发展示范区提供坚强的人才支撑与智力保障。在“通武廊”区域发挥“小京津冀”作用，辐射、引领、带动京津冀全域人才一体化发展。

（一）总体进展

通武廊三地积极抢抓京津冀协同发展重大国家战略机遇，协调北京市通州区、天津市武清区与河北省廊坊市签订一系列通武廊人才合作框架协议，建立联席会议制度，深入推进区域人才一体化发展。

1. 强化顶层设计：共建人才发展示范区

通武廊三地地域相连、文化相通、人缘相亲，有较为丰富的资本流、信息流、人才流，具备成熟的产业格局、完善的基础设施和良好的发展环境。京津冀协同发展战略的提出，为三地人才一体化发展提供了历史性机遇和顶层设计依据。

2016 年 10 月 16 日，通武廊三区人才融合发展工作会议举行，会上发布《通武廊人才一体化发展示范区建设宣言》，“通武廊人才一体化发展示范区”建设正式启动，三地人才融合进入实质性阶段。

通武廊人才一体化发展示范区建设分为三个阶段：第一阶段，到 2017 年，形成区域常态化人才合作机制，基本完成人才一体化发展基础建设，试点建设人才一体化公共服务机制；第二阶段，到 2020 年，形成较成熟的人才一体化发展模式，初步形成一体化人才治理体系，区域创新创业进入良性协作阶段；第三阶段，到 2030 年，建立起政策均衡、产业协同、创新要素流动、人才交流密切、市场化程度较高的区域人才发展新格局，发展空间进一步拓展，更好地辐射、带动周边其他地区人才发展，将通武廊人才一体化发展示范区建设成为区域协同发展的样板。

2016年以来，三地围绕“人才引进互融互通、人才培养共育共培、人才评价互认互准、创新平台共建共享”四个方面重点推进示范区建设。

一是构建区域人才一体化体制机制。建立一体化人才工作领导协调机制，探索成立区域人才合作常设机构，打造区域一体化党管人才工作格局和发展决策咨询制度。逐步构建区域人才柔性交流机制，创新社会化区域人才管理模式，试点外籍人才管理改革。

二是构建区域人才一体化服务体系。打造示范区互联互通社保信息平台，为人才流动提供数据信息监测。构建基于互联网的一体化人力资源共享平台，提高人才流动效能。试点通武廊区域教育、卫生人才多点执业。

三是构建分工协作的产业发展格局。以延伸人才链、产业链提升产业层次为核心，就科技创新、研发转化、成果转移等开展项目合作，以健康产业、休闲旅游产业、养老服务业等绿色产业为新的合作探索领域，推动三地形成分工协作、互利共赢的产业发展格局。

四是完善通武廊一体化人才市场。打造服务通武廊、辐射京津冀的人力资源服务产业园，形成以功能定位为基础的人力资源服务业集聚效应，提高通武廊区域人力资源开发和管理水平，提升通武廊人才集聚程度。

2. 强化政策支持：实现区域人才互认共享

为突破政策瓶颈，促进区域人才发展一体化，北京市通州区、天津市武清区、河北省廊坊市三地在区域人才评价互认、创新平台共享共用、推出“人才绿卡”、鼓励企事业单位间科研人员双向兼职等方面实施先行先试政策，在政策互通互融、人才联引联育、服务共建共享等方面推出一系列具体举措。

一是在人才标准认定上，率先实现通武廊人才互认。梳理三地现有人才政策和认定标准，出台《通武廊区域人才互认标准》，对不同层次人才，参照学历、职称等通用标准进行分层级等同化互认，对取得三地人力社保部门认定职业资格的高技能人才，在通武廊三地间流动，相应资格“一证通路”，突出打破区域人才流动壁垒，减少区域间人才流动障碍，建立京津冀人才一体化发展先行试验区。

二是在人才共育共培上，启动三地人才挂职交流。出台《通武廊区域人才挂职交流工作管理暂行办法》，从党政人才、专业技术人才等重点领域选派人才异地挂职，选派干部到三地关键岗位和核心业务部门挂职交流。明确挂职人才管理、考核等工作要求，为三地人才搭建交流平台。

三是在平台共享共用上，实行人才信息共享，通过开设三地招聘求职信息专栏等方式，定期联合发布三地紧缺实用人才引进需求信息。定期轮流或联合举办跨区域的人才交流和技术项目洽谈，共同举办区域人才联合招聘会。围绕装备制造、生物医药、新材料等重点产业，选录工程技术中心、重点实验室等 30 家创新平台，面向通武廊三地企业和人才共享共用，实现人力资源信息互联互通。

3. 强化推动落实：签署合作框架协议

京津冀三地拥有丰富的专家人才资源和科技创新资源，通武廊在产业发展上也各有所长。把三地各具特色的人才资源集中起来，统一对外展示，形成人才发展的局部优势环境，能够提升区域整体优势和竞争力。为此，通武廊三地积极构建联合管理、共享合作机制，打造通武廊区域人才工作品牌，具体包括：推动三地积极研究涉及区域人才合作的相关问题，加强三地人才工作统筹协调，依托华夏国际人才研究院设立“京津冀（通武廊）人才发展研究基地”，开展“通武廊人才融合发展示范区建设项目”研究，建立三地高层次人才联合培养基地，开辟区域人才一体化发展道路，实现三大区域人才规划同步发展。

一是签订《通武廊人才合作框架协议》，共同发起人才联席会，建立通武廊人才联席制度，签订青年创业人才培养交流、科技人才交流合作、人才网站互联互通等项目协议，在人才智库资源共享、人才资质互认互准、区域人才交流合作和联合培养等方面展开战略合作。

二是强化人力资源领域合作，签署《通武廊人力资源服务协同发展合作框架协议》，选取首批 20 家人力资源产业企业成立“通武廊人力资源服务企业联盟”，在人力资源服务信息、服务政策、服务提供和服务升级四个方面实现一体化。

三是共享优质公共就业创业服务，依托“互联网+就业”服务平台，为北京、河北企业和人员提供同等公共就业服务，成功举办通武廊大型人才招聘会，提供就业岗位 320 余个、达成就业意向 210 人，为 155 名北京籍人员、16245 名河北籍人员办理就失业登记，为 106 名河北籍高校毕业生发放就业见习补贴 45. 26 万元。联合举办通武廊职业技能大赛、通武廊青年创新创业大赛等。

（二）主要成效

通武廊交通条件优越，协调机制顺畅，综合开发环境一流，是吸引高素质创新创业人才的沃土。自通武廊启动人才一体化发展示范区建设以来，三地不断打破行政藩篱，实现人才引进互融互通、人才评价互认互准、人才培养共育共培、创新平台共建共享。

1. 人才流动互通互融

通武廊以人才交流为三地合作的突破口，从区域人才合作机制创新上寻求突破。建立三地人才工作联席会议制度，签署《通武廊区域人才合作框架协议》《通武廊区域人才互认标准》等。三地人力资源和社会保障部门就相关协议执行情况多次对接，取得共建人才服务网站、人员互派临时岗位、联合开展国内外人才引进活动等一系列成果，形成通武廊人才合作品牌效应。如在人才交流方面，围绕通武廊三地重点产业人才需求，组织开展海外高层次人才赴三地考察交流和项目对接洽谈活动。落实通武廊人才服务绿卡制度，建设三地高效完整高层次人才信息库，共享三地人才政策，组织首批入选者开展专家研修等活动。

2017 年，武清区组织 3 场通武廊大型人才联合招聘会，2. 1 万人报名求职，5697 人达成就业意向。举办清华大学通武廊招聘专场，268 人达成就业意向，其中 50%以上为研究生及以上学历；举办 3 场通武廊海外人才项目对接活动，吸引 13 个项目成功落地。同时，武清依托公共就业服务平台，共同设计开发通武廊人才服务区，通过实时工作动态更新、联合政策推进、招聘信息共享等方式，实现信息发布的协调同步。

2019年3月，北京通州区人力社保局与天津市武清区人力社保局、河北省廊坊市人力社保局联合举办2019年通武廊大型人才招聘会（通州专场），组织98家京津冀三地名优企业参会，提供2609个就业岗位，涉及企业管理、技术研发、文化教育、仓储物流、生产制造等行业，旨在落实《推进通武廊战略合作发展框架协议》，充分发挥三地公共就业和人才服务机构的作用，为用人单位和求职者搭建供需见面、双向选择服务平台。

2. 人才培养共享共用

三地共同出台了《通武廊区域创新平台共享共用目录》，聚焦装备制造、生物医用新材料等重点产业，选择工程技术中心、重点实验室等30个创新平台，供三地企业和人才共享共用。目前，三地已有21家企事业单位享受到创新平台提供的人才和智力服务。同时，三地联合组成专家评审组，评选社会事业发展领域优秀人才。近年来，在贯彻京津冀协同发展战略中，依托通武廊职业技能大赛，激发职业从业人员钻研业务、提高业务技能的积极性、主动性，全面推进知识型、技能型、创新型技能人才队伍建设，加强三地职业技能人才交流，推进通武廊合作发展。围绕通武廊区域重点产业发展需求，每年制定《通武廊区域创新平台共享共用目录》，为区域内人才、企业、研究机构提供更加积极、开放、有效的服务平台。

为加强职业技能人才交流合作，加快技能人才储备，营造赶、学、比、帮、超的技能人才发展氛围，每两年由通州、武清、廊坊三地轮流主办一次职业技能大赛。自2017年首届比赛在天津武清区成功举办以来，至今已连续成功举办三届。大赛旨在为通武廊三地职业技术人员搭建一个同场竞技、互通有无、互比互学、相互提高的交流平台。通过技能大赛，深化三地人才合作，拓展人才交流渠道，促进三地参赛选手综合素质、专业化水平、创新能力的全面提升。目前，通武廊职业技能大赛已成为京津冀技能人才队伍建设的品牌赛事。

3. 就业创业政策互利互惠

通武廊积极探索京津冀企业就业和人员就业合作模式，打破三地求职和招聘的地域限制，对京津冀用人单位和求职者实行相同标准。2017 年，8 家北京公司和 4 家河北公司进入武清区人力资源市场开展招聘活动，17056 名河北户籍人员和 92 名北京户籍人员进入武清地区人力资源市场求职。截至 2020 年，武清区北京籍就业人数达 450 人，河北籍就业人数超过 1.8 万人，武清区人社局打破创业扶持政策的户籍限制，鼓励北京和河北省人才在武清创业，并对选择在武清创业的河北高校毕业生给予政策支持，发放岗位补贴、租金补贴、社保补贴等。

同时，为妥善处理通武廊跨区域劳动人事争议案件，共建和谐劳动关系，武清区人力社保局积极协调、主动沟通，召开三地劳动人事争议仲裁座谈会，联合签署《关于通武廊劳动人事争议协同处理工作的意见》，为跨区域劳动人事争议案件协同处理奠定基础。自意见签署以来，已成功处理跨区域案件 5 件，实现了争议案件高效便捷处理，有效维护区域内用人单位和劳动者双方的合法权益。

4. 人才全面发展生态共建共享

近年来，三地深化通武廊"小京津冀"改革试验，加快社会管理、公共服务、人才等一体化体制机制创新，签订落实多项合作协议，试验示范、惠民利民的实效已经显现。

公共服务方面，着眼于打破公共服务资源地域限制，以合作共建、信息共享、资源共用为方向，加快推进教育、医疗等领域的合作，组建基础教育共同体，建立中等职业教育和幼儿园联盟。

人才交流方面，扎实推进通武廊人才一体化示范区建设，推动人才引进互融互通、人才培养共育共培、人才评价互认互准、创新平台共建共享。三地建立完善了"随报随审"的人才奖励申报评审机制，推出区域人才服务绿卡，推动科技创新平台纳入共享共用目录，联合举办通武廊职业技能大赛、协同创新创业大赛、人才联合招聘等活动。制定相应的激励政策，完善新型学徒制、校企合作等教育和培训模式，构建人才培养和需求深度契合的教育培训体系，人才培养机制更加完善。坚持以品德、能力和业绩为导向，完善人才评价标准，人才评价机制更加科学。实施一系列科研、创业、财税金融、人才服务等创新政策，人才激励机制更加丰富。

社会管理方面，全方位加强司法、安全、应急、维稳等方面的合作，开展跨区域法院立案试点，建立区域安全生产应急联动工作机制、灾情预警联动机制，推进区域警务合作，努力提升整体防控水平、维护区域和谐稳定，共创政策互通、优势互补的人才成长环境。

三　存在的突出问题

京津冀地区内资源聚集和产业水平存在巨大差距，政府在三地建立经济联系的过程中发挥着至关重要的作用。然而，基于京津冀内部地区行政地位的经济模式的影响仍然很大，存在体制障碍和政策障碍。自通武廊启动人才一体化发展示范区建设以来，三地在打破行政藩篱，实现人才引进互融互通、人才评价互认互准、人才培养共育共培、创新平台共建共享等方面已取得一定进展，但仍存在以下突出问题。

（一）深层次的人才协同机制尚未形成

通武廊三地的政策衔接不够通畅，人才制度性障碍尚未突破，户籍和社会保障制度不能完全对接，人才政策开放力度较小，且由于利益关系，部分区域或主体参与动力不足，存在协同主体职能缺位的现象。

（二）合作领域有待进一步拓宽

区域人才合作需要多领域、全方位地推进。从近几年三地人才合作的内容来看，主要还是围绕人才招聘信息共享、人事代理和人才派遣业务互助、人才网站互联等人才市场建设相关领域来展开，合作领域范围较为狭窄。未来三地的人才合作领域需要进一步拓宽，内容和形式也需要进一步创新。

（三）政策衔接不通畅

长期以来，三地在人才政策、资源和服务方面存在较大差异，给区域间的人才流动造成障碍，加之三地的人才评价标准不统一、职业资格和技术等级尚未实现互认，导致了三地人才市场处于相对独立的分割状态，这给区域人才自由流动带来了不利的影响，致使区域间人才比较优势无法实现互补，区域人才整体实力也无法得到提升。

（四）合作动力机制缺乏，合作积极性不高

通武廊三地系列合作协议的实际情况不尽如人意，其中一个重要原因是缺乏合作动力机制。三地均存在对合作引发本区域人才“流失”的担忧，特别是廊坊，由于河北与京津天然落差的存在，其对人才流失的担忧更为严重。此外，区域间人才交流合作也容易给人才流出地区带来短期的人才短缺问题。而目前尚未建立相应的机制来解决此问题，导致各地参与区域人才合作的积极性不高。

四　对策建议

通武廊要立足协同发展大局，不断创新人才一体化举措，通州、武清、廊坊三地就必须实施人才交流互联互通、评价互准互认、结果共用共享，进一步加强人才交流合作，携手共建区域人才一体化发展示范区，共同打造推动高质量发展的“强引擎”。

（一）建立协调保障机制，进一步完善区域人才合作机构

通武廊三地分属不同行政区域，三地人才现状、经济水平、利益诉求等各不相同，如果没有专门的协调机构，就会使三地政策不一、步调不一，从而导致三地无法实现协同发展。因此，应在三个地区政府之上设立一个更高行政级别的协调机构，以解决协调实施问题，通过调动各方资源，实现区域协调发展。在区域一体化进程中，人才工作离不开户籍管理、社会保障等各个方面。因此，应建立分级人才工作制度，明确职责分工，落实相关政策。在现有的省、市人才工作机构中，分别设立廊坊、通州、武清人才工作组和

人才管理部门，并注意完善联席会议制度。一是充分发挥人才工作组在协调人才工作中的作用；二是在三地设立人才工作管理部门，充分发挥其监督和部署人才工作的职能；三是完善联席会议制度，充分发挥联席会议的沟通协调作用，确保联席会议如期且高质量举行。

（二）发挥市场配置作用，建立跨区域人才资源库

宏观利益共享机制缺乏等导致仅依靠政府的行政手段无法实现区域内部人员的合理配置。政府应在宏观调控的同时，充分发挥市场配置人才的基础性作用。一是规范整合区域内政府及民间人才资源服务组织机构，贯通内部业务，为通武廊地区人才服务工作协调开展奠定基础；二是提高人才工作信息化水平，建立高效便捷统一的信息化系统，打破三地间人才信息的孤岛藩篱，建立标准化信息接口，提高服务效率；三是充分发挥市场人才价格机制及生产要素价值评估机制的作用，结合合理的补偿机制，实现人才合作利益的合理分配。

从微观角度来说，通武廊三地所处产业链位置不同，为了产业衔接，对企业来说，最好的方式是跨区域与上下游企业建立联系，建立跨区域的人才资源库，资源库可包括企业专业库和普通员工库，借助这些微观人才库，可以实现不同企业间的工作指导、技能培训、战略性人才培养等功能，促进三地人才合理配置。

（三）实施聚才行动，构筑人才一体化发展高地

实施“产业+聚才”行动。坚持聚焦优势产业，编制发布产业发展指导目录、产业人才需求目录，精准引才、错位发展，吸引高端人才入驻通武廊，推动产业链与人才链深度融合。通过共同举办通武廊项目推介洽谈会等活动，实施招商引资和招才引智“双招双引”工程，主动承接京津人才高地外溢效应，形成“引进一个项目、汇聚一批人才”的局面。实施“科技创新+聚才”行动，通过举办通武廊创新大赛等活动，共同招引创新英才。对科技创新给予科研资金支持，助力企业在关键核心技术领域开展科技攻关，有力推动重点研发计划取得重要进展。

（四）抓好城市副中心建设，健全人才流动具体措施

做好北京城市副中心建设，推动通州、廊坊北三县一体化发展。河北省计划到 2035 年在廊坊市北三县实现高端高科技产业发展，交通等基础设施和教育、医疗等公共服务设施将完全符合北京城市副中心标准，从而与北京城市副中心形成深度融合和协同效应。廊坊要发挥自身优势，重点建设三河市廊坊信息产业基地、大厂潮白河装备制造基地、京东食品加工基地、香河家具产业基地。北三县要加强科技创新，吸引高新技术企业和科研机构入驻，使科技研发资源成为创新的辐射源。要积极配合北京产业转移，淘汰落后过剩产能，防止污染转移，实行项目审批联合审批制度，合理调整产业结构。要加强交通、教育、公共服务等基础设施的衔接，改善空气、水、绿化等生态环境。加强与通州的项目合作、共建园区、人才共享、交通互联互通，实现快速发展。

（五）加强服务保障，优化人才一体化发展环境

创新政策措施。出台通武廊区域人才挂职交流管理办法、创新平台共享共用目录等，打造更有吸引力、更具活力的区域人才发展环境。加强情感联络和沟通，组织三地人才建立微信群、召开座谈会、共同外出休养等，搭建人才联谊交流平台，让人才感受服务温度，增强人才的归属感、荣誉感、幸福感。

提升便利服务。将做好人才服务工作作为优化营商环境的重要抓手，采取行之有效的措施，聚力“引才”方式，做好“育才”文章，提高“留才”本领，厚植“用才”土壤，不断优化人才发展环境，持续提升人才服务水平。首先，优化人才引进方式，强化区域内用人单位和全国高校毕业生双向对接，积极开展线上人才引进和招聘活动，鼓励企业积极参与，发布招聘信息，对接行业人才库。其次，推动企业技能人才自主评价提质扩面，深入企业开展调研，摸清企业需求，打通工作堵点，创新工作思路，精简申报材料，开展“帮办”“代办”，提供“保姆式”服务，最大限度为企业提供

便利。最后，提升人才服务质效，建立覆盖用人单位、职能专管部门、服务承接单位、服务窗口的服务专员队伍。依托服务专员队伍，为高层次人才提供医疗保健、交通服务、旅游服务等多项绿色通道服务事项。

强化人才生活保障。逐步统一通武廊三地人才服务范畴，在交通出行、医疗保障、子女入学等方面，三地人才享受均等化服务。探索建立“点对点、面对面、一对一”的服务机制，不断完善高层次人才“上管老下管小”服务体系，支持高层次人才子女在学前、义务教育阶段享受区域自主择校待遇，妥善解决好人才的“关键小事”，消除人才的“后顾之忧”，打造让人才安心、安身、安业的良好环境。实施更加积极、更加开放、更加有效的人才政策，强化人才与产业对接，吸引、集聚和用好各类人才，通过团队有效融入，引领通武廊乃至京津冀经济社会协同发展。

第十章　京津冀高技能人才发展状况

高技能人才是社会财富的直接创造者，经济增长方式的转变、产业结构的升级急需一批各行业优秀的高技能人才。

《京津冀人才一体化发展规划（2017—2030 年）》提出，要着眼区域经济社会发展对高技能人才的需求，不断提升高技能人才发展水平。总体上看，京津冀区域高技能人才在总量、结构和素质上还不能适应京津冀协同发展的需要。高技能人才工作基础较为薄弱，培养体系不完善，评价、激励、保障机制不够健全，仍然存在轻视技能劳动和技能劳动者的传统观念。

本章针对上述问题，着重从进一步加强京津冀高技能人才联合培养的视角，有针对性地展开研究，并提出对策建议。

一　高技能人才及其培养

（一）高技能人才的内涵

我国关于"高技能人才"的讨论可以追溯到 2003 年召开的全国人才工作会议。关于"高技能人才"的概念，大致有四种不同的观点。第一种观点主张，应根据技能人才获得的职业资格水平来定义，认为高技能人才是指获得高级职业资格证书的技能人才。第二种观点主张根据技术人员的知识和能力水平进行定义。例如，有的学者认为，高技能人才是指在生产、运输和服务等领域岗位一线、专业技能精湛、专业知识牢固，并能够在工作关键环节发挥作用、解决工艺操作性难题的从业者，一般分为知识技能型、技术技能型和复合技能型三类。第三种观点认为，应该从比较的角度来定义高技能人才。产业结构不断调整，对人才的需求也在不断变化。因此，高技能人才的概念也应该从发展的角度来看待，高技能人才既不是白领，也不是蓝领，而是介于“白领”和“蓝领”之间的应用型白领（“银领”）。第四种观点主张从技能水平来定义。人力资源结构通常可分为上层和下层，上层是决策管理层，包括工程师、企业家和科学家；下层是操作执行层，主要是普通技术工人。随着生产过程中科技含量的提高，生产技能高超的中间层，即高技能人才逐渐涌现。这一观点从相对水平上区分高级、中级和初级技能人才，并未揭示其本质。

基于以上观点，本研究认为，高技能人才是面向生产一线的高素质技术人才、高级应用型人才，且具有“四高一创新”的内在特征。

一是拥有高超的专业技能。高技能人才具备高超的专业技能，熟练掌握生产所需的操作技能，熟悉设备的结构、原理、使用方法和适用范围，能够安全合理地使用设备，并定期完成维护、保养、检修等工作，具有优良的技术和技能水平，能够操作其他初级和中级技术人员无法操作的更先进、更精密的设备，并能够发现和解决复杂的技术问题。

二是具有较高的教育水平。新时代高技能人才应系统完成高等职业教育，取得相应学历证书，具备扎实的专业理论基础和相对全面的专业知识结构。同时，在智能制造、“互联网+”等国家战略的推动下，自身的专业技能也能随着生产技术的变化而不断更新，且熟悉专业领域高科技发展趋势。

三是具有高级职业技能证书。作为高技能人员，除了拥有熟练的专业技能外，还应拥有相应的高级职业技能证书。职业技能水平是评价技术人才能力水平的重要指标。目前，我国的国家职业技能证书分为五级，即五级（初级）、四级（中级）、三级（高级）、二级（技师）和一级（高级技师）。高技能人才经过长期技能培训后至少应获得三级以上职业技能等级证书。

四是具有较强的创新意识。高技能人才应具有较强的创新意识和创新能力。与初级和中级技能人才不同，高技能人才从事的不是通过重复生产实践可以提高其熟练程度的劳动，而是覆盖整个生产过程的复杂生产劳动，可以担任多个职位。对高技能人才的创新意识和创新能力提出了更高的要求。随着科学技术的快速发展和重大科技成果的出现，高技能人才必须能够跟上生产创新的速度，不断吸收最新的生产技术，并将其转化为生产工艺和产品创新。

五是具有高尚的职业道德。从高职教育培养和长期一线工作经验来看，高技能人才不仅要有专业实践技能，还要努力培养“大国工匠”应具有的奉献、精益、专注、创新等高尚的职业道德和职业素养，精益求精，质量第一，信誉第一，对产品负责，对企业负责，无怨无悔，敬业奉献。

（二）高技能人才的培养

高技能人才是一个国家核心竞争力的体现。培养大批技能过硬的高技能人才，是我国产业升级和产业链完善的人力资源保障，是提升我国核心竞争力和自主创新能力、建设创新型国家的重要举措。

目前，我国经济正从过去追求数量增长转向追求质量增长，产业结构逐渐从价值链中低端向价值链高端转移。在这一过程中，高技能人才短缺成为制约经济发展的瓶颈。为此，国家发布一系列文件，旨在进一步强化高技能人才培养。如教育部等颁布《教师教育振兴行动计划（2018—2022 年）》，提出“大力发展职业教育，大量培养高素质的技能型人才特别是高技能人才”。教育部《关于以就业为导向深化高等职业教育改革的若干意见》提出，“高等职业院校要主动适应经济和社会发展需要，以就业为导向确定办学目标……坚持培养面向生产、建设、管理、服务第一线需要的‘下得去、留得住、用得上’、实践能力强、具有良好职业道德的高技能人才”。教育部、财政部发布《关于进一步推进国家示范性高等职业院校建设计划实施工作的通知》，指出加快高等职业教育改革与发展，全面提高人才培养质量和办学水平，更好地发挥高职院校在培养高素质高级技能型专门人才、促进就业、改善民生、构建终身教育体系和建设学习型社会等方面的重要作用。教育部发布《关于推进中等和高等职业教育协调发展的指导意见》，指出高等职业教育是高等教育的重要组成部分，重点培养高端技能型人才，发挥他们的引领作用。

高技能人才培养模式可划为企业培养、院校培养和校企合作培养三种。

1. 企业培养

企业培养主要途径包括：一是公司内部培训机构开展培训。中国大多数大型企业都有自己的培训中心，有些企业有自己的技术学校。据不完全统计，我国现有企业培训基地2万多个。例如，广东省有30多家企业培训机构，年培训约80万人。二是在企业内部开设短期培训课程。这种方法是最常见的高技能人才培训形式。班级可大可小，大班40~50人，小班不到10人。三是组织开展技术竞赛和技能竞赛、技能月等活动，搭建高技能人才选拔和技能成果展示的平台。通过表彰和奖励优秀技能人才，调动员工学习技术技能的积极性和主动性，让技能人才通过自学不断成长。四是以“结对”或“向大师学习”的形式，安排中层技术工人和高技能人员、技术专家或技术带头人在工作中组建工作组，实现技术传递、协助和引导等功能。五是在应用新技术、新设备、新材料、新工艺和科技攻关过程中，基于一些难点问题确定课题，组建研究小组，边研究边培养高技能人才。六是研修培训。参加政府部门组织的相关培训项目，或参加由行业协会、协会和其他社会团体组织的培训方案，或是接受大学的特殊培训。

2. 院校培养

学校培养高技能人才的任务主要由中、高等职业学校及部分应用型本科院校承担，具体学制模式有三种：一是招收普通高中及相关专业的中职毕业生，在校学习三年，培养高级工，即三年制高职，修业期满可获得全日制专科学历证书。二是招收普通高中及中职毕业生，在校学习四年，培养技师，即四年制技师班，修业期满可获得全日制本科学历证书与学士学位证书。三是招收初中毕业生，在校学习五年，培养高级工，即五年一贯制高职，修业期满可获得全日制专科学历证书。

3. 校企合作培养

校企合作培养可分为三个层次：一是简单的合作，主要是基于订单的培训。学校根据企业的需求进行定制，并开设相应的课程。学校以企业为实践基地，双方签订合作协议。学校根据协议为企业培养合格的人才。二是中度合作。学校和企业共同成立由知名专家参与的专业指导委员会，为学校办学方向和人才培养提供咨询服务，共同研究培养目标，制定教学计划。三是深入合作。企业和学校相互渗透。学校根据企业发展需要进行科学研究、课程开发和专业设置，经企业批准后实施教学，或企业提供培训课题或课程计划，委托学校实施。企业可以充分发挥现有教育培训资源的作用，依托大型骨干企业（集团）、高校和培训机构，建设一批高技能人才培训基地。

二　京津冀高技能人才发展现状

（一）北京市高技能人才的发展

1. 北京市高技能人才建设现状

科技创新中心功能的提出，对北京市科技人才的培养和储备提出了更高要求。随着首都核心功能的强化，北京要成为国家乃至国际科技创新中心，既需要从事基础研究的高层次科学人才，也需要生产线上的高技能人才。

北京的大专院校、科研机构及高科技企业的数量等指标均居全国首位，科学人才数量充沛。但相较而言，北京的高技能人才缺口较大。据统计，截至 2021 年底，全市专业技术人才为 395 万人，技能人才为 370. 1 万人，其中高技能人才为 114. 4 万人。北京高技能人才的供给不仅存在整体数量偏少的问题，也面临较为突出的重点领域人才短缺的问题。目前，这些新兴领域的高技能人才比较稀缺，相关的人才培养工作滞后，难以满足新形势下北京经济社会发展和科技创新中心城市建设的需要。

为了加强对高技能人才的表彰和激励，截至 2021 年底，北京市先后组织开展了六批“北京市有突出贡献的高技能人才”和八批“享受市政府技师特殊津贴人员”评选活动，774 名高技能人才受到表彰，在全市营造了“劳动光荣、技能宝贵、创造伟大”的社会氛围，不断增强技能人才的职业荣誉感、自豪感、获得感，持续激发技能人才的积极性、主动性和创造性。

2. 北京市高技能人才发展思路

近年来，北京市立足首都经济社会发展需求，以世赛为引领，坚持开放、多元的培养机制，不断健全终身职业技能培训制度，强化技工教育和职业技能培训等，大力培养与北京城市战略定位相匹配、与首都产业发展方向相适应的技能人才队伍。持续创新技能人才培养模式，推行企业新型学徒制，全面深化产教融合、校企合作；搭建“互联网+职业技能培训”全链条生态体系，着力提高培训的层次和质量；推动企业建立健全以体现技能价值为导向的薪酬分配制度，提高技能人才的职业荣誉感和经济待遇，吸引更多优秀青年走技能成才之路。

以扩大中等收入群体为目标，北京针对不同群体、不同情况实施了具体政策，统筹城乡居民增收。在薪酬提升、职业发展、技能成果转化与共享、培训培养等方面提升技能人才的薪酬水平和社会地位，探索实行“首席技术员工作室”制度，鼓励国有科技企业建立股权、期权、分红权等激励机制，推动提高大多数工业工人的技能和收入。2022 年，全市技术工人达到 400 万人，高技能人才达到 120 万人。

实施新型职业农民培养行动计划，全面建立新型职业农民体系，鼓励和支持职业农民、科技人员、专业人员和高校毕业生在农村自主创业，多渠道开展新型职业农民培训，探索职业农民发展、农民身份识别和职称评估试点。

不断创新人才发展体制机制，使提高职业技能和培养工匠精神有机融合，营造“北京欢迎人才、北京培育人才、北京成就人才”的氛围，为广大高技能人才想做事、能做事、做成事创造成长环境。

（二）天津市高技能人才的发展

近年来，天津市委、市政府高度重视高技能人才队伍建设，实施《天津市中长期人才发展规划（2010—2020 年）》，将高技能人才团队建设纳入经济发展总体规划。开展高技能振兴行动，实施“百万技能人才培养福利计划”“千企万人支持计划”并取得实效。

1. 天津市高技能人才建设现状

（1）高技能人才队伍规模逐步壮大

2018 年 12 月，天津市技能人才达到 246 万人，其中高技能人才 72 万人，占比达 29.3%，累计 6 人获得“中华技能大奖”荣誉称号、138 人获得“全国技术能手”称号，58 名高技能人才享受国务院政府特殊津贴，累计评选表彰 200 名“天津市技术能手”。2019 年 10 名技能人才获天津市政府颁发的最高奖项“海河工匠”，形成一支规模逐渐壮大、技能水平顶尖、素质稳步提高、结构日益合理的高技能人才队伍。截至 2021 年底，天津市各类技能人才超过 263 万人，其中高级工及以上的高技能人才超过 77 万人。

（2）“海河英才”行动计划聚人才

天津市围绕“一基地三区”功能和发展定位，聚焦战略性新兴产业发展，大力聚集顶尖人才、领军人才和高技能人才。符合条件的高水平技能人才可以直接落户，同时为技能人才技能提升提供平台，为技术人员培训和交流技能创造了很多机会。为引进世界技能大赛和中国技能奖获奖者等人才提供资金支持，每年选拔资助 100 名高技能人才到国内外学习。

（3）技能竞赛的示范带动作用突出

目前，天津在中国有 4 个世界技能大赛培训基地，包括 2 个领先基地和 2 个培训基地，并成立了世界技能大赛中国研发中心。每年超过 1 万名企业员工和职业院校学生参加各级各类职业技能竞赛。逐步形成以世界技能大赛、市级大赛、全国和世界技能大赛为引领的协调发展格局。

（4）高技能人才培养平台越来越完善

依托战略性新兴企业和重点职业院校，天津构建了多种高技能人才培养平台。建立了 12 个国家级高技能人才培训基地和 10 多个国家级技能大师工作室，聚焦现代制造、现代控制、现代电子、信息技术等，建设了具有国际标准、国内领先的公益性、市场化职业技能公共培训中心，逐步形成以政府为主导、企业为主体、高校为基础、社会支持参与的高技能人才培训新格局。

（5）高技能人才培养成效显著

凭借有效的政策，天津市高技能人才培养工作取得了显著成效。“十三五”期间，全市开展各类职业培训540万人次。“十三五”期末，全市技能工人323万人，其中高级以上技能工人48.4万人，占注册工人总数的27%。

2. 天津市高技能人才发展思路

一是制定社会和企业在职人员培训工作计划，充分利用职业技术院校和职业培训机构的资源优势，形成有效的供求和资源共享，不断扩大在职人员培训规模。

二是在国家职业标准基础上，创新“职业培训包”培训模式，实现职业培训管理由“粗放型”向“精细化”的转变。

三是开发综合教学课程。根据岗位需要，确定培训专业方向，使理论教学与实践教学有机结合，专业教学与生产有机结合，教学、教材、教室、教师有机结合，提高教学质量和效果。

四是建立一支与天津经济社会发展相适应的高技能人才队伍。人力和社会保障部门选择技术先进、技能密集、培训效果显著的大型企业，以及以高技能人才为培养目标的职业院校和职业培训机构，建立一批高技能人才培养实验基地。

（三）河北省高技能人才的发展

京津冀协同发展、雄安新区建设以及河北省自贸区设立等，为河北省的经济发展带来了机遇，也对人才的培养提出了新要求。为进一步适应产业转型升级的需求，河北省陆续出台了一系列加大高技能人才培养力度的政策措施。同时，河北省着力提高高技能人才待遇，健全高技能人才工资分配、岗位聘任、职务职级晋升、参与职称评审、学习进修等方面的激励政策，让高技能人才的待遇水平和社会地位得到实实在在地提升。

2020年，全省专业技术人才达到302万人，高技能人才达到247万人，年均新增高技能人才数量连续五年保持在10万人以上。中共河北省委组织部把高技能领军人才纳入“燕赵英才服务卡”适用范围，开展高技能领军人才评选。省政府每两年表彰 100 名“河北省突出贡献技师”，给予每人每月 200 元津贴，并在延迟退休、医疗保险等方面与“省突出贡献专家”享受同等待遇。积极推荐高技能领军人才参加全国高技能人才评选，特别是在 2018 年第十四届高技能人才评选活动中，河北省有 2 人获得中华技能大奖、6 人获得全国技术能手称号。

河北省实施国家高技能人才振兴计划，每年支持 5 个国家级、10 个省级高技能人才培训基地建设。目前，全省共有 30 个国家级、66 个省级高技能人才培训基地，初步形成覆盖城乡的高技能人才培养网络。推进技工教育国际合作交流，实施“十百千”工程，2018~2019 年全省选出 10 所国际合作交流示范院校，培养百名具备国际视野的师资和管理人员，培育千名高素质“燕赵工匠”。目前，10 所示范院校积极与德国、英国等国家职业院校开展合作，采取“走出去、请进来”的办法，培养锻炼师资队伍，国际合作专业在校生已超过 1000 人。

《河北省“十四五”职业技能培训规划》明确了职业技能培训工作的指导思想、基本原则、主要目标、重点任务和保障措施，推动职业技能培训工作在新的起点上实现高质量发展。计划到 2025 年，开展补贴性职业培训 270 万人次以上，农民工参加职业技能培训 108 万人次以上；新增取得职业资格证书或职业技能等级证书 150 万人次以上，新增取得高级工以上职业资格证书或职业技能等级证书 40 万人次以上，新增公共实训基地个数不少于 8 个。保障重点领域技能人才供给，实施四项工程。一是实施京津冀协同发展职业技能培训工程，适应加快建设全国现代商贸物流重要基地、产业转型升级试验区、新型城镇化与城乡统筹示范区、京津冀生态环境支撑区的需求，形成京津冀职业技能培训协同发展新格局；二是实施“两翼”发展技能人才支撑工程，实施雄安新区带动引领发展职业技能培训计划和冰雪产业职业技能培训领航计划；三是实施“高精尖专特新”技能人才培养工程，围绕十二大主导产业，加强先进制造业、战略性新兴产业、现代服务业、建筑业、现代农业等产业的高技能人才培养；四是实施乡村振兴职业技能提升工程，围绕乡村振兴战略，紧密结合 107 个县域特色产业群需求，组织开发专项职业能力考核项目，开展同业交流，做好关键技能和绝招绝技传承工作。

三　京津冀高技能人才政策

（一）北京市高技能人才政策

《北京市国民经济和社会发展第十四个五年规划和2035远景目标纲要》提出，要将攻克一批核心关键技术作为建设国际科技创新中心的重要抓手，聚焦网络信息、生命健康、能源安全、集成电路、新材料、智能机器人、航空发动机、5G和通信等重点领域。

北京市制定了《全面加强新时代首都技能人才队伍建设的实施意见》《新型职业农民培育三年行动计划（2018年—2020年）》等36项政策文件，重点建设10所左右特色鲜明、世界一流的职业院校，形成具有国际竞争力的人才培养高地。同时，还将高水平建设100个左右国内领先、世界一流的骨干专业；重点建设100个左右工程师学院及技术技能大师工作室；每年完成职业技术技能培训100万人次以上，以弥补职业人才需求缺口。构建“中职—高职—应用型本科—专业硕士”相衔接的人才培养体系，制定一体化人才培养方案。鼓励技工院校与高职院校合作培养学生，建立技能类职业资格和职业院校学历双向贯通培养通道。同时，针对技能人才、新型职业农民、小微企业家、劳动能力困难者等收入潜力大、带动能力强的人群，出台了一系列就业创业支持政策和差别化收入分配激励措施，增加城乡居民人均可支配收入。

北京市发布《关于做好技能人才薪酬激励相关工作的意见（试行）》，提出要指导和支持企业完善内部薪酬分配机制和激励机制，合理提高技能人才薪酬待遇，增强技能人才的获得感与职业荣誉感。通过施行“新八级”岗位绩效工资制，支持职业贯通与薪酬待遇同步调整等政策，促进技能人才获得技能与待遇“双提升”。对于国企，高技能人才人均工资增长比例不低于企业负责人薪酬增长比例。企业可探索建立学徒工、出徒工、初级工、中级工、高级工、技师、高级技师、特级技师“新八级”岗位绩效工资制，或设计其他体现技能分配“多劳者多得、技高者多得”导向的薪酬激励方式。对于关键技术岗位、关键工序和紧缺急需的技能人才，可实行协议工资、项目工资制、年薪制等分配形式。企业可根据生产经营特点，对技能人才，特别是从事一线苦、脏、累、险岗位的，建立配套的津贴制度，适时调整艰苦环境作业津贴、技能津贴、班组长津贴、师带徒津贴等津贴标准，直接惠及生产和服务等一线技能人才。

《关于全面加强新时代首都技能人才队伍建设的实施意见》提出，全面提高高技能人才的政治、经济、社会待遇。从构建终身职业技能培训体系、健全技能人才评价体制机制、提高技能人才待遇水平三个方面提出具体措施。在职业发展方面，实现技能评价结果与人才聘用、考核、晋升等用人制度相衔接。坚持以用为本，不唯年龄、不唯资历、不唯身份、不唯比例。对于在技能岗位工作并掌握高超技能、作出突出贡献的人员，可按规定破格报考或认定职业资格或职业技能等级。

为了促进高技能人才培养，北京市教委出台《北京职业教育改革发展行动计划（2018—2020 年）》，提出要建立一系列配套的人才培养体系，弥补职业人才需求缺口。2019 年，北京市教育委员会、北京市财政局、北京市人力资源和社会保障局联合印发《北京市特色高水平职业院校、骨干专业和实训基地（工程师学院和技术技能大师工作室）建设项目管理办法》，更是明确提出“特高项目是北京职业教育契合首都‘四个中心’，推进产教深度融合、校企紧密合作，高水平培养高素质技术技能人才的重要项目，要逐步形成具有国际竞争力的高素质技术技能人才培养高地”。

（二）天津市高技能人才政策

天津市十分重视高技能人才建设，相继出台了《天津市中长期人才发展规划（2010—2020 年）》《关于实施百万技能人才培训福利计划的意见》等多个规范性文件，实施重大人才政策、实施重大人才工程，引领全市全社会重视高技能人才，加快建设高素质人才队伍，开创人才辈出、人尽其才的良好局面。

近年来，天津市委、市政府先后发布百万技能人才培训福利计划、“海河英才”行动计划、《天津市关于提高技术工人待遇的实施意见》等，逐步建立完善的技能型人才工作制度体系，为加强天津市高技能人才队伍建设创造了条件、奠定了坚实的基础。通过政府购买培训成果，实施培训补贴和津贴，引导全市、全社会开展职业技能培训，加快培养急需技能人才。2015~2017年，平均每年有30万人获得职业资格证书，全市各行各业持有职业资格证书的人数达到276万人，占全市劳动力的70%以上。

实施《天津市中长期人才发展规划（2010—2020年）》，进一步完善各项人才政策，加大培训等环节的支持力度，带动全社会创造尊重劳动、尊重技能、尊重人才、尊重创造力的良好氛围，弘扬工匠精神。

聚焦天津电子信息、石油和海洋化工、汽车和装备制造等六大支柱产业，建立立足天津、面向京津冀地区、辐射环渤海、影响全国的公共培训评估基地，人力资源和社会保障部发布《天津市职业技能竞赛管理办法》，每年举办多行业、多工种技能竞赛，并提拔前六名选手。同时，实施《天津市高技能人才选拔激励办法》，对高技能人才提供政府补贴，评选和表彰活动每三年开展一次。在其就业期间，每人每月享受200元的政府补贴；中国技能奖、国家技术专家称号和天津市技术专家称号等活动每两年评选一次，每次对全市100人分别给予5万元、1万元、5000元一次性奖励，形成长期技能人才培养机制。

天津市发布《关于进一步做好本市高技能人才与专业技术人才职业发展贯通工作的通知》，提出具备高级工及以上职业资格或职业技能等级的技能人才，在现工作岗位经过几年考核合格，且符合国家和本市规定的相应系列职称申报条件，可参加相应系列职称评价；对长期坚守生产一线岗位，具有高超技艺和一流业绩水平、为国家经济发展和国家重大战略实施作出突出贡献的高技能领军人才，包括通过竞赛获得全国技术能手称号的高技能人才、天津市技术能手、市级技能大师工作室带头人，可破格申报相应系列职业技术职称。新举措为高技能人才提供了广阔的晋升空间，拓展了高技能人才职业发展通道，实现了两类人才融合发展，有利于企业人才培养，实现了人才职业生涯的多轨制多元化路径选择从而实现在岗位高阶梯上的融合。

（三）河北省高技能人才政策

近年来，河北省建立健全人才培养、评价、选拔、激励、使用等政策，相继出台了《关于提升技能人才地位的若干意见》《关于提高技术工人待遇的实施意见》《河北省百万燕赵工匠培养支持计划实施方案》等，构建了技能人才“四梁八柱”政策体系，并积极创新举措推进高技能人才队伍建设。

《关于提升技能人才地位的若干意见》从技能人才培养、评价、激励、交流引进等方面制定了若干创新性措施。比如，强化技能人才培养，实施急需紧缺技师、高级技师培养项目；加强重点领域技能人才培养，围绕先进装备制造、生命健康、新能源和清洁能源、新材料、节能环保、特种机器人等新兴产业发展，加强相关产业技能人才的供给和储备；创新技能人才培训模式，全面推行以“招工即招生、入企即入校、企校双师联合培养”为主要内容的企业新型学徒制培训。同时，进一步完善技能人才评价选拔机制，创新技能人才交流引进机制。

《关于提高技术工人待遇的实施意见》则充分发挥市场在资源配置中的决定性作用和政府、企业、社会的协同作用，以高技能领军人才为重点支持对象，完善技术工人培养、评价、使用、激励、保障等措施，实现技高者多得、多劳者多得，增强技术工人的获得感、自豪感、荣誉感，激发技术工人的积极性、主动性、创造性，为新时代全面建设经济强省、美丽河北提供坚实的人才保障。

《关于推动新时代河北人力资源服务业高质量发展的若干措施》提出，开展人力资源服务领军人才评选，积极推荐将其纳入各级各类高层次人才评定、扶持范围，并享受相关人才待遇。完善人力资源管理专业职称评审机制，鼓励符合条件的人力资源服务业人才参加专业技术职业资格考试和职称评审。举办人力资源服务行业领军人才研修班、高研班等，加快打造一批高素质的行业领军人才队伍和创新团队。支持人力资源服务机构与技工院校、职业培训机构合作共建人力资源服务培训基地和实训基地，培养行业发展所需人才。加快构建链条完整、结构合理、优质高效、竞争力强的新时代河北人力资源服务产业体系，推动经济社会高质量发展。

《关于进一步加强高技能人才与专业技术人才职业发展贯通的实施方案》提出，坚持尊重规律、突出重点、问题导向、科学评价、以用为本的基本原则，进一步打通高技能人才与专业技术人才职业发展通道，探索建立理论与实践相结合、技术与技能相促进的人才评价使用激励机制，激发人才创新活力，推进人才队伍高质量发展。如在总结工程技术领域贯通工作基础上，将贯通领域扩大为工程、农业、工艺美术、文物博物、实验技术、艺术、体育、技工院校教师 8 个职称系列。支持高技能人才取得经济、会计、统计、审计、翻译、出版、通信、计算机技术与软件等专业技术人员职业资格。鼓励专业技术人才参加职业技能评价，搭建两类人才成长立交桥。明确高技能人才参加工程、农业、工艺美术、文物博物、实验技术、艺术、体育 7 个职称系列专业对应关系，技工院校教学涉及的工程、农业、工艺美术、文物博物、实验技术、艺术、体育类工种均可纳入贯通范围，技能人才严格按照工种与专业对应关系申报相应系列职称等。

四　存在的突出问题

技能人才是支撑中国制造、中国创造的重要力量。目前，基于国家层面的重视和政策支持，京津冀高技能人才队伍建设虽取得不小成果，但依然存在高技能人才总量难以满足经济社会发展需求、内部结构不平衡、体制机制有待完善等诸多问题。

（一）高技能人才总量供给偏少

高技能人才总量不足是京津冀高技能人才队伍建设的瓶颈之一。当前，工业领域高技能人才需求旺盛与劳动力市场高技能人才供给不足的矛盾依然突出。据统计，技能劳动者仅占就业总人数的19%，其中高技能人员占比不足5%。同时，从京津冀高技能人才增长率来看，新增技术人员和高级技术人员的平均人数仅占新增职业资格鉴定人数的18.8%。这表明，目前京津冀地区技术人员尤其是高级技术人员存在短缺现象，这加剧了劳动力市场高技能人才需求旺盛与供给不足之间的矛盾。

（二）高技能人才队伍结构失衡

首先，高技能人才的总体年龄相对偏大。目前，老一代高技能人才已经退休，新一代技术技能人才尚未成长起来，高技能人才的年龄结构有很大的优化空间。为此，有必要加强高技能人才培养，提高高技能人才整体素质，以减少中青年高技能人才短缺对经济社会发展的负面影响。其次，女性高技能人才普遍较少。虽然高技能人才的性别结构有所改善，但男性高技能人才仍占很大比例，促进高技能人才性别的合理分配仍需长期努力。最后，高技能人才的学历普遍较低。虽然技术熟练人才更注重实际操作，但对于高技能人才来说，教育也非常重要，这对于其实际操作、技术突破、创新和创造而言都非常重要。目前，京津冀地区高技能人才的学历普遍不高。本科及以上学历的高技能人才比例不高，不利于高技能人才队伍优化，高技能人才的教育结构尚需进一步优化。

（三）高技能人才聚集能力地区差异大

京津冀集聚高技能人才的能力存在区域差异。理想的状态是，整个地区都具有聚集高技能人才的强大能力。但现实的情况是：京津高技能人才集聚优势明显，河北聚集高技能人才的能力相对不足，京津两地高技能人才的聚集度远高于河北省，形成了对河北人才的“虹吸效应”。

由于经济基础、公共服务水平、区位交通等原因，京津冀三地人才发展不平衡问题相对显著。京津冀产业结构错位、梯度差异明显。河北的制造业与服务业仍然处在产业链低端，与京津的差距较大，造成京津冀三地产业梯次结构不明显、上下游关联程度不高，三地产业对接困难。北京与津冀两地高技能人才相应呈现较大落差，且由于人才的马太效应，人才差距仍在扩大。

（四）高技能人才队伍建设体制机制不完善

近年来，京津冀高技能人才培养逐步得到两市一省各级党委、政府的重视，出台了一系列政策，但法律体系还不健全，对高技能人才培养缺乏制度保障，高技能人才培养缺乏完整的政策体系支撑。

首先是职业教育的战略地位不突出，高技能人才待遇未能得到完全落实。高技能人才培养受政策环境、机制等制约，滞后于科技类、管理类人才培养。其次是作为培养高技能人才的一种成功模式，校企合作在体制、机制和制度方面存在问题。政府主导作用发挥得不够，缺少校企合作相关的政策法规和激励措施，企业参与度也不高。再次是高技能人才评价体系不完善。目前，高技能人才评价标准不统一。除国家标准外，公司还根据自身情况设置内部评价标准，导致即使是同类型公司之间，对高技能人才的评价也存在差异。最后是以就业为导向，体现终身教育理念、面向人人的现代教育体系仍停留在口头上，人才多元化成长渠道还不够畅通。

五　对策建议

（一）发挥政府关键作用，落实高技能人才振兴计划

京津冀两市一省要深入学习贯彻落实习近平总书记对技能人才工作的重要指示精神，充分认识进一步加强技能人才工作的重大意义，将技能人才作为重要内容纳入本地人才队伍建设工作和“十四五”规划，建立党委（党组）统一领导、有关部门各司其职、行业企业为主体、社会力量广泛参与的工作机制，形成工作合力。根据各地实际，通过省市共建协议等方式，推动各地打造技能省市。

三地人民政府要把职业技能培训工作作为推进供给侧结构性改革的重要

任务，纳入重要议事日程，制定本省（市）中长期职业技能培训规划，并统筹做好本省（市）职业技能培训工作的指导监督、政策制定、政策协调和组织推动。建立政府统一领导，人社部门统筹协调，教育、民政、商务、发展改革、科技、工业和信息化、公安、财政、国资、税务等有关部门各司其职，工会、共青团、妇联等群团组织密切配合、协同推进的工作机制，共同推进职业培训工作。

（二）加强企业主体地位，加大高技能人才培养力度

在知识经济背景下，企业必须改变传统经营观念，同时需要优化人力资源配置，重视高技能人才对企业发展起到的重要作用。首先，制定符合实际工作要求的评估和评价体系。企业可根据自身发展需要，制定符合行业发展趋势、反映高技能人才培养特点的内部人才评价体系。其次，完善评价机制，鼓励企业高技能人才成长。大力支持和鼓励企业员工参与企业技术创新、设备和工艺改进等活动，对积极学习新知识、新技能的技术工人给予精神和物质上的鼓励和支持。选拔高技能人才参加国内外举办的重大职业技能培训活动。政府对参加培训的关键技术岗位的技术人员和高技能人才提供财政支持，并对通过培训获得相应资格证书的人员提供财政补贴，鼓励员工学习新知识、新技术。寻求与企业共同发展的成长路径。最后，企业应建立基于绩效的薪酬体系，确定合理薪酬，鼓励技能人才不断学习新知识和新技能，帮助企业解决生产问题，充分发挥创造力。逐步建立员工基于专业技能、资历和业绩晋升的评价机制，降低员工资历、学历等因素在晋升渠道中的权重。平等对待技能人才和技术人才，不断完善高技能人才有偿培训、出国留学、休假等方面的制度。

（三）利用京津冀产业集群优势，推动职业技能培训集团化

京津冀三地应明确各自的培训目标，调整培训方向和专业设置。如今，现有培训评估标准已不再适应企业发展的需要。经济转型升级对高技能人才培养提出了新要求。职业院校应分析当前的行业类型及其发展趋势，借助现

有人才基础和培养环境，确定学院特色专业，通过资源互补，充分发挥职业院校在技能人才培养中的作用。

京津冀三大区域的主导产业和特色产业不同。产业发展对高技能人才提出了更高要求，也为培养高技能人才提供了培训环境和培训场所。高职院校只有充分利用校企合作优势，跟踪行业发展动态，调整学院专业，大力发展新兴学科，优化专业结构，打造主导专业，才能确保高技能人才培养的效率和实用性。

一是推进专业建设机制动态调整。推动行业主管部门和行业企业定期发布行业发展规划和人才需求报告，引导职业院校积极对接行业发展趋势，调整专业设置，取消不符合行业发展方向、留级率高、培训质量差的专业，形成具有凝聚力和层次性的职业教育专业体系。

二是推动建立涉及政府部门、行业企业、职业院校等的行业指导委员会，加强专业设置和人才培养指导。顺应科技革命和产业革命，以"信息技术+"升级传统专业，发展由数字经济催生的新兴专业。

三是优化京津冀高职院校和应用型本科院校布局，统筹推进专业结构调整。统筹协调中等职业学校和专业设置，形成错位发展、特色发展、内涵发展新格局。落实市、县人民政府在发展中等职业教育中的主体责任，集中资源提升学校实力，让每一所中等职业学校都与众不同。

（四）根据京津冀协同发展产业定位，推动高技能人才合理流动

可考虑根据京津冀协同发展中的产业定位，京津冀三地结合各自产业发展状况，确定区域紧缺高技能人才类型，完善高技能人才引进制度，吸引、鼓励优秀高技能人才，留住紧缺型高技能人才，加速本地产业优化升级。

一是建立高技能人才在京津冀区域的流动机制，引导高技能人才基于产业结构转移状况而合理流动，避免人才恶性竞争。

二是制定差异化的人才引进制度及配套政策。三地人才引进政策应该从长期经济发展的持续动力上规划，细化政策和配套措施，避免政策趋同化。

三是从自然生态环境、经济发展水平、产业结构需求、社会保障环境等

角度建立城市的综合人才吸引政策。将购房资助、税收奖励等物质政策与子女教育、配偶工作等制度政策相结合，针对不同专业类型、不同层次结构、不同贡献的技术技能人才提供“一揽子”、可选择的政策组合方案和配套政策，强化人才落户、子女教育及社会福利等政策对技术技能人才的保障。

（五）持续优化技能人才发展环境，激发高技能人才创新活力

人才观念影响着国家的人才培养状况，对我国当前和未来的经济发展而言也至关重要。传统“重学历、轻技能”观念盛行，影响了高技能人才的成长。

首先，要营造崇尚技能、尊重高技能人才的良好氛围。京津冀地区政府应充分利用各种媒体等，宣传高技能人才在我国经济建设中的作用，树立人才多元化理念，尊重和支持一线作业技术工人，大力表彰和奖励为企业和行业技术创新做出突出贡献的高技能人才，让人们充分认识到高技能人才在未来经济社会发展中的重要价值。

其次，要规范职业技能鉴定和管理。科学评价和严格考核是高技能人才培养和使用的基础，也是加强高技能人才建设的重要环节。要建立健全公平公正的高技能人才评价机制，结合职业能力，突出工作表现，制定与岗位要求相适应的社会化职业技能评价标准。政府和相关部门应统一高技能人才考核评价标准，加强考核评价过程中的管理。坚持市场导向，加强职业技能考试实践部分的评估，建立公平、公正、权威的职业技能评估机构，由行业专家共同确定评估标准。

最后，要加强政策引导，支持技能培训机构发展。政府应从私立职业学院和培训机构购买高技能人才职业技能培训服务。可以向符合要求的培训学校和机构提供财政支持，如政府投资和优惠贷款政策。通过对民办职业院校和培训机构的政策引导和财政支持，使其真正参与职业教育活动，承担起培养满足市场需求的高技能人才的重要任务。

第十一章 京津冀人才一体化发展体制机制障碍

《京津冀人才一体化发展规划（2017—2030 年）》提出，提升京津冀区域人才竞争力，关键是打破体制机制障碍，解放和增强人才活力。长期以来，京津冀人才一体化发展体制机制不够健全。比如，人才一体化发展分散决策现象明显，人才政策落差大，碎片化现象突出，无法形成政策合力；区域人才一体化在市场配置、人才相关标准制度方面还有待进一步改进，包括市场配置程度较低，在配置人才时市场的决定性作用发挥得不够充分，尚未建立一体化的人才市场、人才评价标准和人才信息平台等。

本章针对上述问题，结合京津冀三地"十三五"时期人才工作实际，根据《京津冀协同发展规划纲要》《京津冀人才一体化发展规划（2017—2030 年）》《关于深化人才发展体制机制改革的意见》等文件精神，围绕"十四五"时期京津冀人才发展的规划建议和发展目标，深入分析影响京津冀人才一体化发展的体制机制障碍，并有针对性地提出对策建议。

一　京津冀人才一体化发展体制机制建设总况

《辞海》中对"体制"的定义是从广义上阐述的。体制是指国家机关、企业和事业单位在机构设置、领导隶属关系和管理权限划分等方面的体系、制度、方法、形式等的总称。[①] 机制主要是指事物内在的工作方式，包括有关机构组成部分的相互关系以及各种变化的相互联系。在人才一体化语境中，京津冀人才一体化发展体制机制，指的是为了通过人才一体化促进京津冀协同发展，在设置组织机构、明确组织隶属关系和管理权限等方面形成的一系列制度、体系、方法和形式，以及为使京津冀人才一体化制度体系发挥效能，制度系统内部各要素按照一定方式发生的相互作用。京津冀人才一体化发展体制机制既是推进京津冀协同发展的规范体系，也是保障其运行发挥效能的根本和关键。京津冀人才一体化发展体制机制重在建设。

（一）主要工作进展

近年来，围绕京津冀人才一体化发展体制机制建设，京津冀三地主要做了以下四方面工作，并取得相应成效。

1. 成立专职机构

在推进京津冀人才一体化工作中，成立了京津冀三地人才工作领导小组，随后在 2016 年 2 月 18 日，成立京津冀人才一体化发展部际协调小组，由三地的常委、组织部部长担任成员，每年召开一次小组会议，中央组织部人才工作局及京津冀三地相关部门负责人参会。另外，京津冀人才一体化协调办公室每年根据人才工作进度不定期召开工作联席会，具体推动工作落实。专职机构的成立、专门会议的定期召开，为京津冀区域人才工作的整体部署、沟通协调奠定了基础，形成了推进京津冀人才一体化发展的良好运行机制。

2. 完成顶层设计

2017 年 6 月，京津冀三地人才工作领导小组联合发布《京津冀人才一体化发展规划（2017—2030 年）》（以下简称《规划》），这是新中国成立以来我国第一个跨区域的人才规划，也是第一个服务人才强国国家重大战略的人才专项规划。《规划》是京津冀人才一体化发展的顶层设计，为京津冀

① 引自《辞海》2009 年版。

人才一体化发展指明了方向、提供了遵循。

《规划》涵盖京津冀人才一体化发展的战略意义、总体思路、重大任务、重点工程及实施保障措施等多个方面，明确提出人才一体化发展是如期实现京津冀协同发展战略目标的智力支撑和重要保障。其中，针对阻碍京津冀区域人才竞争力因素进行了总结，明确指出关键是打破体制机制障碍。

《规划》提出，2030 年要“建立具有全球竞争优势的区域人才一体化发展体制机制和政策体系”，且划分了近期、中期、远期发展目标。近期目标是，到 2020 年，区域人才一体化发展管理体制和工作运行机制基本建立，各项重大任务、重点工程启动实施，京津冀区域人才一体化发展格局初步形成。中期目标是，到 2025 年，人才一体化发展体制机制和政策体系基本建立。远期目标是，到 2030 年，区域人才结构更加合理，人才资源市场统一规范，公共服务高效均衡，人才一体化发展模式成熟定型，人才国际竞争力大幅提升，“世界高端人才聚集区”基本建成。

3. 出台相应政策

针对《京津冀人才一体化发展规划（2017—2030 年）》提出的 5 项重大任务和 13 项重点工程，按照目标要求和任务节点，京津冀三地分别在体制机制建设方面陆续出台相应的政策、措施、办法或实施方案，如天津 2015 年制定了《天津市贯彻落实〈京津冀协同发展规划纲要〉实施方案（2015—2020 年）》等。京津冀三地依据各地人才发展情况，有针对性地提出具体措施，体现因地制宜、有的放矢，为实现到 2030 年人才一体化发展规划目标夯实基础。

4. 作出规划部署

针对京津冀区域人才一体化，京津冀三地在“十三五”规划和“十四五”规划中都对人才发展作出了规划设计和重点部署。

北京“十三五”规划明确提出，要深入实施人才优先发展战略，打造创新型人才聚集中心。为强化人才支撑，主要通过“落实人才强国战略和首都人才优先发展战略，推进人才发展体制改革和政策创新，形成具有国际影响力的人才制度优势。加快培育创新型人才，引进和集聚更多高端领军人才，建设世界高端人才聚集之都”。[①] 在强化创新型人才培养、集聚全球高端人才、优化科技人才流动与配置机制三方面的体制机制建设上作出了具体部署，提出在推进京津冀协同创新共同体建设中，要加强创新人才和科技人才的联合培养，加强区域科技人才制度衔接。在推动京津冀公共服务一体化中，完善人力资源流动政策，建立区域相互衔接的劳动用工政策和人才政策，推进资质互认等。在推动建立京津冀协同发展体制机制中，健全跨区域人才流动机制。“十四五”规划进一步提出，要更加突出创新发展，发挥北京科技和人才优势。[②] 在全面服务人才强国国家重大战略中，加快建设国际科技创新中心；牢牢抓住疏解非首都功能这个“牛鼻子”，深入推进京津冀协同发展。在强化人才队伍建设中，强调深化人才发展体制机制改革。

天津在“十三五”规划中，针对人才发展总体水平不高，高层次人才尤其是领军型人才紧缺的现状，围绕“天津打造创新创业之都，促使创新人才大量集聚”的目标，提出在建设国家自主创新示范区中，探索创新人才汇聚等体制机制，以产业链、创新链拉动人才链，形成特色产业和专业人才的双重聚集。在打造协同创新共同体中，探索建立京津冀人才一体化发展机制，与京冀联合建立人力资源开发孵化基地，推动科技人才联合培养和自由流动。在强化人才支撑体系中，针对改革人才培养模式、创新人才引进机制、健全人才使用机制、完善人才服务机制等方面作出了具体部署。“十四五”规划进一步提出，要“推动形成引才聚才新优势”，树立“天下才天津用”的理念，加大急需紧缺高层次创新人才的引进力度，完善“海河英才”相关政策及配套措施；深化人才发展体制机制改革，破除人才引进、培养、使用、评价、流动、激励等方面的体制机制障碍，实行更加积极、更加开放、更加有效的人才政策，不断优化人才环境。[③]

① 《北京市国民经济和社会发展第十三个五年规划纲要》。

② 《中共北京市委关于制定北京市国民经济和社会发展第十四个五年规划和二〇三五年远景目标的建议》。

③ 《中共天津市委关于制定天津市国民经济和社会发展第十四个五年规划和二〇三五年远景目标的建议》。

河北在“十三五”规划中明确，要深入实施人才强省战略，强调通过延揽人才政策等强化人才支撑。在全面增强创新能力方面，[①] 大力培养和聚集创新创业人才，实施重点人才工程，完善重点人才项目支撑体系，围绕河北省发展战略需求，创新人才培养方法和模式；推进人才管理体制改革，建立与经济社会发展相适应的人才需求预测和调整机制，实行紧缺专门人才动态目录制度，完善人才分类评价机制，破除人才流动的体制机制障碍，完善创新人才薪酬、岗位管理制度和社保关系转移接续政策，健全创新人才信息发布制度，鼓励党政机关、企事业单位和社会各方面之间的人才合理流动，激发各类人才创新创业活力；将人才培养与引进工程作为创新创业重点工程，加快人才吸引平台建设。在打造协同创新共同体方面，引进用好京津人才智力，加强区域专业技术人才制度衔接，搭建专业技术人才信息共享平台，健全跨区域人才流动机制，实施科技英才“双百双千”推进工程，开展“京津冀创业导师河北行”行动，支持京津高校在河北省建立高技能人才实训基地，吸引京津高端人才和团队到河北创新创业。[②] 对于创新协同发展，明确了体制机制的破解思路，提出“推进与京津改革同步，加快破除制约协同发展和要素流动的体制机制障碍，建立优势互补、互利共赢的区域一体化发展制度体系”，“推进人力资源市场一体化改革，加快与京津建立劳务对接、就业协作机制，推动建立人力资源合理配置信息交流渠道，加快建立高层次人才信息库，制定实施京津冀人才帮扶计划，共享高端人才资源”。“十四五”规划进一步将人才强省作为到2035年全面建成经济强省、美丽河北和基本实现社会主义现代化远景目标的社会发展目标之一，强调坚持创新驱动发展，推进创新型河北建设实现新突破和全面塑造发展新优势，激发人才创新创造活力，大力实施“人才强冀”战略；完善聚才、引才、用才机制，加大政策实施效能和创新力度，逐步健全以实效、创新能力、

① 《河北省国民经济和社会发展第十三个五年规划》。

② 《河北省国民经济和社会发展第十三个五年规划》。

贡献、质量为导向的科技人才评价体系；实行股权、期权、分红等激励措施，全面增强对人才的吸引力和汇聚力；完善科技创新体制机制，推动人才等一体化配置。[①]

（二）主要成效

京津冀三地制定的人才战略和制度虽侧重点有所不同，但在激发人才活力、加速京津冀区域人才一体化进程上的改革效果均已显现。

北京早在 2009 年就出台了《首都中长期人才发展规划纲要（2010—2020 年）》，着力于人才体制机制改革创新。2016 年 6 月制定了《北京市“十三五”时期人力资源和社会保障发展规划》，将“高精尖人才发展更具活力”作为北京“十三五”时期人事工作的六大重点任务之一，完善人才培养选拔机制、改革人才评价发现机制、创新人才吸引汇聚机制、健全人才激励服务保障机制、推进人才资源共享等，从制度改革切入完成“十三五”时期人才发展目标。2016 年以来，北京在多个方面的体制机制改革创新上不断发力。一是结合北京人才优势，提出人才优先发展战略。二是在人才发展环境上从培养、引进、评价、激励、共享五个环节制定具体制度。三是重视人才工程（如产业领军人才培优工程等）、人才品牌（如中关村人才特区等），以人才支撑行动计划促进北京高质量发展。四是在具体制度上，根据不同领域的人才划分，将科技人才、技能人才分领域细化具体操作办法。五是在控制人口总量的基础上，不断集聚高端人才，建成国际人才聚集基地。

天津针对人才发展总体水平不高，高层次人才尤其是领军型人才紧缺的实际，制定了人才吸引政策及配套资助办法。如《天津市高层次创新人才引进专项资助实施细则》提出资助引进顶尖人才、领军人才、青年后备人才、高技能人才和资格型人才四种类型高层次创新人才，将制度机制细化落

---

① 《中共河北省委关于制定河北省国民经济和社会发展第十四个五年规划和二〇三五年远景目标的建议》。

实。通过人才计划，集聚高端人才和创新型人才，以实现产业和人才的“双聚集”。其中，引进人才成效最明显的是“海河英才”行动计划。天津市“海河英才”行动计划实施以来，2018 年引进人才 13.3 万人，2019 年引进 10.7 万人，截至 2020 年 10 月累计引进 32.8 万人，政策成效显著，天津已成为北方城市引进人才力度效果最突出的城市之一。此外，天津人社系统积极推进京津冀人才一体化，为协同发展注入人才活水。天津市人社系统协助京冀开展人力资源与劳务服务，积极参加雄安新区就业服务活动，组织天津优质企业与职业院校赴当地举办各类专场招聘与座谈会，将河北省承德市、秦皇岛市、沧州市作为劳务基地，就地开展职业指导、求职登记、就业推荐、职业培训等。截至 2020 年 3 月，已累计提供岗位近千个，通过“农家乐”等职业技能开发和职业培训，累计促进劳动者就地就业、转移就业、技能就业近万人。

河北 2016 年 7 月发布《关于深化人才发展体制机制改革的实施意见》，指明改革创新的方向和重点工作。这是河北省人才体制机制改革创新的指导性文件，为深入推进河北省人才体制机制改革创新奠定了基础。在坚定党管人才根本原则的基础上，河北省持续深入贯彻落实中央精神、京津冀协同发展要求和省委、省政府部署，对河北省人才使用管理体制机制进行改革创新。一是在人才体制机制改革上，实施人才强冀战略，突出人才治理优势，积极将人才使用管理体制机制的创新优势转化为人才治理优势，最大限度激发人才的积极性，提高人才效能。二是在人才体制机制改革上，以人才政策为突破口、以平台优势为桥梁，突出时代性、现实性，以改革促创新、以创新促改革，重视点面结合，在人才使用管理体制机制的重要领域和关键环节上，工作取得突破性进展。三是在人才体制机制改革的具体制度上，向用人主体放权，为人才松绑，出台深化职称制度改革、柔性引才、提高技能人才待遇、鼓励事业单位专技人才创新创业等政策，在选人用人、职称评审、薪酬分配等方面加快人才体制机制改革步伐。

二　京津冀人才一体化发展体制机制障碍分析

总体上看，京津冀协同发展大大促进了三地人才一体化进程，但京津冀三地经济社会发展水平不同，人才发展所处阶段也不同，区域人才结构与三地功能定位仍不匹配，京津冀区域依然存在人才一体化发展不充分、不均衡的矛盾。京津冀在人才一体化体制机制上尚存在不少需要破除的障碍，主要体现在京津冀人才一体化政策配套、人才市场配置两大方面。在政策配套方面，主要存在分散决策、政策落差、政策碎片化等问题；在人才市场配置方面，主要在一体化人才市场建设、人才评价标准、人才信息平台建设上存在体制机制障碍。

（一）政策配套方面

1. 政策分散化，忽略全局性

2015 年发布《京津冀协同发展规划纲要》，在京津冀三地人才工作领导小组的领导下，成立了由京津冀三市常委、组织部部长组成的京津冀人才一体化发展部际协调小组，每年召开一次小组会，对当年京津冀三地人才一体化工作进行部署。京津冀三地在人才工作领导小组的统一部署下，按照《关于深化人才发展体制机制改革的意见》《京津冀人才一体化发展规划（2017—2030 年）》，从政策上不断推进改革创新，虽能够在大方向一致的情况下，确保求同存异，但是三地人才基础落差大、人才环境差异大，人才发展潜力和人才事业发展现状不同，本着从实际情况出发的原则，在推进各地人才体制机制建设上出现了分散决策的情况，受客观人才发展实际影响，人才一体化事业联动机制尚待进一步改善。在京津冀区域人才一体化发展进程中，出现决策不同步、有先后、重点不同等分散决策问题，既有主观原因，也有客观原因。

按照《京津冀人才一体化发展规划（2017—2030 年）》，京津冀人才一体化发展总体布局为“一体、三极、六区、多城”。京津冀三地就人才区域一体化共同体打造在各自的“十三五”规划中都有所涉及，但是在落实中依然存在不足。

一是区域人才发展平台尚处于起步阶段。三地成立了人才一体化领导小组，每年定期召开会议，但是就沟通频率、沟通效率、事项处理、政策联动等来看还远远不够，需要更多的工作细化、频次更日常的协调联动，需要建立内部平台，实现制度机制、人才政策、实施办法等协同，以及日常工作联动。

二是区域人才政策网络尚未形成。京津冀三地人力资源和社会保障部门具体负责人才一体化工作，三地官网并未形成联通共享。北京人才政策虽能在人才工作网上查询到，但网站对北京人才政策的梳理缺少系统性和完整性，查询便利性相对欠缺；天津人才政策在市人社官网上可以查询到，按行政级别分类，查询较便利；河北人才政策在省人社官网上可以部分查询到，内容完整性欠缺。整体来看，没有专门官方网站梳理京津冀区域人才政策，便利性和完整性欠缺。

三是“三极、六区”建设给了京津冀三地分散决策的客观理由。“三极”是指北京形成京津冀原始创新人才发展极，天津形成京津冀高端制造人才发展极，河北形成京津冀创新转化人才发展极。“六区”包括产业人才、生态保护人才、临空经济高端人才、高端创新创业人才、科技成果转移转化人才 5 个人才发展示范区，以及京津冀人才一体化发展综合示范区。[①] 基于三地经济社会发展水平的差距，为了实现各自的人才发展极，依据各地人才发展现状进行分散决策便有了客观依据，“自选动作”成为京津冀区域“求同存异”的具体体现。

四是在人才发展各环节上的分散决策比较突出。在人才培养上，京津冀高等教育基础和教育环境存在较大落差，要形成人才培养的一体化发展格局任重而道远。在人才引进上，津冀实行了“人才绿卡”制度，但是依然面临北京强大的人才“虹吸效应”。天津的“海河英才”行动计划的引才效果

① 《京津冀人才一体化发展规划（2017—2030 年）》。

不错，但还很不够。河北的引才制度吸引力较小。

京津冀区域人才一体化发展面临的分散决策问题，源自三地经济社会发展水平差距，尤其是人才发展水平差距，其具有必然性，但从京津冀人才一体化发展角度来看，需要予以解决。要形成联动的人才决策，建立京津冀区域人才一体化共同体，由人才决策共同体先行，树立全局思维。

2. 政策有落差，忽视均衡性

京津冀区域经济社会发展水平悬殊，三地人才环境处于不同的发展阶段，相应的人才制度机制、政策侧重点也不同。京津冀区域人才一体化政策差异主要体现在同一政策的地域差异、政策力度差异、政策制定与实施的效果差异三个方面。

一是同一政策的地域差异。其中人才吸引政策差异最为突出，以全国推行的长江学者等为例，京津冀三地都为吸引高端人才制定了相应政策，但政策的实施效果因地域不同而不同，北京凭借着地域优势“遥遥领先”。人才集聚效应、地域发展水平差距是影响吸引人才效果的重要变量，同一政策在不同地域实施，受地域影响很大，地域人才政策差异，客观上造成了各地人才优势“强者更强、弱者更弱”的“马太效应”。

二是政策力度差异。其中人才使用政策差异最为突出，北京在人才发展各环节上政策力度较为均衡，天津较为重视人才吸引和使用，河北在人才使用制度机制上不占优势。以河北为例，一方面是人才使用体制机制创新还不够，如科技奖励制度虽然提高了科技奖励标准，由推荐制改为提名制，但是科技奖励仍主要针对高精尖人才，门槛有待进一步降低。关于人才的激励制度、考核制度、福利制度等的创新也不够。另一方面，缺少留住人才的专门制度。河北留住人才制度主要散见在各类人才制度之中，还没有形成一揽子的系统性制度，散见的政策之间缺少关联性。此外，河北省内人才使用制度机制同质化现象较普遍，缺少有针对性的凸显市域特色的政策。

三是政策制定与实施的效果差异。政策落地效果达不到预期目标，在政策学理论和实践中是很普通的现象，这与政策本身、政策环境、外界因素等有关。以天津 2018 年 5 月实施的“海河英才”行动计划为例，实施当年合计引进人才 13.3 万人，月均落户人数约为 20460 人，2019 年月均落户人数约 9583 人，截至 2020 年 10 月底共引进 32.8 万人，2020 年月均落户人数约 8000 人。数据显示，“海河英才”行动计划的引才力逐年减弱。

政策差异一方面是由地域发展水平差异所决定的客观现象，另一方面也受主观能动因素的影响，也存在政策学所揭示的内在规律。政策制定需要一定的程序，需要耗费一定的时间，政策制定与执行之间的时间差客观上会造成效果落差。为此，政策制定时必须要研判未来，即按照科学研判未来，逐步制定政策并予以执行，最大限度地减少政策落差，增强政策的均衡性。

3. 政策碎片化，缺少系统性

当前，京津冀区域人才一体化政策缺乏系统性，主要表现在政策制定和执行的系统性不够、人才政策之间缺少系统黏性、忽视人才发展环境的系统改善三个方面。

一是政策制定和执行的系统性不够。人才一体化既包含京津冀区域之间人才政策的一体化，也包含京津冀三地内部人才政策的一体化。始于 2017 年的各城市“人才大战”，其背后实际上是人才政策的较量，通过人才政策来争夺人才是京津冀三地必须要考虑的系统性因素。一方面，受疫情影响，国内外经济社会发展形势变化迅猛，人才政策的前瞻性、风险预测性等都需要被纳入考量范畴。另一方面，随着区域人才竞争加剧，京津冀区域应保持人才存量竞争力、增强人才增量竞争力，结合“十四五”规划系统性制定并执行人才政策。

二是人才政策之间缺少系统黏性。《京津冀人才一体化发展规划（2017—2030 年）》涉及五项主要任务和十三项重点工程，针对任务落实和工程推进，京津冀各地推出的政策呈现一定程度的碎片化，政策之间关联性、政策黏性考量相对较少。以人才评聘制度为例，2019 年 7 月，河北出台了新的职称评审办法，由于政策变动较大，推出时间考量不足，政策衔接性不够，新旧政策之间的系统黏性不足，当年职称评审工作仍沿用旧文件。

三是忽视人才发展环境的系统改善。近年来，京津冀日益重视人才发展环境，但离建立更具全局性、系统性、长远性的人才发展环境目标还有较大差距。以河北深化人才体制机制改革为例，河北先后出台 19 项实施细则，主要包括深化薪酬分配制度改革、鼓励科技创新创造、深化职称制度改革、鼓励事业单位专业技术人才离岗创业、提高技能人才地位待遇、柔性引才、加快高层次和高技能两支人才队伍建设等。从改革内容上不难看出，仍然忽视人才发展环境、人才生态环境的系统改善，缺少对人才发展环境的系统考量。

（二）人才市场配置方面

人才市场一体化是支撑人才一体化事业发展的重要载体和平台。京津冀区域人才一体化在市场配置方面程度还不高，还没有建立起京津冀一体化的人才市场、人才信息平台和人才评价标准，市场在人才配置中的决定性作用还没有得到充分发挥。

1. 人力服务机构存在量和质的“双差异”

人力资源市场是支撑人力资源服务事业发展的重要载体和平台。京津冀人才市场的发展与京津冀经济发展相挂钩。

在京津冀区域北京人才市场发展最好。截至 2019 年底，北京有 1909 家人力资源服务机构，营业收入超过 3000 亿元，通过网上发布近 4 亿条求职招聘信息，促进就业达到 1235.2 万人次。北京人力资源服务产业园聚集的多家优质人力资源服务机构发挥了产业集聚效应。猎头机构为人工智能企业、生物科技企业等寻到了急需紧缺人才。2020 年北京市全面取消对全市范围内外商投资人力资源服务企业的所有限制，并在研究制定促进人力资源市场发展的规章制度，在促进人力资源服务业市场化、法治化、国际化发展方面，迈出了更大步伐。

河北人才市场发展水平有待进一步提高。河北省人力资源行业发展迅速。根据 2018 年河北省人力资源市场的统计结果，2018 年共有 1500 家人力资源服务机构，增长 16.82%，营业收入超过 233 亿元；共有 16302 人从业人员，增长 26.59%；人力资源服务业营业总收入达到 233.38 亿元，增长 26.62%。可喜的是，民营人力资源服务机构占比超过七成，为 72%，其营业收入占总收入的近七成，占比超过 68%，成为河北省人力资源市场主体。2018 年河北省人力资源服务机构共服务各类人员 1135 万人次，帮助 253 万人次就业和流动，设立 843 个招聘场所，建立 321 个服务网站，建立 716 个数据库，举办 6063 场次现场招聘会，存放 373 万份流动人员档案，依托档案为 236 万人次提供服务。其中，政府主导的河北省人力资源市场，由事业编制的服务中心提供人才市场服务。2020 年 12 月 11 日，河北省人力资源市场和中国华北家庭服务业人力资源市场的两个雄安分市场在安新县揭牌，标志着河北省人力资源市场雄安分市场正式挂牌运营。

2018 年底，全国共有人力资源服务机构 3.57 万家，京津冀人力资源服务机构数量约占全国人力资源服务机构数量的 14%。作为三大经济区域之一，京津冀区域在人力资源服务市场方面与其他区域相比还有很大差距。此外，在京津冀区域内部人力资源服务机构的层次、质量等尚存在非常明显的发展不平衡、不充分现象。其中河北人力资源服务市场总体发展迅猛、潜力较大，但发展基础仍然薄弱。以石家庄为例，2020 年仍没有猎头公司，人力资源服务业仍以中低端为主。

2. 人才评价在互认互准上还需“下功夫”

人才评价是衡量人才的重要标准和尺度。2016 年以来，按照中央关于人才体制机制改革的精神，京津冀三地在人才评价、深化职称制度改革方面做了很多工作。京津冀三地人才评价改革向纵深推进，人才评价标准、认定等工作也在向协同方向推进，但总体人才评价标准仍然是以三地颁发的职称证书、部或协会颁发的职业证书为准，评价标准较为单一，推进职称证书互认互准仍是京津冀区域人才协同发展的应有之义。2017 年，北京市人力社保局、天津市人力社保局、河北省人力社保厅签订的《专业技术人员职称资格互认协议》成为推动职称证书互认互准的利好政策。

北京 2020 年 8 月起明确规定“京津冀职称资格实行互认”。北京市人力资源和社会保障局印发《北京市职称评审管理暂行办法》（以下简称《暂行办法》），并于 2020 年 8 月起实施。《暂行办法》规定京津冀职称资格实行互认，同时强调申报人提供虚假材料、剽窃他人作品和学术成果或者采取其他不正当手段的，将由北京市人力资源和社会保障局会同评审机构取消其申报资格，并记入职称评审“黑名单”。[①]《暂行办法》科学规范了职称评审的全流程，明确了全覆盖评价人群，指出凡是与北京市非公有制经济组织、国有企事业单位、社会组织等建立人事劳动关系的专技人才，包括持有外国人来华工作许可证、港澳台地区人才的外籍人才，以及在北京有一年以上工作经历的自由职业专业技术人才等，均可申报职称评审。另外，《暂行办法》还明确指出推行京津冀职称资格互认，三地的职称证书在北京市人才引进、岗位聘用、职称晋升、服务保障、培养选拔等领域具有同等效力；还将不断完善市级职称评审系统，搭建便利化服务平台，规范操作流程，推进职称申报全程网上办理，缩短办理时限，减少纸质材料；开放网上查验职称信息服务，采取电子职称证书。

天津于2017年下半年实现京津冀区域人才职称资格互认互准，2017年6月发布《市人力社保局关于落实京津冀专业技术人员职称资格互认协议的通知》，明确了互认内容和互认方式。在互认内容方面，一是专技人员资格证书互认，包括参加国家设立、地方组织实施的专技人员职业资格考试，专技资格考试，职称外语、计算机应用能力及专业实务等相关职称考试，由京冀职称主管部门核发（确认）的职称资格或考试合格证书。二是专技人员职称评审证书互认，包括在国家明确设定的职称系列、等级范围之内，根据专业布局、地域产业，经京冀人力资源社保部门批准设立的评委会认定或评审，由京冀职称主管部门核发（含确认）的高级、中级、初级职称资格证书。在互认方式方面，一是取得京冀职称主管部门核发（确认）的职称资格证书，并受聘专技职务的人员，引进入津时，可由用人单位考核确认后，按岗聘任相应专技职务，不再更换证书；在晋升高一级职称时，可持原证书直接申报。二是取得京冀职称主管部门核发（确认）的职称资格证书人员，引进入津时，在培养选拔、人才引进、服务保障等享受同等待遇，相关部门应予以认可。三是京冀职称主管部门核发（确认）的考试合格证书，适用

① 《北京市职称评审管理暂行办法》。

于天津职称评聘工作，天津各评委会及用人单位应予以认可。其他相关问题，结合京津冀区域产业布局现状和调整，拓宽迁移单位所属专技人员职称的评价渠道。随迁专技人员，可以参加迁入地的职称考试与评审，同时也可以参加原所在省市的职称评价。在天津取得相应职称的专技人员，流动到京冀单位工作，其职称在当地也可按上述办法予以认可。另外，天津在职称制度改革上，为深入贯彻落实《中共天津市委办公厅天津市人民政府办公厅印发<天津市关于深化职称制度改革的实施意见>的通知》精神，进一步完善职称评审标准体系，注重促进职称评审的科学化，天津在职称评审中将重点放在了分类标准上。2018 年 6 月，制定并实施了《天津市专业技术职称分级分类评价办法（试行）》《天津市分类建立专业技术职称评审标准实施办法（试行）》。

河北将京津冀职称互认作为人才评价机制改革的重点予以推进。党的十八大以来，河北省向用人主体放权，为人才松绑，出台深化职称制度改革、柔性引才、鼓励事业单位专技人才创新创业、提高技能人才待遇等政策，在职称评审、选人用人、薪酬分配等方面，加快人才体制机制层面的改革。2016 年上半年，河北积极推进职称制度改革，下放高、中级职称申报资格审查权限（高级职称由省厅下放到各市和省直主管部门，中级职称由市级下放到各县和市直主管部门）；下放职称评审权限（其中包括河北省“对省属骨干本科院校、省级科研单位、自主开展主系列正高级及以下专技职务任职资格评审”等系列举措）；下放职称外语、计算机能力考试确定权限（对职称外语、计算机能力考试不再作统一要求）；全面推进中小学教师职称制度改革、卫生系列副高以上职称考评结合改革，以及中等职业学校、技工学校职称制度等多项改革，建立突出贡献专业技术人才职称直接评聘制度。2017 年上半年，河北推进人才管理体制改革。向河北设区市及其主管部门下放职称申报资格审核权限，向 21 所河北省属高校、5 所河北省属大型企业、3 家河北省级科研单位，以及部分民营企业、三级甲等医院下放高级职称评审权限。2018 年上半年，河北改革了人才评价机制，在全国率先出台深入贯彻分类推进人才评价机制改革“1+6”政策，分类推进人才评价机制改革。2019 年前三季度，河北加快推进职称制度改革，制定快递工程技术人才评审、技工院校教师职称评审工作方案，分系列修订职称评审条件。制定高技能人才申报评审职称实施办法、专业技术类职业资格和职称对应目录，在工程领域畅通高技能人才与工程技术人才的职业发展通道。

3. 人才信息平台的统一和衔接“在路上”

基于京津冀三地人才事业发展、人才资源的差异，京津冀区域的人才信息平台发展不平衡，随着区域协同发展的不断深入，发展各异的人才信息平台衔接难等问题成为制约京津冀区域人才体制机制的障碍。京津冀区域尚没有建立统一的京津冀区域人才信息平台，人才信息除了各地人社系统掌握的官方数据和资料以外，仍然由各地人才企业掌握。

京津冀人才信息平台之间的衔接在客观上存在很多障碍，不仅仅涉及三地政府，而且涉及人才市场、人才企业，再加上人才数据、人才资源等知识产权问题，“衔接难”是不可避免的，限定在京津冀区域政府行为有效的范围内，既有价值层面的困惑，也有技术层面的制约。一方面，人才信息平台种类多、数据杂，哪些平台有必要衔接，仍然需要考虑机会成本和作有效价值的比较；另一方面，在同一信息平台，数据庞杂、涉及最初的人才信息统计口径、数据留存筛选的取舍，在不同情况下的衔接也是复杂的技术问题。

三　对策建议

2021 年 9 月，习近平总书记在中央人才工作会议上指出，我国进入了全面建设社会主义现代化国家、向第二个百年奋斗目标进军的新征程，我们比历史上任何时期都更加接近实现中华民族伟大复兴的宏伟目标，也比历史上任何时期都更加渴求人才。[①] 党的十九届六中全会指出，要抓好后继有人这个根本大计。2022 年 2 月召开的中央全面深化改革委员会第二十四次会

① 2021 年 9 月，习近平总书记在中央人才工作会议上的重要讲话。

议强调，“要优化人才发展制度环境”，“既要培养好人才，更要用好人才”。[①] 尤其是党的十八大以来，围绕人才工作和人才事业的发展，习近平总书记发表了一系列重要讲话，深入分析了新时代背景下我国人才工作面临的新形势、新任务、新挑战，科学回答了新时代人才工作的一系列重大理论和实践问题，为推动新时代人才强国战略指明了前进道路，为京津冀人才一体化指明了发展方向，为京津冀人才一体化发展体制机制改革提供了重要遵循。

针对当前京津冀人才一体化发展体制机制建设尚存在的障碍，结合京津冀三地“十四五”规划和人才发展实际情况，在新发展阶段，坚决贯彻创新、协调、绿色、开放、共享的新发展理念，为打造京津冀区域人才一体化的新发展格局，建议从六个维度进行改革创新，以破解体制机制障碍。这六个维度包括关系维度、目标维度、政策维度、环境维度、产业维度和区域维度。

（一）关系维度：正确处理人才工作党委、政府与市场关系

随着人才强国战略的深入推进，人才的战略地位更加凸显，京津冀区域作为目前我国三大城市群之一，提高人才竞争力对京津冀经济社会发展而言至关重要。进一步推动京津冀人才一体化体制机制创新是增强区域人才实力的重要任务，首要的是正确处理人才工作中党委、政府与市场的关系。

一是以党管人才为原则，巩固好党统领人才的工作局面。中国共产党是国家最高政治领导力量，党的领导是中国特色社会主义最本质的特征，也是中国特色社会主义制度的最大优势。历史和现实都表明，只有坚持党的全面领导，包括人才事业在内的各项事业，才能从胜利走向新的胜利。在人才工作中，要始终坚持党管人才的原则，并在此基础上，注重调动政府和市场的能动性和积极性，发挥优势、取长补短。在推动京津冀人才一体化发展进程中，既要发挥好政府在政策制定执行上的主体作用，也要发挥好市场的决定

① 2022 年 2 月召开的中央全面深化改革委员会第二十四次会议文件。

性作用。

二是以制度意识为先导，处理好人才一体化中政府与市场的关系。京津冀人才一体化效能的发挥，关键靠制度，要做到制度先行，不断对京津冀区域人才一体化制度进行改革创新，即以制度意识为先导，将制度优势转化为人才一体化效能。制度意识是党的十九届四中全会传达出的重要精神，人才一体化的制度意识不能仅停留在认识上，关键是将认识落实到行动中，做到知行合一。要将其落实在京津冀人才一体化的具体制度机制中，落实到生动实践中，并通过不断创新来进一步完善制度。人才一体化制度意识是一个系统概念，是对人才一体化制度的知行合一，蕴藏其中的价值理念是对人才的最大尊重、对制度的最好诠释、对改革创新效果的最强注脚。强化人才一体化的制度意识，做到真懂、真会、真做，不断打破地域壁垒、思想壁垒和认知壁垒，从主观上增强制度创新动力，不断促成更多主动创新模式出现。在此基础上，以制度为工具和方法，正确处理人才一体化中政府与市场的关系，以制度作为“有为政府”和“有效市场”的边界，将制度意识贯穿于人才一体化发展的全过程。

三是以“有效市场”“有为政府”为功能定位，发挥好人才一体化中政府与市场的作用。党的十九届五中全会提出“有效市场”“有为政府”等概念，一方面，在京津冀人才一体化中，要发挥市场与政府的作用，实现共赢，就必须借助市场在人才一体化中的决定性作用，正确引导人才市场良性发展，从而促进京津冀区域人才一体化发展。另一方面，在人才一体化过程中，还必须牢牢坚持党管人才的基本原则，发挥好“有为”政府的职能，在人才一体化政策制定、执行、创新、改革中积极作为。京津冀三地政府积极合作，在京津冀人才领导小组统一安排下，积极推进人才政策一体化，包括在政策上积极引导人才市场发展，以逐渐建立一体化的人才市场。

（二）目标维度：统一京津冀人才发展目标进而形成人才合力

京津冀人才一体化要坚持京津冀区域人才一体化的整体发展目标，“求大同存小异”。

一是人才协同发展目标。根据《京津冀人才一体化发展规划（2017—2030 年）》，京津冀人才一体化的中期目标是，到 2025 年，人才一体化发展体制机制和政策体系基本建立；远期目标是，到 2030 年，区域人才结构更加合理，人才资源市场统一规范，公共服务高效均衡，人才一体化发展模式成熟定型，人才国际竞争力大幅提升，“世界高端人才聚集区”基本建成。[①] 为此，要为实现中远期目标开好局、起好步，不断深化体制机制改革，即坚持问题导向，在破解人才一体化体制机制障碍上下深功夫、硬功夫；在人才政策、人才市场两大方面以创新思维、全局视野深入推进改革，努力消除分散决策、政策落差，在政策衔接上弥补“漏洞”；在人才市场发展、人才评价标准、人才信息平台上发挥人才一体化有效市场和有为政府的共同作用，以制度机制激励引导人才市场健康发展，为经济社会高质量发展奠定人才基础、提供人才资源，下好京津冀区域人才一体化“整盘棋”，促进京津冀人才合作共赢成效的显现。

二是人才融合发展目标。发挥京津冀三地的人才优势，进一步整合京津冀区域整体和区域个体人才发展目标。三地按照各地制定的“十四五”规划，优先聚焦作为区域个体的人才发展目标，如北京要发挥现有人才优势，突出创新发展，将创新人才的培养、引进、聚集作为京津冀区域创新人才的标杆。天津要继续推动形成引才聚才优势，继续以“海河英才”等人才政策加大对急需紧缺创新人才和技能人才的引进力度，通过实行更加开放、更加积极、更加有效的人才政策，持续不断优化人才发展环境。河北要进一步完善“人才强冀”政策，通过健全人才评价体系和人才激励措施，在引才、留才上加大人才制度机制改革力度。

三是人才错位发展目标。在强化京津冀区域人才协同、融合发展的同时，根据京津冀三地人才发展现状和人才一体化规划要求，大力鼓励京津冀三地人才错位发展，如北京在疏解非首都功能基础上，疏解出的产业人才，虽不会作为北京的人才发展重点，但可以作为天津和河北的人才发展重点；

① 《京津冀人才一体化发展规划（2017—2030 年）》。

根据京津冀三地“十四五”规划中的产业发展重点、经济错位发展现状以及未来产业错位发展要求，聚焦优势产业人才发展，着眼人才一体化发展，具体制定各地人才错位发展的相关制度和政策。

（三）政策维度：推动人才政策的“尽力而为”和“量力而行”

党的十九届四中全会强调制度的重要性，巩固和增强人才的显著优势，完善适应新时代发展的人才制度，要在京津冀人才一体化政策的制定、执行方面不断寻求创新和突破。

一是建设京津冀人才政策系统平台。为使京津冀区域人才政策更好地衔接，作为加强京津冀人才一体化体制机制衔接的基础性工作，可考虑建立京津冀统一的人才政策平台，分类归档，整合制度机制资源。一方面，可将所有京津冀区域的人才政策制度，按照培育人才、引进人才、留住人才、使用人才、评价人才、考核人才、激励人才、人才改革等板块进行梳理，同时强调分类归档的便利性、查找的关联性，在此基础上，建设京津冀人才一体化体制机制系统平台，并通过这一平台，将所有京津冀人才政策予以展现、梳理、整合，进而建立有利于政策衔接的政策基础库。另一方面，可通过比较分析，对差异化较大、衔接性较差的制度优先进行调整，依次分级、各个击破，不断提高京津冀区域人才政策的关联性。

二是缩小京津冀人才政策差异。缩小当前京津冀人才政策差异，要坚持尽力而为、量力而行的原则。在促进京津冀三地人才工作的紧密合作上，从政策制定、政策执行、政策追踪、政策创新的视角，尽力而为缩小京津冀人才政策差异；在促进三地人才一体化政策合作上，要量力而行，缩小三地的人才发展定位差异。

三是强化京津冀人才政策创新。一方面，要扩大人才政策创新的受众范围。对当前京津冀三地职称评聘、工资薪酬、科技奖励、人员编制管理等制度创新内容进行整体性系统思考和权衡，对于先行一步的制度要逐步扩大实施范围，充分考虑渐进性创新和人才的可接受程度，让更多人才分享制度创新红利。比如，下放职称评审，除高校、医院外，还要逐渐扩大到高中、技校、大专等更大范围；科技奖励要扩大奖励对象，覆盖中低端人才，进一步降低科技奖励门槛，引入企业科技奖励项目，促进产学研结合，调动更多的人才积极性；人员编制管理制度创新，要扩大人员编制备案制的范围，覆盖各类基础教育单位，给予基层单位人才使用自主权；工资薪酬制度创新，除了教师等重点人群和高校等重点单位外，要不断扩大受益人才类型和人才使用单位范围，逐渐改变工资薪酬制度的行政层级制，更多按照人才贡献来确定工资薪酬和福利待遇。另外，加强人才激励制度、考核制度、福利制度等方面的创新，让人才激励制度真正发挥“指挥棒”作用，让考核制度更符合不同行业人才特点，让福利制度成为人才流动机会成本考量的重要砝码。另一方面，要实施人才一体化试运行和追踪制度。从整体来看京津冀人才一体化人才制度创新，可考虑实施试运行和追踪制度，如京津冀人才一体化制度的试运行实施方案、京津冀人才一体化政策追踪反馈制度等。制度间的相关性，容易造成制度创新的顾此失彼，为减少创新风险，有必要开展制度试运行，通过试运行及时收集制度执行者、人才、人才使用单位的意见，并通过建立追踪制度不断提出合理化修改意见，进一步减少创新的机会成本，进而促进人才制度创新由点到线再到面。

四是京津冀要在引才留才制度建设中主动发力。随着新发展格局的形成，位于北方的京津冀区域，与地处南方的长江三角洲城市群、珠江三角洲城市群、粤港澳大湾区城市群相比，区位比较优势逐渐下降、竞争压力不断提高。为此，京津冀区域要创新发展，贯彻落实“人才是创新发展第一资源”的理念，除了在育才方面持续发力外，更需要在引才留才政策制度建设中主动发力。京津冀要激发人才创新活力，吸引并留住人才的制度必须“先行”。党的十九届五中全会提出，激活人才的创新活力，完善人才制度是最关键的环节。要满足京津冀区域高质量发展对更多人才的强烈需求，必须举全区域之力研究制定留住并吸引人才的一揽子制度，积极将京津冀区域打造的人才政策优势转化为人才制度效能。需要重视的是，留住人才比吸引人才更重要，因为只有营造了能留住人才的制度环境，才能最终将人才政策吸引的人才真正留下来，发挥人才作用。这是当前京津冀区域创新人才制度的重点所在。要制定留住并吸引人才的一揽子制度，做好人才制度的整合和衔接，打造良好的人才发展环境。

（四）环境维度：加快构建具有人才竞争力的人才发展环境

京津冀区域人才一体化发展体制机制障碍的消除，需要破立结合，即对阻碍人才一体化发展的制度机制要通过不断深化改革予以破除；面对新发展阶段的新要求，要秉持新发展理念，及时建立适合新发展格局的人才制度机制，打造具有竞争力的京津冀人才发展环境。

一是增加针对中低端人才个体和团体的人才工程。要在现有人才工程的基础上，增加针对人才个体和团体的人才工程，改变当前更多针对高端人才的工程的现状，不断丰富人才工程，从整体上努力使各行业各类各层级人才都能有相应的人才工程，最终形成全覆盖的人才工程，其中重点做好各类技术人才、各类技能人才的人才工程制度创新工作。

二是完善人才培训制度，建立更多人才培训基地。建立比较完善的人才培训制度，注重人才培训受众的数量和质量，让越来越多的人才能更系统全面的接受培训。针对刚引进的人才注重适用性培训，提早全面系统了解本地区本行业的基本情况和动态；对工作多年的现有人才进行创新型培训，以激发创新活力。建立覆盖面更广的各类人才培训基地，可借助各级党校或通过购买服务方式实现。通过培训，让人才的能力进一步提升。

三是建立京津冀一站式成果服务和转化平台。建立面向京津冀人才的一站式成果服务和转化平台，平台服务对象既包括学术成果、发明、专利的成果享有人，也包括有相关技术等成果购买意向的风投等投资人；平台提供的成果包括信息检索、成果查询、牵线成果转化意向、成果超市、法律服务支持、成果投资等。平台建设实际上是为产学研搭建了一个信息平台，通过成果交易、合作、转化等，为广大人才提供更多更便捷的一站式人才成果服务，畅通信息渠道，提高信息效率，能够提高成果的利用价值。

四是建立面向所有人才的科技创新平台。河北按照《河北省科技创新平台与条件保障能力建设三年行动计划工作方案（2018—2020 年）》，逐步建立了针对人才个体的科技创新创业平台。京津冀各地在“十四五”时期要继续突出创新的核心地位，对创新人才给予政策扶持，不断引入风投、创客空间等要素，让平台有制度、机制、资金来源和发展空间，为人才个体、人才团队提供科技创新服务，搭建更多科技服务平台，为推动科技创新、科技人才发展提供更大的舞台。

五是打造更多有影响力的人才品牌活动。一方面提高河北崇礼论坛、京津冀青年科学家论坛、天津“海河英才”等品牌活动的影响力，为京津冀人才和有志来京津冀区域的人才创造更多交流的机会，通过品牌活动，打破地域界限，提高对外影响力。另一方面，可考虑建立区域级的“燕赵人才”品牌活动，通过论坛、讲座、征文、评奖等形式，邀请全国的京津冀籍专家学者参加，借助“互联网+”信息技术，创新线上线下活动方式，让身处异地无法前来的人才，通过网络成为品牌活动的流动宣传力量，提升参与度，提高京津冀人才在全国的影响力。

（五）产业维度：加快形成人才与产业相得益彰的良性关系

京津冀人才一体化是为京津冀协同发展提供人才服务与支撑。在新发展阶段，京津冀协同发展包含着高质量发展的内涵，高质量发展离不开产业的高质量发展，为此要处理好产业与人才的关系，打造产业聚焦人才、人才助力产业的良性互动关系，为京津冀优势产业、新兴产业提供人才支撑。

一是从总体上提升京津冀区域产业对人才的吸引力与集聚力。要制定专门针对京津冀区域产业急需的人才引进政策，即在京津冀区域人才一体化制度机制下，针对京津冀区域产业特点及急需人才特点，制定相应的育才、引才政策，培养更多技能人才、技术人才、创新人才，吸引各类人才，同时通过人才激励政策，使这些人才留下来，实现人才既“育得出”“引得来”又“留得住”，从而更好地服务于京津冀区域的产业发展。要拓宽京津冀区域产业急需人才的引进范围，在招聘对象上，既要针对广大优秀毕业生，又要有面向社会专业技能人才；在地域上，要坚持“走出去”战略，到京津冀区域以外的城市举办京津冀区域产业人才专场招聘会，拓宽引才渠道，提升京津冀区域产业急需人才的集聚力。

二是围绕京津冀区域产业发展，实施侧重点不同的育才、引才工程。为满足京津冀区域产业发展对人才的需求，不仅要在整体上补齐京津冀产业人才缺口，更要针对京津冀产业的不同发展程度，实施更具针对性的人才育才、引才工程，以促进京津冀区域产业内部急需人才的均衡发展。针对京津冀区域实力比较雄厚的优势产业，如新一代信息技术、生物医药健康等产业，继续提升其优势，围绕各个重点领域做强育才、引才品牌。针对需要进一步转型升级的潜力产业，如现代商贸物流、旅游等，一方面要进一步提升产业实力，吸引技能型人才；另一方面引导企业与具有专业特色的高校签署战略合作协议，积极引进适合产业发展的对口专业型人才，形成以人才推动产业发展、以产业吸引更多优质人才的互动格局，实现京津冀区域产业与急需人才相互促进、相得益彰的良性发展。

三是加大人才培育力度，实施分层级的专项人才培育计划。针对京津冀急需人才层次分布不均衡现状，一方面，有针对性地加大高中低三个层次的人才培养力度。首先将重点放在培养中端人才上，提高本科学历的专业技术水平，培养数量更多、质量更优的技术型人才；其次重视提升专科学历者的技能，培育更多实体经济发展需要的技能型人才；最后加大高端人才培养力度，加强对硕士、博士学历的高级技术性人才、高级科研人员的培育。另一方面，实施专项人才吸引计划。按照学历划分层级，将现有的京津冀人才引进制度再细化，按照人才梯队建设规律，重视吸引本科学历人才，重视吸引专科的技能型人才，还要加大对高端人才的引进力度，积极吸引以高端人才为核心的人才团队。京津冀要想在新发展阶段提高创新能力和竞争力，就要实现人才培养和人才引进双轮驱动，通过人才培养进行人才供给侧改革，加大京津冀区域内的人才供给力度，积极构建多层次的人才新发展格局。

四是强化人才驱动，为各类型经济提供人才保障。大力发展京津冀各类型经济，强化创新驱动中的人才引领作用。一方面，要满足城市经济发展对人才的迫切需求，以补齐人才缺口为突破口，提高中心城区的繁荣度；要以实现“科技自立自强”为产业发展目标，重点吸引高科技产业和战略性新兴产业人才，筑牢城市经济发展的人才基础，注重城市金融业、总部经济发展，提高京津冀中心城区经济发展的辐射带动作用；结合京津冀三地的“十四五”发展规划，将城市经济发展与中心城区的人才聚集紧密结合起来，实现经济和人才的双轮创新驱动，促进城市经济高质量发展。另一方面，统筹京津冀区域经济发展，合理引导企业向不同区域转移，进一步带动区域经济协调发展；通过引进人才团队、人才项目，推动区域经济发挥比较优势，针对区域特色产业集群，制定人才和人才团队吸引政策，实施人才引领助力产业发展举措。此外，为解决园区经济发展人才反映强烈又集中的现实诉求，在不同开发区、园区制定反映产业特色的人才聚集办法，以人才集聚促进优势产业发展，从而提高各开发区、园区的贡献率。将绿色人才作为京津冀区域一揽子制度创新的亮点，打好京津冀生态经济的绿色人才“牌”；加大对与生态经济密切相关的人才培养和引进力度，制定专项措施办法，促进生态经济的“绿”和“利”双赢。对于京津冀来说，要如期实现创新效能的提升，强化人才对创新的驱动作用是必然选择。针对各类型经济，要从人才生态系统角度筹划布局，立足京津冀区域，胸怀百年未有之大变局和实现中华民族伟大复兴梦的这两个大局，促进京津冀高质量发展，为开启基本实现中国特色社会主义现代化新征程贡献京津冀力量。

（六）区域维度：积极落实京津冀区域人才“一盘棋”部署

2021 年 1 月公布的全国各地 GDP 数据中，全国 23 个城市跻身 GDP“万亿俱乐部”行列，比 2019 年多了 5 个城市。京津冀区域的北京、天津虽仍处于万亿 GDP 城市行列，但天津的 GDP 排名一直在下降（2020 年天津 GDP 为 14083.73 亿元，居全国第 23 名），北京的排名也出现下滑（2020 年北京 GDP 为 36102.4 亿元，居全国第 13 名）。河北 2020 年 GDP 为 36206.9 亿元，居全国第 12 名，但河北没有万亿 GDP 城市。由此可见，京津冀区域的 GDP 比较优势逐年减弱，在全国三大区域中，京津冀的 GDP 实力最弱。

京津冀区域要发展，就必须摒弃固有的思维，将“一盘棋”思想落实在人才一体化制度机制上，落实在真抓实干中，否则与其他区域相比经济发展差距会越来越大，人才一体化差距也会越来越大。为此，京津冀区域实施人才“一盘棋”部署，在京津冀人才一体化领导小组的协调下，统一行动，抱团取暖，强化政策牵引，加快京津冀人才一体化发展步伐。

一是重视区域协调发展，制定差异化“区域人才计划”。针对产业发展区域不均衡的情况，要制定差异化的“区域人才计划”。针对急需人才，注重“行业选才”，精准确定引才专业；赴高校专项引才、分行业领域组队定向引才；创新人才引进模式，除了传统的招聘引进外，还可以实施“回引纳才”政策，招引京津冀籍在外的优秀人才。针对京津冀不同区域急需人才的行业不同，制定不同的引才育才方案，比如，基于开发区和园区的定位，可制定相关产业和周边产业的定向引才育才计划，以增强产业优势；针对城市现阶段经济发展急需人才制定专项育才引才计划；针对各县（市、区）实际，积极探索制定符合县域经济发展的乡村振兴等方面的育才引才计划。

二是使京津冀区域协同发展的重点领域与人才一体化政策相结合，相互促进、相得益彰。针对京津冀公共服务政策差异大的特点，量力而行，分阶段分区域逐渐消除京津冀公共服务差异。京津冀区域的高质量发展，既要考量地域因素，使各地协调发展，又要考量产业发展方向，促成合理的产业集聚，更要通盘考虑产业布局，重视区域人才协调发展，促进人才的合理流动、引进。

参考文献

《2019 年度人力资源和社会保障事业发展统计公报》，http：//www. mohrss. gov. cn/gkml/ghtj/tj/ndtj/202009/t20200911_ 385449. html，2020 年 9 月 11 日。

《河北省人社系统 2020 年上半年重点民生工作新闻发布会》，河北人社网，https：//rst. hebei. gov. cn/a/redianzhuanti/2020/sbnzdmsgz/，2020 年。

《就业规模不断扩大就业形势长期稳定——新中国成立 70 周年经济社会发展成就系列报告之十九》，http：//www. stats. gov. cn/ztjc/zthd/sjtjr/d10j/70cj/201909/t20190906_ 1696328. html，2019 年 9 月 6 日。

《中国共产党河北省第九届委员会第十一次全体会议决议》，http：//www. he. xinhuanet. com/xinwen/2020-11/09/c_ 1126716002. htm，2020 年 11 月 9 日。

安伦：《张家口市绿色能源发展之人才引进与培养策略研究》，《张家口职业技术学院学报》2014 年第 4 期。

蔡小慎、马瑞芝：《东北地区人才结构与产业结构适配关系实证分析》，《科技与经济》2018 年第 2 期。

陈光宇：《大力发展天津临空经济可行性初探》，《天津经济》2020 年第 10 期。

陈文玲：《电子商务背景下航空物流与区域经济的协同发展》，《物流工程与管理》2021 年第 11 期。

陈玉兰：《我国人才结构失衡现象及其对策研究——基于结构偏离度分

析视角》,《湖南科技大学学报》(社会科学版)2013年第6期。

陈振明等:《公共服务导论》,北京大学出版社,2011。

成健、谭立群、李澜涛、Britwum Benjamin:《河北省高校来华留学生财经类专业本科人才培养模式构建探讨——基于高等教育国际化的背景》,《教育现代化》2019年第78期。

邓涛:《通用航空应用型创新人才培养模式探析》,《重庆交通大学学报》(社会科学版)2021年第5期。

邸晓星:《京津冀一体化背景下人才队伍建设面临的问题与对策》,《求知》2017年第5期。

伏广璐:《"一带一路"背景下智慧物流发展策略研究》,《产业创新研究》2021年第21期。

扶涛、王方方、薛勇军:《人力资本与制造业升级匹配效应研究》,《统计与决策》2020年第6期。

福建省财政厅课题组:《地区间基本公共服务差距现状及均等化对策》,《预算管理与会计》2020年第1期。

高梦沉、马宁:《碳中和目标下临空经济发展路径研究》,《中国物价》2022年第5期。

顾丹丹:《雄安新区高层次科技人才引进问题研究》,《现代营销》(经营版)2019年第12期。

顾平安:《公共服务的基本属性及其分析》,《理论探讨》2008年第4期。

郭子雪、曹秀萌:《人才培养投入与经济产出之间的关联度分析——以河北省为例》,《井冈山大学学报》(社会科学版)2020年第6期。

韩景旺、陈小荣:《河北省科技金融与科技创新互动发展关系的实证研究》,《河北经贸大学学报》2020年第3期。

何勤、雍华中:《京津冀协同发展背景下统一开放的人力资源市场体系构建研究》,《北京联合大学学报》(人文社会科学版)2016年第1期。

何枭吟、梁欣悦:《中国临空经济区高质量发展:现实困境与对策》,

《改革与战略》2021 年第 8 期。

何枭吟:《"一带一路"建设中内陆节点城市临空经济发展建议》,《经济纵横》2015 年第 9 期。

胡祖才:《关于促进基本公共服务均等化的若干思考》,《宏观经济管理》2010 年第 8 期。

黄弘、黄铭枫、李海东、黄志荣:《景德镇国家陶瓷文化传承创新试验区研究——人才结构与产业结构匹配的视角》,《中国陶瓷工业》2022 年第 1 期。

黄湘闽:《国际人才与国际人才环境》,《中国人才》2011 年第 1 期。

黄永春、邹晨、叶子:《长三角人才集聚的非均衡格局与一体化协同发展机制》,《江海学刊》2021 年第 2 期。

黄志鹏:《全域旅游背景下浙江省旅游人力资源发展问题及对策研究》,湖北工业大学硕士学位论文,2020。

冀文彦、王军:《基于冬奥会的张家口旅游产业竞争力研究》,《北京城市学院学报》2019 年第 3 期。

姜兴、张贵:《京津冀人才链与产业链耦合发展研究》,《河北学刊》2022 年第 2 期。

解冰玉:《临空经济区战略对区域经济发展的政策效应研究》,郑州大学硕士学位论文,2019。

康振海:《构建京津冀协同发展新机制》,《经济日报》2019 年 12 月 13 日。

康正鑫:《会展产业集群发展动力机制研究》,《合作经济与科技》2021 年第 23 期。

兰芳:《我国区域金融人才集聚中政府行为研究》,吉林大学硕士学位论文,2020。

蓝晓宁:《欠发达地区人才结构优化研究——基于产业集群视角》,《生产力研究》2014 年第 3 期。

李爱民:《环渤海各省市制造业重点行业选择与分工研究》,《发展研究》2017 年第 6 期。

李军鹏：《公共服务学——政府公共服务的理论与实践》，国家行政学院出版社，2007。

李柯瑶：《数字化改革助推会展业高质量发展研究》，《商展经济》2021 年第 21 期。

李燕：《面向临空经济的供应链与物流课程群建设研究》，《河南教育（高教）》2020 年第 7 期。

李志勇、宋艳波、楚昕：《财政推进京津冀基本公共服务均等化研究》，《经济研究参考》2018 年第 69 期。

李梓菡：《我国地方政府人才竞争政策分析》，华北电力大学（北京）硕士学位论文，2021。

梁林、曹文蕊、刘兵：《京津冀人才资源配置政策仿真和优化路径研究》，《中国人力资源开发》2019 年第 3 期。

梁林、武晓洁：《治理群簇视阈下国家级新区人才流动预测及治理研究——以雄安新区为例》，《科技管理研究》2020 年第 17 期。

梁林、赵玉帛、朱叶珊、赵雪：《京津冀人力资源配置效率：时空格局、演变机理及影响因素研究》，《河北工业大学学报》（社会科学版）2019 年第 3 期。

梁千：《雄安新区创新人才政策研究——“人才红利”模式开启城市发展新动力》，《现代营销（信息版）》2019 年第 1 期。

梁涛、刘会贞、李乃文：《产业结构与人才结构匹配度实证分析——以辽宁省为例》，《工业技术经济》2011 年第 12 期。

林霞：《航空大都市模式下的产业聚集：国际经验与中国启示》，《民航管理》2014 年第 1 期。

林于会、纪维：《承德市旅游从业人员跨文化交际能力现状调查及提升策略》，《新西部》2020 年第 14 期。

刘宝存、张继桥：《改革开放四十年来华留学教育政策的演进与走向》，《西北师大学报》（社会科学版）2018 年第 6 期。

刘兵、曹文蕊、梁林：《京津冀人才配置关键影响因素识别及模式研究》，《科技进步与对策》2017年第19期。

刘兵、曾建丽、梁林、曹文蕊、李青：《雄安新区引进高端人才的博弈分析》，《经济与管理》2018年第2期。

刘兵、朱叶珊、梁林：《雄安新区人才资源重构中多元治理主体识别及治理策略研究——基于微信公众号大数据分析》，《中国人力资源开发》2019年第8期。

刘冬、苏建宁：《京津冀协同发展背景下石家庄人才外引内培机制研究》，《中国市场》2021年第19期。

刘家欣、王志刚：《发展清洁能源　建设绿色承德——对承德市新能源产业发展的调研思考》，《统计与管理》2014年第11期。

刘鑫：《雄安新区高层次人才引进问题及对策研究》，燕山大学硕士学位论文，2021。

刘亚娜、董琦圆、谭晓婷：《京津冀协同发展背景下人才政策评估与反思——基于2013~2018年政策文本分析》，《天津行政学院学报》2019年第5期。

刘媛媛：《高端装备制造业人才需求及问题对策研究》，《人力资源》2018年第8期。

卢明华、薄云娜：《京津冀地区分行业结构和竞争力分析》，《开发研究》2018年第3期。

鹿彦：《临空经济发展背景下的产业集聚及就业辐射效应研究》，《全国流通经济》2020年第15期。

吕敏、魏诗谣：《京津冀一体化基本公共服务非均等化问题探析》，《当代经济》2019年第3期。

马同光、齐兰：《中国临空经济发展影响因素研究——基于地区面板数据的实证分析》，《宏观经济研究》2018年第4期。

马同光：《中国临空经济发展及影响因素研究》，中央财经大学硕士学位论文，2018。

马英娟:《公共服务:概念溯源与标准厘定》,《河北大学学报》(哲学社会科学版)2012 年第 2 期。

弥淑琴、邢琰彬:《强旅游产业特色　重人才队伍建设——张家口旅游产业人才需求状况与对策》,《张家口职业技术学院学报》2010 年第 4 期。

莫岸华:《北京市会展业集聚水平实证研究》,《湖北工程学院学报》2021 年第 1 期。

牛冲槐、王聪、郭丽芳、樊燕萍、芮雪琴:《科技型人才聚集下的知识溢出效应研究》,《管理学报》2010 年第 1 期。

沈映春、贾雨洁:《京津冀一体化过程中区域产业与人才结构协调适配度研究》,《税务与经济》2019 年第 4 期。

石学刚、周琳:《“双循环”新发展格局下空港型自贸区的发展机理与建设路径》,《商业经济研究》2021 年第 15 期。

宋薇:《江苏省国际化人才管理质量指标体系的初探》,《南京工程学院学报》(社会科学版)2006 年第 3 期。

宋潇、张红梅:《会展创新型人才的内涵、素质结构与培养策略》,《西部素质教育》2022 年第 2 期。

隋立国、焦红卫、吕思超:《航空产业学院建设研究与实践》,《南方职业教育学刊》2021 年第 6 期。

孙琳琳、张祎恺:《京津冀协同发展下河北省科技人才聚集现状及对策》,《商讯》2019 年第 35 期。

孙彦明:《京津冀产业协同发展的路径及对策》,《宏观经济管理》2017 年第 9 期。

唐飞、孙立生:《雄安新区人才聚集机制研究》,《科技经济市场》2019 年第 2 期。

唐钧:《“公共服务均等化”保障 6 种基本权利》,《时事报告》2006 年第 6 期。

陶凤:《京津冀七年　产业转移破局》,《北京商报》2021 年 7 月 12 日。

田楠:《京津冀产业转移中技术技能人才社会生态环境研究》,《中国职业技术教育》2020 年第 13 期。

田学斌、陈艺丹：《京津冀基本公共服务均等化的特征分异和趋势》，《经济与管理》2019 年第 6 期。

王建强：《协同发展背景下京津冀人力资源市场一体化发展探析》，《中国人事科学》2020 年第 1 期。

王娟、贾冀南：《人才共享——雄安新区人才集聚新方式》，《价值工程》2020 年第 3 期。

王曼曼、沈丹阳、齐晓云：《京津冀航空物流产业协同发展评价》，《价格月刊》2017 年第 7 期。

王妙娟：《新型物流专业人才培养模式实践研究》，《职业》2022 年第 5 期。

王培、温爱华、蔡静静：《“互联网+”时代河北省人才信息化建设路径研究》，《河北软件职业技术学院学报》2018 年第 3 期。

王萍：《武汉市产业结构和人才结构匹配度研究》，《中国地质大学学报》（社会科学版）2013 年第 S1 期。

王胜英：《大数据与互联网背景下会展产学研合作创新模式研究》，《商展经济》2021 年第 21 期。

王天旺、马骥华、王子华：《张家口旅游文化产业人才队伍建设问题的思考》，《大舞台》2013 年第 1 期。

王西臣：《关于航空工业产业工人队伍建设的实践与思考》，《行政科学论坛》2021 年第 4 期。

王延杰、冉希：《京津冀基本公共服务差距、成因及对策》，《河北大学学报》（哲学社会科学版）2016 年第 4 期。

王莹、秦树文、李颖：《冬奥会背景下张家口冰雪人才需求及队伍建设研究》，《产业与科技论坛》2019 年第 5 期。

王雨桐：《京津冀协同发展下城市土地利用现状与〈规划〉目标的差距分析》，《中国市场》2017 年第 21 期。

魏丽华：《京津冀产业协同发展问题研究》，中共中央党校博士学位论文，2018。

魏勇强、苗迎春：《京津冀一体化进程中产业结构问题研究》，《改革与战略》2017年第10期。

文婷、李建雄、王延盛、闫丽花：《“智造”时代先进制造业技术技能人才精准培养研究——基于京津冀现代制造业职教集团的分析》，《中国职业技术教育》2019年第22期。

吴凡、苏佳琳：《高质量发展视角下广西人才结构与产业结构匹配性研究》，《广西社会科学》2020年第7期。

吴平雄、王震：《河北省科技金融与经济高质量发展研究》，《合作经济与科技》2022年第3期。

武苏粉、杨艳杰、郭全芳、边圆围：《雄安新区高层次人才柔性引进政策研究》，《商展经济》2022年第8期。

武义青、赵建强：《区域基本公共服务一体化水平测度——以京津冀和长三角地区为例》，《经济与管理》2017年第4期。

邢潮：《京津冀协同发展中河北省科技人才“差异化”引进问题研究》，天津财经大学硕士学位论文，2020。

熊琳、王林峰、曾甜：《哈长城市群制造业产业同构化及优化路径分析》，《现代商业》2022年第1期。

熊兴国：《雄安新区创新创业人才政策研究》，《经济论坛》2021年第3期。

许新国、温玲子：《承德市城市旅游形象塑造调查与分析》，《河北旅游职业学院学报》2020年第2期。

薛琪薪、吴瑞君：《长三角人才集聚与流动的现状特征与人才协同政策建构》，《上海城市管理》2020年第3期。

杨丹丹、马红梅：《产业结构的同构化与专业化——以粤桂黔为例》，《开发研究》2018年第6期。

杨学智、苏永军：《雄安新区建设与京津冀协同发展背景下对河北高校人才培养要求的调研分析》，《环渤海经济瞭望》2019年第10期。

尹秀琴：《京津冀协同发展战略背景下的天津自贸区技能人才培养分析》，《商业经济研究》2017 年第 15 期。

于明言、张玉庆：《天津科技人才发展问题与对策研究》，《未来与发展》2020 年第 3 期。

于瑶、王铭禹、梁晓飞、骆晓飞、杜刚、王浩明、邵美琦：《“人才荒”困扰新能源行业　部分企业“地毯式”抢人》，《经济参考报》2021 年 11 月 29 日。

俞伯阳、吴红翠：《京津冀协同发展视域下天津市实体经济高质量发展路径研究》，《天津商业大学学报》2021 年第 2 期。

袁方莹、陈爽：《产教融合背景下高职物流管理专业人才培养模式研究》，《中国物流与采购》2022 年第 1 期。

曾红颖：《雄安新区人才发展战略思考》，《前线》2018 年第 5 期。

张爱华：《京津冀一体化背景下石家庄市聚集人才机制研究》，《科技风》2018 年第 20 期。

张贵、刘雪芹：《京津冀人才一体化发展的合作机制与对策研究》，《中共天津市委党校学报》2017 年第 3 期。

张慧芳、王新雷：《雄安新区应用型技术技能型人才培养模式探析》，《就业与保障》2020 年第 4 期。

张立辉、王玲恩、潘海阔：《京津冀地区产业同构现象研究》，《中国证券期货》2009 年第 11 期。

张敏：《会展产业融合与专业交叉发展》，《中国会展》2022 年第 3 期。

张天阳：《2022 冬奥背景下张家口市高校冰雪应用型人才培养评价研究》，吉林体育学院硕士学位论文，2020。

张雯月：《基于工匠精神的物流专业快递人才培养模式分析》，《中国市场》2021 年第 31 期。

张序：《公共服务供给的理论基础：体系梳理与框架构建》，《四川大学学报》（哲学社会科学版）2015 年第 4 期。

张延平、李明生：《我国区域人才结构优化与产业结构升级的协调适配度评价研究》，《软科学》2011 年第 3 期。

赵培红、张榕健：《雄安新区集聚高端人才机制研究》，《河北经贸大学学报》（综合版）2018 年第 2 期。

赵砚文、白志利、王烁乾：《京津冀协同开发人力资源对策研究》，《经济论坛》2020 年第 1 期。

赵玉平、高秋月、许莹莹、张益钧、闫红梅、张哲铭：《京津冀一体化下天津引进及使用海外人才的建议》，《经营与管理》2019 年第 7 期。

钟质文、黄蕾：《区域航空产业高质量发展的体制机制创新研究》，《西安航空学院学报》2021 年第 6 期。

周爱军：《雄安新区人才生态环境评价与涵养路径》，《河北学刊》2021 年第 6 期。

周杰、张文新、张锦宗：《战略产业在我国主要城市群的发展潜力评价——以航空产业为例》，《城市发展研究》2010 年第 7 期。

朱叶珊：《雄安新区人才资源重构机理与治理策略研究》，河北工业大学硕士学位论文，2019。

邹鹏君、徐幸超、王俊鹏：《航空产业校企合作需求与创新人才培养对策研究》，《科技广场》2021 年第 2 期。

后　记

本书为陈亮主持的国家社科基金项目“京津冀人力资本空间溢出作用机制与共享路径研究”（19BGL270）的阶段性成果。本书由团队合作研究完成，其中，陈亮构思了总体研究框架，拟定了研究提纲及各章节重点，明确了任务分工和具体要求，多次召开调度会议推进研究进展；石晓飞协助进行项目研究统筹。各章初稿撰写具体分工为：前言，陈亮；第一章，石晓飞；第二章，郑伟波；第三章，赵建强；第四章，沈文竹；第五章，王丽媛；第六章，杨鹏；第七章，刘爽；第八章，刘东；第九章，李兴光；第十章，李兴光；第十一章，王丽锟。本书从策划到完成历时约两年。初稿完成后，先由石晓飞按照写作格式要求进行统稿，之后由陈亮进行全面修改、补充和完善，并最终定稿。

本书的写作和出版同时得到了京津冀协同发展河北省协同创新中心、河北省引进国外智力项目“京津冀国际化人才培养模式的协同创新”（2019YX024A）、河北省人力资源社会保障科研合作重点项目“京津冀协同发展背景下人才‘柔性共享’路径研究”（JRSHZ-2021-01006）、河北省人力资源社会保障一般项目“基于区域教育中枢理论下的雄安新区人才聚集度研究”（JRS-2020-6009）的资助，也得到了社会科学文献出版社的大力支持。在此，谨向全国哲学社会科学工作办公室、河北省教育厅、河北省科学技术厅/河北省外国专家局、河北省人力资源和社会保障厅、社会科学文献出版社表示衷心感谢。

本书在写作过程中还得到了河北经贸大学工商管理学院贾朋凯、张佳美、刘淼、丁依林等同学的帮助，他们在数据收集、资料整理和文字校对等方面做了大量工作，在此一并表示感谢。

推动京津冀协同发展是党中央、国务院在新的历史条件下作出的重大决策部署，是重大国家战略，人才一体化发展是实现京津冀协同发展战略目标的智力支撑和重要保障。本书针对《京津冀人才一体化发展规划（2017—2030 年）》中提出的目标任务、落实举措，结合实践进行跟踪研究并提出进一步深化的对策建议，是从整体上对京津冀人才一体化发展重大命题较为全面的探索研究。限于水平和条件，书中肯定有不少错误和值得进一步商榷的地方，恳请广大读者批评指正。

陈 亮

2022 年 5 月 30 日

图书在版编目(CIP)数据

京津冀人才一体化发展研究报告 / 陈亮等著 . --北京：社会科学文献出版社，2023.7

ISBN 978-7-5228-1857-3

Ⅰ.①京… Ⅱ.①陈… Ⅲ.①区域经济一体化-人才培养-发展-研究报告-华北地区 Ⅳ.①C961

中国国家版本馆 CIP 数据核字（2023）第 098217 号

京津冀人才一体化发展研究报告

著　　者 / 陈　亮　石晓飞 等

出 版 人 / 冀祥德
责任编辑 / 吴　敏
责任印制 / 王京美

出　　版 / 社会科学文献出版社（010）59367127
地址：北京市北三环中路甲 29 号院华龙大厦　邮编：100029
网址：www. ssap. com. cn
发　　行 / 社会科学文献出版社（010）59367028
印　　装 / 三河市龙林印务有限公司

规　　格 / 开 本：787mm × 1092mm　1/16
印 张：17.25　字 数：263 千字
版　　次 / 2023 年 7 月第 1 版　2023 年 7 月第 1 次印刷
书　　号 / ISBN 978-7-5228-1857-3
定　　价 / 89.00 元

读者服务电话：4008918866